도래할 유토피아들

세상의 변화를 상상하는 9가지 이야기

도래할 유토피아들

손희정, 김만권, 박정원, 김지은, 김선철, 양혜우, 이기범, 류진희, 정지석, 박신의 지음

알렙

'도래할 유토피아적 공동체'란 무엇인가

우리는 지금부터 '도래할 유토피아적 공동체'에 대해 이야기하려 한다. 퀴어한 평등에 대한 상상력, 아메리카 선주민의 관점주의, 생태적 관점과 인간적 관점이 교차하는 녹색 이론을 기획하는 에코페미니즘, 탈성장 전환 운동, '우리'를 만드는 네팔의 에커타 운동, 인류 화합을 위한 실험 도시 오로빌, 평화와 영성을 꿈꾸는 펜들힐, 공동체적 관점에서 장애와 빈곤에 접근하는 반티에이 쁘리업, 그리고 폐산업 시설 위에 선 유럽의 예술 공동체. 이 모두가 지금부터 우리가 여러분 앞에 펼쳐놓을 대안적 비전이자 도래할 유토피아적 공동체들이다. 하지만 본격적인 이야기를 시작하기 전, 우리는 몇 가지 질문에 답하려고 한다. 과연 도래할 유토피아적 공동체라는 말이 의미하는 바는 무엇인가? 유토피아는 무엇이며, 공동체란 무엇이고, 도래한다는 것은 또 무슨 뜻인가? 그리고 이런 도래할 유토피아적 공동체를 짓는다는 것은 어떤 의미일까?

유토피아, 세상이 달라질 수 있다고 상상할 수 있는 힘

첫 번째로 살펴볼 질문은 "유토피아란 무엇인가?"이다. 아니 좀 더 정확하게 말하자면 "이 책에서 유토피아는 어떤 의미로 쓰였는가?"이다.

잘 알려져 있듯이 유토피아란 용어를 처음으로 만든 이는 토마스 모어다. 모어는 대서양 남단의 남아메리카 해안에 위치한 가상의 섬을 만들고, 이 섬을 '그 어느 곳에도 없는 곳', 유토피아라 불렀다. 이런 어원을 알고 있는 많은 이들이 유토피아를 사유하고 그에 대해 논하는 일을 두고 시간 낭비라고 말한다. 존재하지 않는 곳이기 때문이다. 하지만 이는 유토피아의 현대적 의미를 전혀 이해하지 못한 것이다.

현대적 관점에서 유토피아는 폴 리쾨르[1]가 정확히 지적하고 있듯이 우리가 도달해야 할 어떤 목표(telos)로 작용하는 것이 아니라 사회를 변화시키려는 기능(function)으로써 작용한다. 유토피아를

---

1   Paul Ricoeur, Katheleen Blamey & John B. Thompson, *Form Text to Action: Essays in Hermeneutics II*(Evanston: Northwestern University Press, 1991), pp. 318-324.

우리가 이르러야 할 어떤 최종의 목표로 보던 시대는 이미 20세기 초에 끝났다. 예를 들어 카를 만하임의 유토피아관이 그렇다. 만하임은 『이데올로기와 유토피아(*Ideology and Utopia*)』(1968[1936])에서 우리가 어떤 유토피아를 건설한다고 하더라도 그 역시 궁극적으로는 부패할 것이고, 그 부패한 유토피아를 대체하기 위해 새로운 유토피아가 등장할 것이라고 말한다.

그렇다면 우리가 현실에서 유토피아를 찾는 의의는 무엇일까? 만하임[2]은 그 의의가 이상과 현실 사이의 불일치에서 생겨난다고 설명한다. 우리가 바람직하다고 여기는 세계와 작동하는 세계 사이에는 일치할 수 없는 간격이 늘 존재한다. 문제는 양자 간의 간격이 지나치게 커질 때이다. 이런 간격 앞에 무력감을 느끼는 우리가 자주 내뱉는 말은 "어쩔 수 없다"는 것이다. "이상은 이상일 뿐 우리가 사는 곳은 현실이다"라는 식의 주장은 우리가 생각하는 것보다 훨씬 더 널리 퍼져 있고 강력하다. 만하임에 따르면, 이런 이상과 현실의 불일치가 극복될 수 없다고 가르치는 것이 바로 이데올로기다. 반면 이를 극복할 수 있다고 믿는 신념이 유토피아다. 이런 만하임의 입장은 에른스트 블로흐에게서도 찾아볼 수 있다. 블로흐는 유토피아는 항상 '끝나지 않는 현실(unfinished reality)'에서 비롯된다고 말한다.[3] 현실이 없다면 유토피아의 존재도 없다.

2   Karl Mannheim, *Ideology and Utopia*(New York: Harvest Books, 1968), p. 173.
3   Ernst Bloch, *Principle of Hope: Volume One*(Cambridge MA: The MIT Press, 1986).

현실이 지속되는 한, 우리의 유토피아에 대한 열망 역시 지속되어야 한다.

　문제는 하버마스가 지적하듯 우리의 유토피아적 에너지의 소진이다. 하버마스[4]는 1980년대 신자유주의적 질서 앞에서 서서히 허물어져 가는 복지 사회를 바라보며 복지 사회를 향한 유토피아적 에너지의 소진이 우리가 당면한 과제라고 주장한다. 실제 이런 유토피아적 에너지의 소진은 신자유주의가 전파한 '내 인생은 내가 책임진다'는 '자기 책임의 윤리'의 확산으로 이어졌다. 1990년대 '자기 책임의 윤리'와 '능력주의'의 전파에 앞장섰던 영국 신노동당의 등장은 만하임이 강조하는 이데올로기의 힘을, 하버마스가 우려하는 유토피아적 에너지의 소진 문제를 고스란히 보여준다.

　결국 '유토피아'는 우리가 도달해야 할 궁극적 목표를 말하는 것이 아니다. 그곳이 글자 그대로 '장소'라면 유토피아는 우리가 거쳐 가는 현재와 미래 사이의 어느 한 지점에 불과하다. 유토피아는 오히려 우리가 바람직하다고 믿는 세계와 현실 세계의 불일치를 극복할 수 있다고 믿는 우리의 신념이다. 이런 점에서 블로흐의 말은 되새겨 볼 만하다. "가장 비극적인 형태의 상실은 '안전의 상실(loss of security)'이 아니다. 그것은 '세상이 달라질 수 있다고 상

4　Jürgen Habermas, "New Obscurity: The Crisis of Welfare State and the Exhaustion of Utopian Energy" in *The New Conservatism: Cultural Criticism and the Historians' debate*, Cambridge MA, The MIT Press, 1984.

상할 수 있는 힘의 상실'이다."[5]

공동체는 공기 속으로 녹아들었는가

이제 우리가 두 번째로 살펴볼 의미는 공동체다. society의 라틴어 어원, 'societas'는 '친목 관계의 상호 활동'을 의미한다. 반면 공동체의 어원 'communitas'는 '모두가 공유한다'는 뜻이다. 이 양자 간 의미 차이는 근대에 접어들며 좀 더 선명한 대비를 이룬다.

카를 마르크스는 『공산당 선언(*The Communist Manifesto*)』(1848)에 1장에 이렇게 썼다.

"모든 견고한 것들은 공기 속으로 녹아들고, 모든 신성한 것들은 불경스럽게 되었다. 인간은 마침내 냉정한 사리분별, 자기 삶의 현실적 조건, 자신과 같은 인간과의 관계를 직면하도록 강요되었다."

마르크스가 이제는 공기 속으로 녹아버렸다고 했던 '견고했던 것들', 이제는 불경스러운 것이 되어버렸다고 했던 '신성한 것들'에는 '공동체(community)'도 있었다.

그렇다면 공동체란 무엇일까? 우리가 흔히 쓰는 공동체란 표현

5 Ernst Bloch, *Ibids.*

이 담고 있는 뜻은 무엇일까? 존 롤스는 공동체를 '단일한 가치 아래 결속된 삶을 누릴 수 있는 사람들의 집단'이라고 규정한다. 공동체는 기본적으로 같은 가치 아래 모인 서로 닮은 사람들의 집단이다. 같은 가치를 공유한 서로 닮은 사람으로서 공동체의 구성원들은 상호적 사랑과 애정으로 묶여 있다. 한편, 근대에 접어들며 인간의 집단적 삶이 '공동체에서 새로운 형태의 삶의 방식으로 전환'되는 과정에서 새로이 주도권을 쥔 용어가 바로 '사회(society)'였다. 전환기적 삶의 한가운데 서 있었던 애덤 스미스는 『도덕 감정론(*The Theory of Moral Sentiments*)』(1759)의 2부 2절 3장에서 '사회'를 다음과 같이 정의한다.

> "사회는 그 효용성의 측면에서 볼 때 마치 상인들이 그러하듯, 다른 사람들 사이에서 그 어떤 상호적 사랑과 애정 없이도 존속될 수 있다."

이런 변화의 중심에는 '가치다원주의'와 '시장 및 개인의 등장'이 있었다. 종교전쟁과 종교개혁이 서구인들에게 준 교훈은 명료했다. "종교적 관용이 없으면 공멸은 불가피하다." 이런 종교적 관용은 베스트팔렌 조약의 두 조건 안에 명료히 명시되었다. 첫째, 하나의 국가가 국교를 정하면 다른 국가는 간섭할 수 없다. 둘째, 특정 영토 내에 국교가 정해졌다 하더라도 그 영토 내 종교적 소수자들 역시 존중되어야 한다. 이 종교적 관용은 종교적 다원주의로 이어졌다. 종교적 다원주의는 이내 가치다원주의로 이행되었는데, 그 중심에 바로 시장의 등장이 있었다.

근대의 시장은 인류가 만든 가장 기이한 제도였다. 인류가 만든 제도적 기구 중에 유일하게 인간의 욕망을 제한 없이 마음껏 발산해도 좋다고 말했기 때문이다. 시장의 성장은 개인의 등장과 확산을 부추겼다. 이 가운데 "오로지 개인만이 있을 뿐이다"라는 원칙 아래 만들어진 공리주의의 등장은 결코 우연이 아니었다. 바뀐 세계에서 과거 공동체의 구성원들을 엮어주던 상호적 사랑과 애정은 더 이상 필요하지 않았다. 오히려 갖추어야 할 새로운 미덕의 본질은 상인들의 효용성과 같은 마음이었다.

이처럼 근대의 등장 속에 인간의 삶을 담는 견고한 그릇으로 공동체는 공기 속으로 녹아들고 불경한 것이 되어버렸다. 이런 삶의 방식의 변화는 서구인에게만 당혹스러운 것은 아니었다. 우리가 쓰는 '사회'라는 말은 근대 일본에서 만든 번역어를 그대로 가져온 것이다. 사회(社會)는 말 그대로 하자면 '모이고 모인다'라는 뜻이다. 서구의 근대를 접했던 일본인들이 처음 society라는 말을 접했을 때, 한번도 경험한 적 없는 이 말의 진짜 뜻을 이해할 수 없었는지, 이 용어를 '모이고 모인다'라는 의아한 번역어로 옮겨놓았던 것이다(혹자들은 사회가 당시 일본에 존재하던 '동료들 간의 모임'인 사(社)와 회(會)를 합쳐놓은 말이라고도 한다. 만약 그렇다면 이는 완벽한 오역이라 할 수 있다).

문제는 대개의 인간들이 속할 곳을 찾는다는 데 있다. 한나 아렌트가 『전체주의의 기원(*The Origins of Totalitarianism*)』(1951)에서부터 끊임없이 말해 주듯, 대개의 개인들은 자기 정체성을 자기가 속한 집단에서 찾는다. 문제는 근대라는 이 세계가 더 이상 단일한 가치 아래 모일 수 있는 곳이 아니라는 사실이었다. 이렇게 속할 곳이 없는 자들은 '외롭다'는 감정을 처음 알게 되었다. 16세기 셰익스피어가 'lonely'라는 말을 처음 만든 이후에도 한동안 쓰이지 않았던 이 용어는 19세기에 접어들며 서구사회에 널리 퍼지기 시작했다. 아렌트는 20세기에 인류사에서 처음으로 속할 곳을 찾지 못해 인류가 집단적으로 외로워지는 사건이 일어났음을 지적하며, 이렇게 집단적으로 외로워진 이들을 '대중'이라 불렀다. 자기 이익으로 분열되어 외로워진 대중은 결코 하나의 가치 아래 모일 수 없는 이들이었다. 단적으로 대중 사회(mass society)라는 말은 있어도 대중 공동체라는 표현은 없다. 대중 사회는 흩어진 원자처럼 가장 극단적으로 분열된 인간 집단을 가리키는 용어가 되었다.

20세기 근대 문명이 공동체 없는 삶이라는 것은 '제국주의'의 등장에서도 나타난다. 공동체가 비워 놓은 자리를 메운 사회를 지배하는 윤리는 '이윤 추구'였다. 막스 베버의 『프로테스탄트 윤리와 자본주의 정신(*The Protestant Ethic and the Spirit of Capitalism*)』(1930)에서도 드러나듯, 신의 축복마저 얼마나 많은 이윤을 지속적으로 추구할 수 있느냐를 통해 알 수 있게 되었다. 근대 세계에서 신을 향한 삶의 본질은 근면성실하게 이윤을 추구하는 데 있었다. 하지만 이윤을 추구하더라도 근검절약해야 한다는 신의 규범적 명령은 더 이상 통용되지 않게 되었다. 마침내 신조차 '지속적 이윤'에게 자신의 실질적 자리를 내어주고 명목적 절대자로 물러서야만 했다. 이제 이 세계에 남은 유일한 보편 윤리는 이윤의 추구였고, 아렌트가 『전체주의의 기원』에서 지적하듯 이 '지속적인 이윤의 추구'는 20세기 초 제국주의의 '팽창을 위한 팽창'의 본질이 되었다. '지속적인 이윤의 추구'는 '끊임없는 팽창' 속에서만 가능했기 때문이다.

도래, 미래를 향해 열려 있는 과정

우리가 마지막으로 살펴볼 용어의 의미는 '도래'다. 해체의 철학자 자크 데리다는 『법의 힘(*Force of Law*)』(1992[1989])에서 '해체'를 '도래할 정의'라고 규정하며, '도래'의 의미와 관련해 다음과 같이 설명한다.

(정의는) 아마도 하나의 장래(avenir), 정확하게 말하면 미래(futur)와 엄격하게 구분되어야 하는 하나의 찾아올 것(도래하기) –venir을 갖게 될 것이다. 미래에는 열림, 즉 그것 없이는 정의도 존재하지 않을 (찾아올) 타자의 도착이 결여되어 있다. (······) 반면 정의는 찾아올 것으로 남아 있으며, 찾아올 것을 지니고 있고(찾아와야만 하고), 찾아옴(찾아오는 중이며), 환원될 수 없는 찾아올 사

건들의 차원 자체를 전개시킨다. 정의는 항상 이것, 찾아올 것을 지닐 것이며, 항상 이것을 지녔던 게 될 것이다. 아마도 바로 이 때문에 정의는, 그것이 그저 하나의 법적 혹은 정치적 개념이 아닌 한에서, 법과 정치의 변혁이나 개조 또는 재정초를 장래로 열어놓을 것이다.[6]

다시 말해 데리다에게 도래란 '앞으로 찾아올 것으로서 열려 있다'는 의미이며, '그 열려 있음은 영원히 지속된다'는 의미다. 더하여 도래의 희망 없이 정의는 존재할 수 없을 뿐만 아니라 현재 우리 옆에 부재한 타자의 도착 역시 가능하지 않다. 다시 말해 도래란, 타자의 도착을 기대하며 끊임없이 미래를 향해 열려 있는 개념이다.

만약 도래할 것이 남아 있지 않다면, 우리가 완전한 정의가 이루어진 세상에서 살고 있거나 완전한 부조리 속에서 파탄 난 삶을 끌고 가고 있다는 의미일 것이다. 만약 우리가 완전한 정의가 불가능하다는 것을 인정한다면, 우리에게 도래란 끊임없이 찾아올 정의이며, 끊임없이 찾아올 새로운 공동체이며, 끊임없이 찾아올 새로운 타자들이며, 끊임없이 찾아올 새로운 유토피아들이다. 도래란 우리가 완전해질 수 없다는 패배주의의 산물이 아니다. 그건 오히

---

6 Jacques Derrida, "Force of law: the metaphysical foundation of authority" In Drucilla Cornell, Michel Rosenfeld & David Carlson (eds.), *Deconstruction and the Possibility of Justice*(New York: Routledge, 1992), pp. 25-27.

려 우리에게 할 일이 지속적으로 남아 있다는, 그리하여 더 나아질 수 있다는 긍정적인 의미를 지향한다.

무엇보다 이런 도래는 우리가 당연시하는 것들에 대한 의심을 통해 온다. 인간이 짓는 모든 것에는 이중성 · 모순 · 배제의 논리가 작동하고 있다. 공동체도 마찬가지다. 우리가 짓는 공동체는 누구에게나 열려 있는가? 도래할 공동체가 누구에게나 열려 있기 위해서는 어떤 가치를 공유해야만 하는가? 그 공유된 가치가 이중성 · 모순 · 배제를 담고 있지는 않은가? 그래서 도래는, 오늘날의 우리에게 반성을 요구하는 것, 미래를 향해 열려 있음을 요구하는 것, 유토피아라는 더 나은 세계에 대한 우리의 열망에는 끝이 있을 수 없음을 요구하는 것이라 할 수 있다.

그리하여 '도래할 유토피아적 공동체'다. 책은 2부로 구성되어 있다. 1부 "어떤 공동체인가?"에서는 우리에게 익숙한 관습적 사고에 질문을 던지고 공동체 구성 원리를 재조직하기 위해 필요한 전환의 사유와 실천을 제안한다. 1부를 구성하고 있는 글들은 전 지구적 감염병, 생태 위기, 기후 위기 등과 함께 '인류세'를 초래한 인류 문명에 대한 비판적 성찰을 바탕으로 한다. 2부 '세계의 대안 공동체'에서는 우리 시대의 다양한 문제들을 돌파하기 위해 움직이고 '함께'가 무너진 세상에서 다시 '우리'를 조직하면서 일종의 레퓨지아(refugia)를 구성해 온 세계의 다양한 공동체 사례를 소개한다. 1부와 2부의 내용이 서로 직접적으로 연결되는 것은 아니지만, 다채로운 아홉 가지의 이야기가 서로 만나고 헤어지면서 영감의 조각보를 이룰 수 있으리라 기대한다.

책의 구성 — 1부 어떤 공동체인가

1부의 첫 글 「젠더링 뉴노멀—'닭고기의 평등'을 넘어서 퀴어한 평등으로」에서 손희정은 코로나 팬데믹과 함께 한국에서 활발해지고 있는 뉴노멀 담론이 어째서 가족이나 마을, 공동체에 대한 이야기를 누락한 채 거대 담론만 다루고 있는지 질문하고, 그것은 젠더 관점이 누락되어 있기 때문이라고 지적한다. 이때 젠더란 일반적으로 통용되는 '성별'의 의미에 한정되지 않으며 한 사회의 성적 관계와 계약의 성격을 규정하고 조직하는 시스템을 뜻한다. 그는 뉴노멀에 젠더 관점을 더할 것을 제안하는데, 이는 한편으로 근대적 휴머니즘이 '인간'의 얼굴을 상정할 때 여성을 비롯해서 다양한 소수자들을 배제했음을 강조하면서 이 배제된 얼굴을 급진적으로 재사유할 때, 새로운 관계의 구성이 가능하다는 생각과 맞닿아 있다. 그리하여 성적 차이에 대한 퀴어한 이해가 근대적 휴머니즘을 단단하게 만들어 온 생물학적 본질주의와 각종 이항대립을 좀 더 유연하게 흔들어 놓을 수 있다고 주장한다.

휴머니즘에 대한 비판은 박정원의 글로도 이어진다. 박정원은 「아메리카 선주민의 관점주의는 인류세의 해독제가 될 수 있을까?」에서 "과연 선진국이 기후 문제의 해결사인가?"라는 도발적인 질문을 던지면서 인류세 담론조차 북반구 중심적이라는 사실을 비판한다. 인류세는 인간을 자연으로부터 분리하고자 했던 서구의 역사적 전통으로부터 초래되었고, 이런 사유 자체에서 벗어나야 근본적인 해결을 모색할 수 있다는 것이다. 그리고 익숙한 사유로부터 탈주하기 위해 소위 자연이라고 일컬어지는 개별 종의 신체에 '영혼'과 '인격'이 접속되어 있다는 인식에 바탕을 둔 아메리카 선주민의 '다자연' 세계관과 그것을 이론화한 '관점주의'를 대안적 사유 체계로 제안한다. 이 논의에서는 자연이 단순히 이용의 대상, 채굴의 대상, 처분의 대상이 될 수 없다. 자연을 구성하는 존재들 역시 인격과 관점을 지닌 존재로서 인간과 동등하기 때문이다.

손희정의 젠더 논의와 박정원의 관점주의 논의가 만나는 자리에서 「다시 에코페미니즘——'생태계의 천사'를 넘어 지구 공동체로의 여정」은 에코페미니즘의 현재적 의의를 되짚는다. 김지은은 심층생태론의 생태적 관점과 사회생태론의 인간적 관점이 충돌해 온 '녹색 이론'의 한계를 성찰하고 둘 다를 포괄하는 양자적 관점이 필요하다고 제안한다. 그리고 호주의 생태학자이자 철학자인 발 플럼우드를 경유해 에코페미니즘이 이런 교차적 관점을 제공할 수 있다고 설명한다. 물론 의구심은 남아 있다. "에코페미니즘은 자연과 여성을 연결함으로써 '가정의 천사'를 '생태계의 천사'로 치환하지 않았던가?" 김지은은 이런 관점이 오도된 것이라고 말한다. 에코페미니즘은 '여성=자연=선한 자=구원자'라는 이분법적이며 평면적인 도식을 옹호하지 않는다는 것이다. 김지은은 이어서 에코페미니즘이 추구하는 것은 여성을 만능 해결사나 유일한 구원자로 규정하는 것이 아니라, 생태적 감수성과 젠더 감수성의 결합을 통해 보다 나은 세계로 나아가는 여정 그 자체라고 설명한다.

이에 이어 김선철은 「탈성장, 지속가능한 미래를 위한 유일한 대안」에서 생태 위기와 기후 위기를 돌파하고 공존을 모색할 수 있는 유일한 대안으로서 '탈성장'을 제안한다. 그는 지금/여기에서 인류가 경험하고 있는 각종 기후 위기의 구체적인 사례들을 소개하고, 한국형 그린 뉴딜의 허상을 파헤친다. 그리고 '녹색성장'이라는 말이 숨기고 있는 기만을 제대로 파악하고 위기의 근원으로서 '지속가능한 발전'이라는 판타지를 극복해야 한다고 쓴다. 한국 사회에서 탈성장은 아직은 낯선 개념이다. 탈성장을 말하면 "모두 가난하게 살자는 것이냐?"는 질문이 가장 먼저 나오기도 하는 이유다. 하지만 김선철에 따르면 탈성장이란 오히려 '가난'의 의미와 '풍요'의 의미를 다시 쓸 것을 제안하는 사유의 전환을 권유하는 전복적인 질문이다. 더불어 이 글은 구체적인 예들을 통해 박정원의 "인류세 해결자는 서구가 아니다"라는 주장을 보완하고 김지은이 소개했던 에코페미니즘의 지향을 부연한다는 점에서 1부의 논의를 잘 마무리해 주고 있다.

책의 구성 ― 2부 세계의 대안 공동체

2부에서는 본격적으로 다양한 공동체들의 구체적인 사례를 따라가 본다.

첫 글인 「이주노동 없는 공동체를 향한 귀환 이주노동자의 꿈―네팔 다목적 협동조합 에커타」에서 양혜우는 한국에서 활동하다가 네팔로 귀환한 이주 활동가 샤말 타파와 그의 공동체 활동을 정리, 분석한다. 샤말 타파가 네팔에서 설립한 협동조합의 이름 '에커타'는 한국어로 '우리'라는 뜻이다. 그는 한국에서 사용하는 '우리'라는 단어에 크게 고무되었다. 카스트 제도가 강력하고 60개가 넘는 민족이 서로 모래알처럼 흩어져 갈등하는 네팔 사회에서는 가져보지 못한 감각이었기 때문이다. 한국에서는 '우리'라는 말이 타자를 배제하는 동학이 되기도 하지만, 샤말 타파의 입장에서는 이조차 부러운 요소였다. 네팔의 시민 공동체를 이루고 싶은 샤말 타파의 열망이 담긴 '우리'는 여럿이 함께 모여 공동으로 소유하고, 공동으로 통제하며, 공동으로 이익을 배분하는 에커타 협동조합 운동으로 나타났다. 우리는 이 글을 통해서 '귀환'이란 이주노동을 종결 짓는 일이 아니라 초국적 연결망을 형성하고 연대를 통해 더 큰 공동체를 만드는 일일 수 있음을 확인할 수 있다.

오로빌 거주자 이기범은 「인류 화합을 위한 실험 도시―인도 오로빌」에서 귀중한 경험을 나누어 준다. 그는 생태 파괴, 실업, 교육, 먹거리와 주거, 양극화, 빈곤 등 현대 사회가 당면하고 있는 문제들을 개인 혼자 풀 수 없다고 생각하고 다양한 공동체 살기를 실천해 왔다. 그렇게 대구 한결공동체, 호주와 영국의 부르더호프 공동체, 단양의 산 위의 마을 공동체, 태백의 예수원 공동체 등을 거쳐 지금은 인도 남부에 위치한 오로빌에 거주하고 있다. 오로빌 창립자 '마더'는 "이 세상 어딘가에는 어떤 국가도 자신의 것이라고 주장할 수 없는 곳이 있어야 한다"는 철학적 지향을 바탕으로 "누구라도 세계의 시민으로 자유롭게 살아갈 수 있는 곳"을 꿈꾸며 오로빌을 설립했다. 그러나 어느 공동체나 현실적 문제들과 구성원들 간의 갈등이 존재하기 마련이고, 사람이 모여들고 역사가 쌓이면 문제가 발생한다. 이기범의 글은 '대안 공동체'에 이미 내재하고 있는 태생적 한계부터 이상과 현실 사이의 괴리 등 다양한 현실적 문제들을 함께 고민할 수 있도록 독자를 이끈다.

봉제디자이너 류진희는 「사람이 위로가 되는 공동체의 힘——반티에이 쁘리업 장애인기술학교」에서 캄보디아의 수도 프놈펜 외곽에 있었던 장애인기술학교 반티에이 쁘리업에서 경험했던 배움과 가르침을 기록했다. 1980년대 크메르루즈의 학살을 피해 탈출한 난민들을 위해 예수회 난민 봉사단이 캄보디아-태국 국경 지역에서 처음 활동을 시작했고, 이후 오랜 전쟁과 지뢰 사고로 신체적 손상을 입은 가난하고 소외된 이들을 위해 1991년에 반티에이 쁘리업을 설립했다. 반티에이 쁘리업은 장애와 가난으로 인해 정규교육을 받을 수 없는 캄보디아의 젊은이들에게 직업기술 교육과 기숙사 생활을 무상으로 지원했다. 장애 학생들은 이곳에서 직업

기술 습득을 통한 경제적 자립뿐만 아니라, 자신의 존엄을 자각하며 이웃과 더불어 살아갈 수 있도록 배웠다. 하지만 그곳에서 배움을 얻은 건 비단 학생들뿐만은 아니었다는 류진희의 고백은 뜨겁다. 이후 프놈펜에 젠트리피케이션이 닥쳐오고 이는 반티에이 쁘리업에게 또 다른 운명을 펼쳐놓았다.

국경선평화학교 대표 정지석은 「쉼과 성찰의 퀘이커 공동체 학교——미국 펜들힐」에서 평화학교 건립에 영감을 주었던 펜들힐의 세계를 펼쳐보인다. 펜들힐이 한국에 처음 알려진 것은 1962년 평화사상가 함석헌 선생이 방문하면서부터였다. 펜들힐은 세계 평화 증진을 목적으로 1930년에 시작됐다. 제1차 세계대전을 겪은 후 미국의 젊은 퀘이커들은 평화의 열정과 신앙을 실천하기 위해 전 세계 분쟁 지역으로 퍼져 나가 평화운동을 전개했다. 퀘이커 공동체는 평화에 대한 믿음을 바탕으로 전쟁의 원인이 되는 사회 불의와 가난을 제거하는 사회개혁 운동을 펼치기도 했다. 이것이 평화 실천 운동의 일환이라고 여겼다. 그러나 평화는 그들이 원했던 만큼 쉽게 실현되는 일이 아니었고, 활동가들은 지치기 시작했다. 미국 퀘이커 지도자들은 낙심한 퀘이커 평화운동가들이 재충전할 수 있는 시간이 필요하다고 느끼고 수년간의 논의와 준비 끝에 펜들힐 공동체를 시작했다. 편안한 안식처, 예언자의 학교, 사상의 실험실, 협력의 동지애, 이 네 가지 비전은 펜들힐의 기본 정신을 형성했다.

「폐산업 시설 위에 세워진 해방된 삶——유럽의 예술/노동공동체」에서 박신의는 2005년부터 관심을 가져온 유럽의 폐산업시설 활용 문화공간 사례를 상세히 소개하고 있다. 당시는 한국 사회에서 도시 재생 담론이 정책적으로 전개되고 예술가들이 작업실 확보를 위해 스쾃 논의를 활발히 진행하던 때였다. 프랑스 파리의 태양극단과 카르투슈리 극장촌, 덴마크 코펜하겐의 크리스티아니아, 스페인 바로셀로나의 노바리스 시민문화센터, 독일 베를린 우파 파브릭, 그리고 오스트리아 비엔나의 WUK 등 유럽의 사례는 68혁명 정신과 공동체 운동의 축적된 역량이 합쳐진 결과라고 할 수 있다. 이런 '무모한' 시도가 가능했던 유럽의 문화적 토양과 함께 대체로 1970년대에 시작된 이 실험들이 여전히 자치 경영을 이어오고 있다는 점은 많은 시사점을 남긴다. 박신의가 짚고 있듯이, 이 대안 공간들이 젠트리피케이션의 폐해를 피해 가면서 유지되어 온 것에는 다름을 인정하고 대안적 삶이 지향하는 '해방'을 이해하는 한 사회의 시민 의식이 있었음을 기억할 필요가 있겠다.

도래할 유토피아적 공동체는 '기다리는 것'이 아니라 '짓는 것'

이 책은 2020년 11월 경희대학교 비교문화연구소에서 개최했던 동명의 학술대회 '도래할 유토피아들'에서 시작되었다. 책이 국내 사례를 다루고 있지 않은 것은 학술대회의 주제가 '해외 사례 소개'였기 때문이다. 우리는 학술대회를 통해 인류가 초래한 파국 앞에서 돌파구를 찾고자 했다. 대안적 상상력을 벼려 내려는 에너지로서 유토피아적 상상력에 기대고 과정으로서 '도래'에 동참하며 우리는 분명한 답을 찾았을까. 그렇지는 않다. 하지만 기꺼이 '짓고자' 했다는 것이야말로 의미 있다고 믿는다.

존 롤스는 『만민법(*The Law of Peoples*)』(1997)에서 '현실적 유토피아'라는 개념을 제시했다. 이상적으로 보이는 모든 것들의 현실화는 지금 당장의 현실화 가능성이 아니라 우리가 얼마나 그것을 현실에 구현하고자 하는지, 이성적 노력과 끊임없는 시도에 달려 있다는 것이다. 사무엘 베케트의 『고도를 기다리며(*En attendant Godot*)』(1952)는 이런 현실적 유토피아를 현시한다.

이 작품에는 부조리한 세계에서 "오고 있는, 그러나 결코 도착하지 않는" 고도를 기다리는 이들이 등장한다. 고도는 부조리한 세계에서 '도래해야 하지만 부재하는 현존'이다. 그런데 아무리 기다려도 고도는 오지 않는다. 오지 않는 고도를 기다리고, 또 기다리고 있을 뿐이다. 기다리는 것에만 주목하면 이 극에는 어떤 역동성도 존재하지 않는다. 베케트는 이 극의 역동성을 작품 그 자체에 심은 것이 아니라, 이 희곡으로 연극을 만드는 이들에게, 그리고 이 작품을 감상하는 관객들에게 맡기고 있다. 자, 대본만 읽지 말고, 연극만 지켜보지 말고 여기에서 너희들이 할 일을 스스로 생각하고 무대 위에 펼쳐 보고 객석에서 외쳐보라! 다시 말해 베케트는 자신이 고도를 그려내는 대신 연극을 만드는 이들에게, 관객들에게 '도래할' 고도를 만들라고 하고 있다. 이런 점에서 고도는 우리가 '기다리는 것'이 아니라 우리 손으로 '짓는 것'이다.

기다림의 대상이 될 때 고도는 '영원히 부재할 메시아'로 남는다. 반면 우리 손으로 지을 수 있는 것이라면 고도는 부조리한 세계에 맞서고자 하는 이들이 지어가는 '현존하는 공동체', '앞으로 더 나아질 수 있는 미래를 위한 공동체'가 된다. 이제부터 여러분이 함께 하실 이야기는 우리가 짓고 있는, 누군가에는 이미 도래했고 누군가에는 찾아갈 '고도'이다. 이 모든 것들이 '도래할 유토피아적 공동체'로서 '현실적 유토피아의 사례들'이다. 그렇다. 롤스의 말처럼, '가능한 것의 한계는 현실적인 것이 짓지 않는다.'

2021년 6월 30일
필자들을 대표해서
김만권, 손희정 씀

2부 세계의 대안 공동체

1부

어떤 공동체인가

1장

젠더링 뉴노멀:
'닭고기의 평등'을 넘어서 퀴어한 평등으로

손희정

1 코로나 팬데믹의 교훈

정치철학자 존 그레이는 '인류(人類)'란 수십억 명의 개인들로 구성된 허구에 불과하며 "인간이라는 종의 역사"란 "각 인생들의 알 수 없는 총합을 뜻하는 것일 뿐"이라고 썼다.[1] 인류가 '상상의 공동체'이고 역사는 우연적인 사건들을 임의로 엮어 놓은 이야기의 뭉치라면 '역사의 진보' 역시 판타지일 뿐이다. 하지만 정말 그럴까? 우리는 눈부신 테크놀로지의 시대를 살고 있지 않은가. 이에

---

1 존 그레이, 김승진 옮김, 『하찮은 인간, 호모 라피엔스』(이후, 2010), 72쪽.

그레이는 덧붙인다. "인간동물은 경험에서 교훈을 얻는 능력은 만성적으로 결여된 채로 지식만 가속적으로 쌓아 올"려 왔다고.[2] '역사'가 두 번만이 아니라 세 번이고 네 번이고 계속해서 반복되는 것을 보고 있자면, 이 부분에서만큼은 그에게 동의하지 않을 수 없다. 인간이 만약 지식이 아닌 지혜를 쌓을 수 있었다면 사스와 신종플루, 메르스 등을 지나온 2020년, 우리는 코로나 팬데믹을 피할 수 있었을지도 모른다.

이런 역사(혹은 사건)의 반복 속에서 우리가 또다시 확인하고 있는 것은 감염병은 공평하게 닥쳐오지 않으며, 한 사회의 가장 약한 고리부터 부수기 시작한다는 사실이다. 국가적 스케일로 접근했을 때에는 포착하지 못했던 제도의 사각지대와 사회적 소수자에 대한 차별과 혐오의 문제, 그리고 빈약한 노동권의 문제가 코로나19를 계기로 더욱 선연히 드러나고 있다. 코로나19 첫 집단 감염지였던 청도대남병원 케이스는 격리 병동과 장애 인권 문제에 대해, 신천지 집단 감염은 특히 청년 여성들에게 사이비 종교가 파고들기 쉬운 사회적이고 경제적인 조건에 대해 질문하게 했다. 이와 함께 2020년 상반기에만 1,924명의 여성이 자살했다는 점은 주목할 필요가 있다. 중앙자살예방센터에 따르면 이는 2019년 같은 기간 대비 7.1% 상승한 수치였다. 남성의 자살률은 소폭 하락한 상황에서, 여성은 5월을 제외하고 10%대의 가파른 상승률을 보이고 있는 것

2 존 그레이, 김승진 옮김, 『동물들의 침묵』(이후, 2014), 86쪽.

이다. 여성 자살률이 남성 자살률에 비해 유의미하게 상승했다는 사실은 팬데믹이 초래하는 사회적 위기에서 젠더가 간과할 수 없는 벡터임을 보여준다.[3]

이와 함께 전염병-소수자에 대한 혐오와 배제-소수자의 저항 사이의 삼각관계는 좀 더 자세히 살펴볼 필요가 있다. 소수자는 차별에 무기력하게 노출되어 있기만 하지 않으며, 이런 삼각관계가 사회 변화의 역동을 만들어내기도 하기 때문이다. 예컨대 2015년 한국에는 '메갈리아'라는 새로운 페미니스트 대중이 등장했다. '메갈리아'라는 용어는 전 지구적 전염병인 '메르스'와 페미니스트 소설의 고전인 『이갈리아의 딸들』(게르드 브란튼베르그)의 조합어였다. 메르스 바이러스가 창궐하던 당시 정부의 무능을 비판하고 메르스에 대응하는 방법 등을 논하기 위해 만들어졌던 '디씨갤러리'의 '메르스 갤러리'에는 다른 갤러리들과 마찬가지로 여성혐오적인 조작 게시물이 올라왔다. "메르스는 홍콩에 쇼핑하러 갔다 온 된장녀들 때문에 국내에 퍼지게 되었다"와 같은 내용들이 공유되었던 것이다.[4] 이에 당시 페미니즘 제4물결의 흐름 안에서 페미니

---

3 2020년 5월 한국여성단체연합에서는 라운드 테이블─〈코로나19와 젠더〉를 개최하고 (1) 감염병 시대의 돌봄노동 (2) 이주여성과 코로나19 (3) 코로나19와 한국의 가정폭력 (4) 코로나19와 여성 고용 한파, 네 개의 주제에 대해 긴급 점검했다. 여성 자살률 상승은 이 주제들과 무관하지 않다.

4 국내 첫 감염 환자는 바레인에서 농작물 재배 관련 일로 체류했던 68세 남성이었다. 김병규, 「마지막 환자 '완치' 판정─국내 메르스 사태 일지」,《연합뉴스》, 2015.10.01. https://www.yna.co.kr/view/AKR20151001218300017?input=119

스트로 각성하기 시작했던 대중 여성들이 메르스 갤러리 게시판으로 몰려가 여성혐오적 게시물들을 '미러링'하기 시작한다. 이것이 '메갈리아'의 탄생으로 이어졌다.[5]

이렇게 바이러스와 소수자를 엮어 '오염과 타락의 원흉'으로 낙인찍으려는 한국 사회의 관습적인 태도는 2020년 이태원 코로나 집단 감염 발발 때도 등장했다. 일부 보수 언론은 성소수자 클럽이 많은 이태원의 지역적 특성을 이용해서 코로나 전파와 별 상관이 없는 '수면방'을 기사화하는 등 남성 동성애 하위문화까지 들추어내서 대서특필하고 나섰고, 이는 보수 기독교를 중심으로 온라인으로 퍼져나갔다. 낙인효과 때문에 감염자가 검사를 받지 않는 것을 염려한 국가인권위원회를 비롯하여 정부에서도 특정 커뮤니티에 대한 차별이 방역에 아무런 도움이 되지 않는다는 사실을 재차 강조했다. 이런 상황에서 한국의 퀴어 커뮤니티와 인권 단체에서는 빠르게 '긴급대책본부'를 꾸렸다. 그리고 상담 지원을 하고 검사받는 법을 안내하는 등 적극적으로 대응했다. 이는 '8 · 15 광화문 집회'에 참여해서 동성애자가 한국 사회를 망친다며 낙인을 찍고 차별을 선동했던 특정 종교 집단과는 사뭇 다른 태도였다. 이들의 경우 집회에서 방역 수칙을 지키지 않았음은 물론 이후 방역 활

5m(검색일: 2021. 3. 22.)

5   이 시기의 역동적인 흐름을 한국 온라인 페미니즘의 역사 안에서 살펴보고 싶으면 권김현영 · 박은하 · 손희정 · 이민경, 『대한민국 넷페미사』(나무연필, 2016)를 참고.

동에도 협조하지 않으면서 대대적인 집단 감염을 일으켰다.

따라서 코로나19를 초래한 근본적 원인 중 하나라고 할 수 있는 근대적 휴머니즘[6]에 대한 비판은 두 가지 방향에서 진행되어야 한다. 하나는 어떻게 인간을 위한 지속가능한 발전과 개발이라는 환상이 자연과 생명을 착취하고 결국은 인간 역시 위협하고 있는가에 대한 비판이라고 한다면, 다른 하나는 역사 속에서 과연 누가 '인간'으로 상상되어 왔는가다. 휴머니즘은 모든 인간을 '만물의 영장'으로 놓지 않는다. 그것은 백인-부르주아-(특정한 성적 지향과 특정한 신체적/정신적 조건을 가진 것으로 상상되는)-시스젠더-남성을 생명의 보편으로 설정한다. 그렇게 성별과 성적 지향을 포함하는 다양한 성적 정체성, 인종, 신체적/정신적 조건, 지역, 계급 등의 교차 안에서 '보편 인간'으로 상상되지 않았던 (혹은 못했던) 존재들이 재난의 약한 고리가 된다.

와중에 사회 전환을 기획하고 도모해 왔던 이들 사이에 기묘한 흥분 같은 것이 감지된다. "지금까지 아무리 이야기해도 대중적으로 소통 불가능했던 사회 전환을 위한 목소리들이 이제야 드디어 주목을 받고 소통 가능해지는 것은 아닌가?!" 하는 흥분이다. 그리하여 장기 20세기가 끝나고 드디어 새로운 21세기가 열리는 역사적인 계기라고도 볼 수 있는 코로나19 앞에서, 새로운 사회 조직의 기준이자 표준으로서 탈근대, 탈자본, 탈미국화, 탈-인간 등 '뉴

6 이에 대해서는 이 책의 2장 박정원의 글을 참고.

노멀'을 이야기하는 목소리가 높아지고 있다. 이렇게 재난 앞에 희망을 걸 수밖에 없는 것이야말로 비극이지만, 우리는 이런 희망이 무엇을 대가로 요구하고 있는가 역시 질문해야 한다. 재난이 계기가 될 것이라고 말할 때 그건 결국 '살아남는 자'의 계기일 뿐이기 때문이다. 그래서 구체적인 생명에 대해 살피지 않고 거시적인 스케일에서 이 문제를 조망하는 태도를 견지하는 뉴노멀 논의들이 놓치고 있는 것을 어떻게 끌어모을 것인가에 대해 고민하게 된다.

지금 우리에게 필요한 것은 줌인(zoom-in)과 줌아웃(zoom-out)의 기예다. 코로나19를 초래한 바이러스인 사스-코브2, 이 바이러스와 만난 신체, 신체의 조건, 신체가 놓인 공간, 신체가 소속되어 있는 집단, 집단이 다른 집단과 맺고 있는 관계, 지역, 지역이 놓인 관계망, 국가, 국가 간 네트워크, 대륙, 그리고 전 지구적 스케일에 이르기까지. 우리는 세밀하게 들여다보고, 거시적으로 판단해야 한다. 그리고 이 전 지구적 스케일은 모든 부분들의 총합으로서라기보다는, 무수한 부분들의 연결[7]로서 지속적으로 연장되는 것으로 사유되어야 한다. 그래야 '전체로 상상되는 부분'을 위해서 '전체로 상상되지 못하는 다른 부분'들을 희생시키는 방식이 아니라, 각각의 부분이 독자적으로 존재하면서도 어떤 관계를 어떻게 맺을 것인가로 시선을 돌릴 수 있기 때문이다.

7 메릴린 스트래선, 차은정 옮김, 『부분적인 연결들』(오월의봄, 2019).

2 누구를 위한 뉴노멀인가: 젠더라는 분석적 도구를 덧대기

그렇다면 줌인과 줌아웃의 기예는 어떻게 구성할 수 있을까? 젠더(gender)가 이를 위한 분석적 도구 중 하나가 될 수 있지 않을까?

이런 생각을 떠올리게 된 계기는 분명했다. 2020년 코로나의 한가운데에서 한 영향력 있는 라디오 시사 프로그램이 코로나 이후를 준비하는 특별 대담을 진행했다. 각계의 전문가들이 출연해 뉴노멀에 대해 이야기하는 것을 들으면서 나는 질문에 사로잡혔다. 'K-방역의 성공'을 온몸으로 떠받치고 있는 개인들이 실제로 의지할 수 있는 최소 단위인 '가족'이나 코로나 이후 무너져 내리고 있는 공동체 및 마을에 대한 이야기는 전혀 들을 수 없었던 것이다. 거대한 스케일의 이야기만 오고 갈 뿐, 구체적인 삶의 이야기가 다뤄지지 않았다. 도대체 왜일까? 그 이유는 역시 젠더 관점의 결여였다. 젠더 관점이 들어갔다면 인간뿐 아니라 생명 간 관계와 공동체의 문제가 이렇게 허무하게 누락될 수 없었을 터다. 한국 사회에서 기본적으로 공동체는 성적 관계와 성적 계약을 바탕으로 구성되고, 그 성적 관계와 계약의 성격을 규정하고 조직하는 것이 젠더 시스템으로서의 가부장제이기 때문이다.[8] 이를 분석하려면 당연히

8　성적 계약과 성적 관계 외부에서 구성되는 다양한 가족 구성권에 대한 논의는 더욱 활발해져야 하고, 사람이 기댈 수 있는 최소한의 단위에 대한 상상력 역시 달라져야 한다. 다양한 가족 구성권에 대해서는 황두영, 『외롭지 않을 권리』(시사IN북, 2020)를 참고.

젠더 관점이 필요하다.

　가부장제는 그 외부를 상상할 수 없는 인류의 운명이라기보다는 여러 역사적 계기들을 따라 우연히 등장한 젠더 시스템 중 하나다. 가부장제는 인간을 '남성'과 '여성' 두 개의 성별로 구분한 뒤, 이 두 성별 사이에 위계를 설정하여 남성에게 '보편 인간'의 지위를 부여하는 성별 이분법(gender binary)을 바탕으로 한다. 그리고 이 성별 이분법 안에서 서로 다른 성별만이 '짝짓기'를 할 수 있다고 강요하는 이성애중심주의가 자연의 법칙으로 등극한다. 그리고 여기에는 부계 혈통주의를 유지하기 위한 여성 섹슈얼리티에 대한 통제가 중요한 이데올로기로서 함께 작동한다. 성별 이분법과 이성애 중심주의에서 벗어난 존재들은 '비정상'으로 배제되고, 그렇게 그어진 정상과 비정상의 경계가 국가 통치의 기본 단위인 정상 가족 이데올로기의 틀이 된다. 민족/국민이라는 '성(聖)스러운 존재'들은 "성과 섹슈얼리티에 대한 지식, 제도, 담론 등" 이미 구축되어 있었던 젠더 질서 및 위계에 따라 구성된 '성(性)적인 존재'[9]들이다. 코로나 블루, 코로나 앵그리, 코로나 디바이드, 언택트, 디지털 뉴딜(혹은 한국형 뉴딜) 등에 대한 각종 화려한 담론들 안에서도 여전히 '돌밥돌밥(돌아서면 밥하고, 돌아서면 밥하고)'이 충분히 다루어지지 않는 건, 곤란하다.

　젠더링 뉴노멀, 그러니까 뉴노멀의 논의에 젠더의 관점을 적극

9　홍양희 외, 『'성'스러운 국민』(서해문집, 2017), 6쪽.

적으로 더해야 한다고 제안할 때, 젠더란 일반적으로 이해되는 성별을 의미하지 않는다. 혹은 '젠더 폭력'이라는 말을 '여자에 대한 폭력'과 동의어로 이해하는 식의 단순화에서 드러나는 것처럼, '젠더 문제'가 곧 '여자 문제'로 치환되는 게으른 오해 역시 극복되어야 한다. 사회 문제를 파악하는 데 있어 젠더 관점이 필요하다는 것은, 섹스와 섹슈얼리티를 역사적이고 문화적인 것으로 재구성해내는 젠더 시스템이 이미 정치적이고 경제적인 구조가 형성되는 과정 자체에 개입하고 있음을 파악한다는 의미다. "젠더는 단지 문화적이거나 제도적인 차원의 문제가 아닌 이미 정치경제의 문제"이며, "젠더는 단순히 권리 영역의 하나이거나 정체성의 범주"가 아니라 "부정의와 불평등의 구조를 다루는 도구로서 적용"되어야 한다.[10]

흔히 생각하는 것과 달리 젠더는 근대 의학이 지정하는 성적 차이(sexual difference), 즉 남성 성기와 여성 성기의 구분, 호르몬 수치의 스펙트럼, 염색체 조합의 차이로만 구성되지 않는다. 남성 성기가 관습적인 남성다움을, 여성 성기가 관습적인 여성다움을 본질적으로 보장하지 않는다는 말이다. 미국의 흑인 여성 소저너 트루스는 1851년 오하이오 주 아크론에서 열린 여성권리대회에서 했던 유명한 연설에서 이렇게 물었다.

---

10 나영·수수, 「젠더와 다시 만나기: 구조를 전복하는 인권운동을 위하여」, 《인권운동》 2호(클, 2019), 76쪽.

"저기 있는 저 남자 분은 여성은 마차에 탈 때 도움을 받아야 하며 구덩이에서 나올 때도 남자가 들어 올려 주어야 하고 모든 곳에서 가장 좋은 곳을 차지해야 한다고 말합니다. 그렇지만 아무도 내가 마차를 타거나 진창을 지나야 할 때 도와주지 않으며 아무도 내게 가장 좋은 것을 내어주지 않습니다! 그렇다면 나는 여성이 아니란 말입니까? (……) 나는 어느 남자보다도 더 많이 쟁기를 끌었고 씨를 뿌렸으며 곡물을 거두어 곳간에 넣었습니다! 그렇다면 나는 여성이 아니란 말입니까? 나는 남성과 똑같이 일할 수 있고, 충분한 음식이 있다면 남자만큼이나 많이 먹고, 채찍질을 견딜 수 있습니다! 그렇다면 나는 여성이 아니란 말입니까? 나는 열세 명의 아이를 낳았으며 이 아이들 모두가 노예로 팔려가는 것을 보아야 했습니다. 내가 어머니로서 슬픔에 겨워 울 때 주님 말고는 아무도 제 슬픈 울음소리를 들으려 하지 않았습니다! 그렇다면 나는 여성이 아니란 말입니까?"[11]

트루스의 연설은 지배적이고 관습적인 사고방식이 여성성이라고 규정한 특성과 흑인 여성인 그 자신이 살고 있는 구체적인 삶 사이에 존재하는 모순을 드러내고 '여성이라는 개념' 자체가 문화적으로 구성되었음을 폭로한다. 그리고 인종과 계급에 따라 여성

---

11 패트리샤 힐 콜린스, 주해연 · 박미선 옮김, 『흑인 페미니즘 사상』(여성문화이론 연구소, 2009), 44쪽에서 재인용.

에게 요구되는 자질이 다르며, 다른 존재로 인식된다는 사실을 강조한다. 여기에서 '보편 여성'은 백인 부르주아 여성일 뿐이다. 젠더는 인종/국적/신체 조건/계급/나이 등 근대의 형성 과정에서 중요한 특징으로 식별되어 부상한 신체들 간의 차이의 관계망 안에서 획득되고 의미를 부여받는다. 젠더는 다양한 신체들을 연결하는 관계망의 질서이고, 이 질서는 신체의 배치를 통해서 위계를 형성한다.

함께 기억해야 할 것은 여성과 마찬가지로 남성 역시 동질적이거나 하나의 계급이 아니라는 점이다. 가부장제의 역사 안에서 남성이 성별화된 존재가 아니라 '그냥 인간'으로 여겨지는 순간, 남성 내부의 성적 차이는 마치 없다는 듯이 지워져 버린다. 남성들 사이의 계급 차는 '인간 내부의 차이'가 되지 '남성 내부의 차이'로 이해되지 않는 것이다. 그러나 이 사회에서 여성이 여성으로서 차별당하듯 남성은 남성으로서 차별받는다. 가부장제에서 남성들은 같은 지위를 누리지 않으며, 따라서 같은 권력을 행사하지도 않는다. 이런 상황에서도 남성은 '인간으로서 동등하다'라는 환상에 빠져 근본적인 모순과 대면할 수 없게 된다. 이 '남성 간 평등'이라는 감각은 '여성 교환'을 통해 획득된다. 예를 들어 일본 제국의 '내선 결혼' 정책을 생각해 볼 수 있다. 여성학자 권김현영은 일본 제국이 일본 여성과 조선 남성 간의 결혼에 스포트라이트를 비춤으로써 '내선일체' 정책을 홍보했다는 사실에 주목한다. 부계 혈통주의에 기반하여 생각해 보자면 조선 여성과 일본 남성의 결혼이 내선 결혼의 중심이 되어야 했을 텐데 그렇지 않았다는 것이다. 이는 "일본인과 조선인 남성 사이의 차이가 중화되어야 했고, 이를 위해 제국의 여성을 식민지 남성들에게 증여할 필요"가 있었기 때문이다.[12]

여성의 교환을 통해 만들어진 남성 간 평등이란 허구다. 내가 여성을 소유하고 사회적 소수자 위에 군림한다고 해서 세계에 군림하는 '어떤 남자'들과 동등한 관계가 될 리 만무하다. '재벌 3세'와 미래가 불안한 남성 청년은 전혀 같지 않다. 다만 '같을 수 있다'고 상상될 뿐이다. 이때 여자는 외제 차나 비싼 시계와 같은 일종의 트로피로 '재벌 3세'와 '나' 사이의 차이를 드러내는 존재들일 뿐이다. 이것이 최근 온라인 여성혐오의 주요한 원인으로 분석되기도 했다.[13] 이런 환상으로부터 벗어난다면 위력에 의한 성폭력 문제에서 남성 노동자들이 동일시하고 연대해야 할 대상이 누구인지 분명해진다. "나도 언젠가는 여자를 소유하고 저 높은 지위의 남자처럼 될 수 있을 것"이라는 생각으로 가해자-갑에 연대하는 것이 아니라, 계급 차에 따른 착취가 성적인 형태를 띤 것일 뿐임을 자각함으로써 피해자-을에게 연대하는 것이 계급적일 뿐만 아니라 현실적인 판단인 셈이다.

---

12 권김현영, 「남장여자/남자/남자인간의 의미와 남성성 연구 방법」, 『남성성과 젠더』(자음과 모음, 2011), 47-48쪽.

13 손희정, 「섹스리스 K-시네마: 한국영화 속 젠더배치의 문제」, 『21세기 한국영화』(앨피, 2020).

이처럼 젠더를 고려한다는 것은 한 사회에서 정상성의 표준을 결정하는 데 개입하는 인종, 계급, 신체적 조건, 성적 정체성 등을 구체적인 신체를 바탕으로 사유한다는 의미다.

3 질병X의 시대와 '닭고기의 평등'

코로나 팬데믹과 그 이후에 펼쳐질 상황들에 대해서 '미지의 세계'라고들 하지만, 사실 이는 우리가 알고 있었던 세계이기도 하다. 이미 50년 전 제임스 러브록은 가이아의 표면에는 "오직 한 종류의 오염이 있는데, 그것은 바로 인간 그 자체"라고 말했다. 그에게 가이아란 지구의 생물권, 대기권, 대양, 그리고 토양까지를 포함하는 하나의 복합적인 실체이자 유기체다.[14] 인간의 자연에 대한 겁 없는 도전과 가없는 착취에 대한 불안과 공포는 오랫동안 인간 활동의 화두였던 셈이다. 그리고 2018년 초, 제네바에서 열린 세계보건기구 회의에서 '2018 연구개발 청사진'을 제출한 연구자들은 '질병X'에 대해 경고했다.

"다음번에 대유행 감염병은 인류가 만난 적이 없는, 알려지지 않

---

14 제임스 러브록, 홍욱희 옮김, 『가이아―살아 있는 생명체로서의 지구』(갈라파고스, 2003).

은 새로운 병원체가 일으킬 것이다. 질병X는 동물에서 유래한 바이러스에 의한 것일 가능성이 높다. 질병X는 경제 개발 탓에 사람들과 야생동물이 접촉할 수밖에 없는 지구상 어디엔가에서 출현할 것이다."

이는 코로나19에 대한 너무나도 정확한 묘사다. 그런데 이 질병X란 사전 대비가 불가능한 대상이다. "백신을 만들어 놓고 기다릴 수도 없다." 박쥐로부터 인간으로 전염되는 (사스와 메르스에 코로나19까지 불러온) 코로나 바이러스는 100여 종이 넘으며, 변이가 빠른 RNA 바이러스이기 때문이다.[15] 무엇보다 백신은 공공재가 아니다. 시장성 없는 백신은 만들어지지 않는다. 이미 자본화되어 있는 과학으로서 테크놀로지는 바이러스에 완벽하게 대응하기 어렵다. 코로나19 초기에 마스크 값이 천정부지로 치솟고 대형 마트 앞에 2시간 줄을 서도 마스크를 구할 수 없는 상황이 벌어졌었던 '마스크 대란'에서도 확인할 수 있었다시피, 시장과 자본은 인간의 생명을 구하는 것에 크게 관심이 없을 뿐만 아니라, 매우 무능하다. 영국의 보건 의료 전문가인 리 험버는 코로나를 "자연 대 과학의 대결"로 이해해서는 안 된다고 강조했다. 이미 자본화되어 있는 과학기술에 기대는 사고방식은 오히려 감염병의 시대를 지속시킨다.

15 송대섭, 「코로나19의 출현과 질병X의 시대」, 《스켑틱》 vol.21, 바다출판사, 2020.

"자본주의적 생산양식에 내재돼 있을 뿐 아니라 신자유주의 50년 동안 세계화되고 집약화된 산업 관행 때문에 점점 더 치명적인 병원체가 번식되고 있다. (……) 우리가 먹는 식품을 생산하는 방식이 낳은 결과다. (……) 항바이러스 백신을 더 많이 만들면 해결될까? 헨리 윌리스 주니어가 '분자적 서사'라고 부른 지배 담론은 다음과 같다. '질병과 건강 악화는 바이러스와 면역력 사이의, 그리고 바이러스의 진화와 인류의 백신 생산 능력 사이의 전투에 달려 있다. 이는 자연 대 과학의 대결이다.' 이런 서사는 (농약·제초제·살충제 제조 산업의 선두 주자이자 몬산토를 10억 달러에 인수한 후세계 최대 종자 회사가 된) 바이엘 같은 거대 제약회사가 좋아할 만한 말이다."[16]

그러므로 유일한 해결책은 "생태백신"이라는 최재천의 말은 은유가 아니다.[17] 그는 문명과 자연 사이에 적절한 거리를 유지하는 것 외에는 아무런 방법이 없다고 말한다. 하지만 근대적인 세계관에서 자연은 언제나 점령하고 길들이는 대상이었지, 존중하고 거리를 유지할 대상은 아니었다. 다른 방식으로 공동체를 상상하기위해서 해결해야 할 것은 인간과 자연의 관계를 조직하는 다른 상

---

16 리 험버, 「질병은 왜 확산되는가?: 자본주의와 농축산업」, 『코로나19──자본주의의 모순이 낳은 재난』(책갈피, 2020), 36-37쪽.
17 최재천, 「"바이러스 3-5년마다 창궐한다"──인류는 어떻게 살아남아야 하는가」, 『코로나 사피엔스』(인플루엔셜(주), 2020).

상력의 개발 혹은 발견이다.

신 중심적인 세계관과 함께 명시적인 신분제가 끝나면서 새롭게 열린 근대라는 시공간을 규정하는 가장 핵심적인 요소들은 대의제 민주주의(정치), 자본주의(경제), 평등(사회), 그리고 합리주의(인식론)이다. 그리고 이 네 가지 특징이 근대국민국가의 형태로 수렴되면서 세 개의 독자적이면서도 분리 불가능하게 얽혀 있는 자본(시장)-네이션(민족)-스테이트(국가)의 삼각관계[18]가 구성된다. 우리의 관심사 안에서 특별히 주의 깊게 살펴보아야 할 것은 시장 영역의 구성원리인 자본주의와 국가 영역의 구성원리인 민주주의의 관계다. 이 둘이 착종되어 등장한 우리 시대의 지배적 이데올로기가 자유민주주의다. 이 자유민주주의의 세계관에서 자본주의가 지금의 민주주의의 성격을 결정짓는 만큼이나, 민주주의가 '인간'과 '평등'을 상상하는 방식이 자본주의의 성격을 결정 짓는다.

코로나와 함께 경제적 위기가 닥쳐오자 대한민국 정부가 가장 먼저 꺼내든 것이 '한국형 뉴딜'이었다. 미국의 뉴딜은 포드주의적 자본주의와 민주주의를 국가 제도 안에서 실현시키고자 했던 '새로운 사회적 계약'이었다. 여기에서 볼 수 있는 것처럼 현대 미국 사회의 기본적인 형태를 구성했던 포드주의는 여전히 영향력을 행사하고 있다. 포드가 상상했던 민주주의는 마음껏 상품을 소비할

---

18 가라타니 고진, 조영일 옮김, 『세계공화국으로』(도서출판b, 2007).

수 있는 '풍요'를 통해 이룩되는 것이었다. 자유민주주의가 상상하는 평등은 곧 포드식 대량생산체제에 기대고 있는 평등이었던 셈이다.

이는 곧 '누구나 고기를 풍족하게 먹을 권리'에 대한 상상력과도 맞닿아 있다. 목장의 공장화는 자연과 생명에 대한 수탈을 가속화했다. 하지만 다른 한편으로 목장이 대량 생산을 가능하게 하는 공장처럼 기업화되고 생산이 합리화되지 않았다면, 누구나 닭고기와 소고기를 '싼값'에 즐길 수 있는 지금과 같은 풍요는 도래하지 않았을 것이다. 그렇다면 목장의 공장화는 착취인가 평등인가? 모두에게 익숙하고 필연적으로 보이는 이런 식의 평등 감각을 우리는 '닭고기의 평등'이라고 부를 수 있을 터다. 인류세를 다루는 한 방송 다큐멘터리의 제목은 「닭들의 행성」이었다. 인류가 멸종하고 외계인이 지구를 찾았을 때, 토적층에 쌓여 있는 수많은 닭뼈를 보며 닭을 지구의 '주인'으로 생각할 것이라는 상상력으로부터 이 프로그램은 시작한다. 그만큼 인간은 셀 수 없이 많은 닭을 '평등하게' 먹어치우고 있다. 다른 생명을 '값'으로 치르면서 이뤄낸 '싼값'의 철학. 이제 평등의 의미를 풍요의 재분배가 아닌 다른 방식으로 상상할 필요가 있다.

이뿐만이 아니라, 포드주의가 평등을 상상하고 구현하는 방식에는 이미 젠더가 개입되어 있었다. 뉴딜의 복지 및 노동 규정은 1914년부터 시행된 '자동차 왕 포드'의 '일당 5달러' 임금 모델을 바탕으로 했다. 당시로는 상상할 수도 없었던 고임금제였고, 덕분에 미국의 중산층이 형성되었다고 평가받는다. 하지만 이 이면에는 노동자의 사생활 규제가 놓여 있었다. 노동자가 '불량한 무리'와 어울리거나, 이혼을 하거나, 술·도박 등을 자주 하면 임금이 취소되거나 보류되었다. 더군다나 여성은 고임금의 자격 조건에서 애초에 배제됐다. 포드는 '여자들은 결혼해서 주부로서 남편의 임금을 관리해 주길 바란다'고 밝혔다. '돈 버는 남편과 가사를 담당하는 주부'라는 가족 모델을 구상하고, 남성의 임금에 여성의 재생산 노동에 대한 임금을 포함시켜 버린 것이다. '남성 생계부양자 모델'의 탄생이다. 1920년대에 걸쳐 이와 같은 근대적 정상 가족 이데올로기가 자리 잡는다.

그리고 1929년, 대공황이 터졌다. '주부'로만 상상되었던 여성들은 더 혹독한 해고와 열악한 삶의 조건으로 내몰렸다. 전환의 시기(뉴딜)가 시작되자, 국가는 대공황기에 붕괴된 가족을 재건하는 데 몰두한다. 뉴딜식 복지국가 건설에 있어 가족이 그 근간이 된 것이다. '집안의 노동자'들, 즉 주부들이야말로 뉴딜의 성패를 좌우하는 주체였다. 물론 이 과정이 매끈하지만은 않았다. 여성들은 여전히 집 안팎에서 쉬지 않고 '근무 중'이었으며, 다양한 형태로 국가와 자본에 저항했다. 전업주부들은 남편의 연좌투쟁을 지원했고, 임금노동자들은 파업을 주도했다. 일리노이 주 블루밍턴의 주부들은 돈을 벌어오지 않는 남편을 대상으로 가사노동 파업을 선언하기도 했다. 놀랍게도 다른 한쪽에선 "가사노동에 임금을 지급하라"는 요구 역시 등장한다. 자신들의 일상이 자본의 총체인 국가를

유지하는 핵심 노동임을 간파한 것이다.[19]

　뉴딜은 포드주의적 합리화를 국가 운영 체제로 확장시킨 계기였고, 그 기저에는 이처럼 성별화된 사회 구조조정이 놓여 있었다. 이 과정에서 '집안일'은 여성의 본능이자 사랑으로 포장되었다. 그리고 여전히 가사노동은 충분한 가치를 인정받지 못한다. 그렇다면 한국형 뉴딜은 어떤 방향으로 진행되고 있는가? 이미 진행 중이던 규제 완화에 '뉴딜'이라는 이름을 붙이는 것에 그쳐서야, 신자유주의로 무너진 삶의 토대를 더 잘게 부수는 일밖에 되지 않을 터다. 무엇보다 뉴딜식 가족 모델에서 여성들은 이미 불가능한 상황에서 이중, 삼중의 노동에 시달리고 있다. 성공적인 K-방역의 그림자 속에는 매일같이 전쟁을 치르고 있는 여성들의 돌봄과 육아 노동이 놓여 있음을 비판적으로 성찰해야 한다.

4 식량 생산의 전 지구적 분업 체계를 비판하기

　'닭고기의 평등'을 꿈꿨던 서구식 근대 국민국가는 '세계화'라고 쓰고 '제국주의적 침략'이라고 읽을 수 있는 폭력적 수탈 과정 위에서 형성되었다. 북반구의 자본주의는 스스로를 문명의 자리에

19　포드주의에 대한 더 자세한 비판은 마리아로사 달라 코스따, 김현지 · 이영주 옮김, 『집 안의 노동자』(갈무리, 2017)에서 참고.

위치시키고 남반구를 자연으로 등치시키면서 이를 무한히 갈취할 수 있는 화수분의 공간으로 여겼다. 한편으로 남반구와 저개발 지역 역시 이런 세계화의 과정에 적극적으로 동참함으로써 일종의 분업 체계가 형성된다. 코로나 팬데믹이 펼쳐지고 대중들에게 재발굴되어 화제가 되었던 영화 「컨테이전」(2011)은 이 분업 체계를 적나라하게 묘사한다.

영화는 홍콩 출장에서 돌아온 다국적 기업의 간부 베스(기네스 펠트로)가 발작을 일으키며 세상을 떠나고, 이어서 그의 아들까지 급사하면서 시작된다. 얼마 지나지 않아 세계 각국의 사람들이 같은 증상으로 사망한다. 지금까지는 상상할 수도 없었던 전염률과 사망률을 보이는 신종 바이러스의 등장. 이 바이러스에 대응하기 위해 미국 질병통제예방센터와 세계보건기구가 정신없이 움직이면서 최초 발병 경로를 조사하고 이와 동시에 백신 개발이 시작된다. 영화는 바이러스에 대한 음모론을 펼치는 프리랜서 저널리스트(주드 로)를 중심으로 한 인포데믹에 대한 묘사 역시 놓치지 않는다.

사람들은 "코로나19의 발생과 확산을 정확하게 예언한 작품"이라고 입을 모았다. 그러나 영화는 사스와 신종플루를 지나온 이후에 제작된 작품이다. 예언이 아니라 경험을 바탕으로 한 전 지구적 감염병에 대한 사실적인 묘사였던 셈이다. 여기서 주목할 만한 것은 무엇보다 감염 경로다. 박쥐 속에 존재하는 물질로서 바이러스가 (코로나19의 경우라면 사스-코브2가) 어떻게 미국의 글로벌 기업에서 일하는 임원에게까지 도달하게 되는가. 그 과정에서 세계화가 가능하게 한, 그리고 세계화를 가능하게 한 전 지구적 분업의 문제가 정확하게 시각화된다.

영화는 미국과 아시아를 극명하게 대비한다. 미국에 본사를 두고 있는 글로벌 기업이 원료 원산지인 아시아를 난개발하고, 그 난개발 때문에 야생 삼림이 파괴된다. 덕분에 인간 서식지와 박쥐 서식지의 거리가 가까워지고, 박쥐에 기생하는 바이러스가 목장에서 사육하는 돼지로 이동한다. 그 돼지가 요리사의 손을 거쳐 글로벌 기업 임원의 저녁 식사 테이블에 올라오면서 바이러스는 '질병X'로 활성화되고, 그 전염원인 인간이 비행기를 타고 미국으로 건너온다. 그리고 미국과 전 세계가 초토화된다. 물론 이 영화에도 신화화된 부분이 있다. 그건 개개인의 '영웅적 행위'들이 인류를 팬데믹으로부터 지켜낸다는 설정이다. 이 영화가 코로나19와 함께 미국 사회에서도 문제가 되었던 인종 차별과 계급의 문제, 그리고 낙인의 문제를 다루지 않는다는 점은 징후적이다. 그래서 혹자는 이 영화가 미국 질병통제센터 홍보 영화라고 우스갯소리를 하기도 했다.

다시 감염 경로에 대한 이야기로 돌아와 보자. 전문가들은 코로나19 발병 원인으로 세계화 체인 중에서도 특히 식량이 세계적 분업 관계 안에서 생산되는 문제에 주목한다.

"새로운 바이러스가 많이 나타나는 것은 식량 생산, 다국적기업의 수익성과 긴밀하게 관련돼 있습니다. 바이러스가 갈수록 위험해

지는 이유를 이해하려면 공업화된 농업, 특히 공업화된 축산업을 조사해야 합니다. 현재 그럴 태세가 된 정부나 과학자는 거의 없습니다. 오히려 정반대입니다."[20]

18세기 유럽 제국을 중심으로 산업혁명이 일어나고 이를 바탕으로 도시가 성장하고 인구가 증가하기 시작했을 때, 그리하여 러브록의 표현대로 "파종성 영장류 질환"인 인간이 가이아를 갉아먹기 시작했을 때, 이 인구 폭발의 계기는 수많은 노동자들에게 먹거리를 대는 식민지 수탈과 농업혁명, 농업의 공업화 없이는 불가능했다. 산업혁명의 기본적인 조건에는 제국주의 침략뿐만 아니라 자연에 대한 수탈이 놓여 있었다. 인류는 '농업-생태 체제'를 형성하여 자본주의 시스템을 유지하는 비용으로 '자연' 그 자체를 지출하고 있는 셈이다.

초기 자본주의는 단순히 상품을 싸게 사서 비싸게 파는 것을 훨씬 넘어서서 발트 해의 동부 연안에서 포르투갈까지, 그리고 노르웨이의 남부에서 브라질을 거쳐 카리브 해에 이르기까지의 광대한 지역에 걸쳐 농업-생태 체제를 형성했다. 그 농업-생태 체제는 추출의 성격을 가진 농업 잉여의 확장을 몇 세기에 걸쳐 진행시켰다.

---

20 롭 월리스, 「코로나19 위기의 구조적 원인은 무엇인가?」, 『코로나19 자본주의의 모순이 낳은 재난』(책갈피, 2020), 42쪽.

그 농업-생태 체제는 (······) 자본주의적 진보의 표현이었고, 그 과정은 대체로 시장, 계급, 그리고 생태적 변화를 결합해 생태적 권력과 과정을 대단히 불균등하고 새롭게 구체화하는 것이었다.[21]

따라서 미국의 트럼프 전 대통령을 비롯한 극우 인사들이 '우한 바이러스'라는 이름을 고집함으로써 '야만적인 중국의 식문화'를 팬데믹의 원인으로 지목하고 책임을 떠넘기려 했던 것은 편리한 기만이다. 우리가 지금 경험하고 있는 이 질병X의 시대는 자본의 전 지구적 세계화 체인 속에서 형성된 식량 생산 구조와 식문화의 문제로 이해해야 한다. 결국은 노동력이자 소비력으로 활용할 인구의 과도한 재생산, 무한히 생산하고 무한히 먹어 치우는 인간의 식탐, 그리고 그 식탐을 가능하게 하는 세계화의 고리 자체를 비판적으로 성찰해야 하는 것이다.[22]

제이슨 무어는 자본주의적 생산 체제를 비판적으로 성찰하려는 좌파에서도 "많은 사람들이 너무 오랫동안 자본주의를 '자연을 통해 작동하는 것'이 아니라 '자연에 영향을 주는 것'으로 간주해 왔

---

21 제이슨 무어, 오수길 외 옮김, 「세계사적 시각에서 본 생태위기와 농업문제」, 『생태논의의 최전선』(필맥, 2009), 174-175쪽.

22 이에 대해서는 이 책 4장에 수록되어 있는 김선철의 「탈성장, 지속가능한 미래를 위한 유일한 대안」에서 좀 더 자세하게 읽어볼 수 있다. 뿐만 아니라 김선철의 글에서는 선진국의 탄소 배출이 어떻게 비서구권 국가로 외주화되고 있는지를 설명하고, 서구 사회의 탈탄소 전략 역시 세계적 분업 체제 위에 있음을 보여준다. 이 글의 4절은 김선철의 글과 기본적인 문제의식을 공유하고 있다.

다"[23]고 지적한다. 이는 좌파 역시 휴머니즘으로부터 자유롭지 않다는 말이기도 하다. 그리고 이런 외부 식민화가 임계점에 이르자, 이제 내부 식민화가 시작된다. 그것이 바로 1970년대 이후로 급증하고 있는 GMO와 같은 유전자 조작 식물과 식용 동물의 폭발적인 증가다. 하나의 공동체가 다른 공동체를 식별하고, 변별하고, 대상화하고, 식민화하는 연쇄 고리 안에서는 지금의 현실을 해결할 수 없다. 이 전 지구적 분업 체계를 비판적으로 성찰하기 위해서 '글로컬(glocal)'의 시각이 필요한 이유다.

제국주의의 팽창 경로를 따라 이뤄진 세계화 과정에서 나타나는 여성과 비백인, 그리고 소수민족에 대한 억압과 차별은 자연에 대한 착취와 긴밀하게 연결되어 있음을 주장하는 에코페미니즘의 대표적인 이론가 마리아 미즈는 "자연이라는 개념은 사회적 불평등이나 착취적 관계들을 타고난 것, 혹은 사회적 변화의 영역을 벗어난 것이라고 설명할 때 너무 자주 사용되어 왔다"고 말한다. 남성-백인-인류에 의한 여성-비백인-자연에 대한 지배처럼 역사적으로 구성된 착취를 생물학적으로 타고난, 자연적인 본능과 본질에 의한 것으로 간단히 치부함으로써 탈역사화시킨다는 의미다. 이런 이분법적 구분은 생물학적으로 운명지워져 있는 일련의 과정을 따라 전개되어 온 것이 아니다. 이런 이항 구분을 구성하는

---

23 제이슨 무어, 오수길 외 옮김, 「세계사적 시각에서 본 생태위기와 농업문제」, 『생태논의의 최전선』(필맥, 2009), 175쪽.

존재들이 상호작용하는 역사 속에서 나온 결과물인 것이다.[24]

에코페미니즘은 가부장제와 자본주의, 제국주의, 그리고 인종주의의 교차성을 적극적으로 사유함으로써 이런 이항대립을 극복하고 대안적인 사유를 제안하고자 했다. 에코페미니즘에 대해서는 이 책의 3장에 수록되어 있는 김지은의 「다시 에코페미니즘」이 더 풍부한 이해를 도와줄 것이다.

5 나가며: 잘못된 이름 붙이기를 넘어 퀴어한 평등을 상상하기

"문명의 속성은 사물에게 잘못된 명칭을 붙인 다음 그 결과에 대해서 곰곰이 생각하는 데 있다. 그리고 잘못 붙여진 이름은 진실한 꿈과 결합하여 새로운 세계를 창조한다. 사물들은 다른 것이 된다. 우리가 그들을 다른 것으로 바꾸어 버렸기 때문이다."[25]

존 그레이가 '인간의 하찮음'을 이해했던 몇 안 되는 유럽 작가 중 하나로 꼽았던 시인 페르난두 페소아는 인간의 '잘못된 이름 붙이기'에 대해 한탄했다. 그가 말하는 '이름 붙이기'란 인간만의 특수성이라고 할 수 있는 언어와 상징 체계로 해석될 수 있다. 인간

---

24 마리아 미즈, 최재인 옮김, 『가부장제와 자본주의』(갈무리, 2014).
25 페르난두 페소아, 배수아 옮김, 『불안의 서』(봄날의책, 2014), 135쪽.

은 충분히 인지할 수 없고 불가해한 세계를 지각하고, 이해하고, 다루기 위해서 반드시 상징 체계에 의존해야 하며, 이 과정에서 많은 것을 편의대로 왜곡해 왔다. 자연에 셀 수 없이 많은 형태로 존재하는 성적 차이를 남성과 여성의 성별이원제에 끼워 맞추고 이에 따라 성 역할을 분배하고 남성다움과 여성다움을 규정한 상징 체계인 젠더 역시 인간 문명의 잘못된 이름 붙이기로부터 비롯된 환상이다.

1919년 베를린에서 섹슈얼리티를 연구하는 세계 최초의 기관을 설립했던 독일의 성과학자 마그누스 히르쉬펠트는 이런 잘못된 이름 붙이기의 관습을 극복하려고 노력했던 선구자였다. 그는 만명 이상의 사람들이 참여하는 성 연구를 통해 성적 정체성이 매우 다양하고 유동적이라는 사실을 밝힌다. 그에 따르면 성별(gender)은 물론 성차(sex)라는 카테고리는 "그저 추상적일 뿐이고, 양극단을 발명했을 뿐"이었다. 인간은 모두 어느 정도는 양성애자이고, 남성성과 여성성을 동시에 가지고 있으며 '성적 중재자(sexual intermediaries)'라는 것이다. 그는 모든 성적 다양성을 세어보려고 노력했지만 약 43,046,721개까지 세다가 포기한다. 그리고 이 숫자 역시 많은 것을 누락하고 있다고 결론 내린다. 따라서 성적 차이를 필연적인 것으로 여기고 이를 바탕으로 인간을 구별하는 행위는 반드시 존재의 누락을 가져온다. 인간은 성적 차이보다는 그들이 공유하고 있는 인간성에 의해 정의되어야 한다.[26]

---

26 수전 팔루디, 손희정 옮김, 『다크룸』(아르떼, 2020).

이 글에서는 '젠더'를 포스트-코로나 시대의 뉴노멀 구성 원리 중 하나로 소개했다. 이때 젠더란 잘못된 이름 붙이기를 운명이자 자연이 아닌 하나의 관습으로 거리 두고 비판적으로 성찰할 수 있는 계기를 제공하는 문제틀이다. 더불어서 성적 차이에 대한 퀴어한 이해가 근대적 휴머니즘을 단단하게 만들어온 생물학적 본질주의와 각종 이항대립을 좀 더 유연하게 흔들어 놓을 수 있다는 제안이기도 하다. 기후 변화와 생태 위기가 전 세계 유권자들의 관심사가 되면서 유럽의 극우 정당이 녹색 정치를 말하기 시작했음을 기억해 보자. 극우 환경주의자들은 성차별과 인종차별, 제3세계 노동력 착취 등의 의제를 환경문제와 연결하는 것을 꺼리며,[27] 오히려 순혈주의와 그런 순혈을 안전하게 재생산할 수 있는 강제적 이성애주의, 그리고 생물학적 본질론이 안정적으로 지배하던 순수한 과거로의 귀환을 꿈꾼다. 그런 문화적 정상성이 '자연(自然)'이고 '퀴어'는 자연적이지 않다고 주장하면서 말이다. 하지만 이런 과거란 근대에 만들어진 원본 없는 모사품이자 왜곡된 향수일 뿐이다. 이와 같은 반동적 회귀를 견제하기 위해서도, 퀴어한 평등에 대한 상상이 필요하다.

---

27 Asmae Ourkiya, "Queering Ecofeminism: Towards an Anti-Far-Right Environmentalism", *Niche*, 2020. https://niche-canada.org/2020/06/23/queering-ecofeminism-towards-an-anti-far-right-environmentalism(검색일: 2021. 4. 1.)

2장

아메리카 선주민의 관점주의는
인류세의 해독제가 될 수 있을까?[1]

박정원

1 기후 문제의 해결사는 선진국?

녹색기후기금(Green Climate Fund)은 UN의 기후변화협약에 따라 개발도상국들의 온실가스 감축과 기후 변화 적응을 위해 설립되었고, 선진국들이 기금을 조성하여 매년 개발도상국을 지원하는 단체이다. 환경문제는 이제 우리 삶에 직접 영향을 미치는 중대한 위기이며, 단순히 어느 한 개인이나 국가의 문제가 아닌 전 지구의 공통 과제라는 인식이 확산되고 있다. 이런 맥락에서 녹색기후

---

1 이 글은《이베로아메리카연구》제 31호 3권에 실린 「인류세 시대와 아메리카 선주민의 관점주의」를 토대로 작성되었다.

기금의 활동은 시대적 요구에 부응하는 국제적 활동으로 평가받는다. 그러나 다른 한편으로 기후 변화와 환경 위기에 대처하고 있는 현재의 지정학적 상황을 상징적으로 보여준다. 환경문제를 경제적으로 더 여유가 있는 선진국이 먼저 나서야 하는 문제로 인식하는 것이다. 이로 인해 개발도상국의 경우 환경을 고민할 단계에 도달할 만큼 충분히 발전하지 못했다고 사고하는 경향이 있다. 이러한 국가들은 여전히 개발과 진보를 자신들의 최우선적인 당면 과제로 선정하며, 발전을 달성한 후에야 환경문제를 고민할 수 있다는 것이다.

인류 전체가 직면한 기후 변화와 생태계의 위기를 상징적으로 드러내는 용어인 '인류세' 역시 실제로는 서구를 중심으로 논의되었다. 1980년대에 처음 등장한 이 용어는 처음에는 큰 반향을 얻지 못하다가 21세기에 들어서면서 지구 환경에 대한 위기 의식이 증대하면서 주목을 받게 되었다. 자연과학에서 출발한 담론이 하나의 분야에 머무르지 않고, 예술과 사회과학, 인문학 전반으로 확대되어 우리 시대 전체를 관통하는 핵심적인 의제로 발전하였다. 역사학자인 디페시 차크라바르티(Dipesh Chakrabarty)는 이 용어를 다음과 같이 설명한다.

오늘날 우리가 문명화된 제도——농업의 시작, 도시의 건립, 종교의 대두, 문자의 발명——로 생각하는 것과 흔히 연결되는 인류사의 시기는 약 수만 년 전에 시작되었다. 이는 지구가 후기 빙하시대 혹은 홍적세라는 한 지질 시대에서 더 온난하고 시기적으로 가까운 완신세로 이동한 시기와 일치한다. 완신세는 현재 우리가 살고 있는 지질 시대로 간주된다. 그러나 기후 변화를 인간이 유발했을 가능성은 완신세가 끝났을지도 모른다는 의문을 제기한다. 이제 인류가—그 수와 화석 연료의 연소 그리고 다른 관련 행위 덕분에—지구에 영향을 미치는 지질적 행위자가 되었다면, 일부 과학자들은 인간 행위가 지구 환경의 주요 결정 요인이 되는 새로운 지질 시대를 위해 고안된 명칭이 인류세(人類世, Anthropocene)다.[2]

지질 시대가 갖는 시공간적 규모의 장대함으로 인해 과거에는 인간이 지구 시스템에 변화를 초래할 수 있다고는 예상하지 못했다. 하지만 현재 벌어지는 지구 온난화나 해양의 산성화는 인간이 지구의 기본적 유지 기능과 순환 과정 자체를 바꿀 수 있는 파괴적인 행위자가 되었음을 보여준다. 이런 맥락에서 인류세는 인간이 비인간 생명체와 환경을 통칭하는 자연을 파국으로 이끄는 위협적인 존재라는 사실을 경고하고 있다. 우리 시대는 이제 인간의 역사를 자연의 역사와 서로 가를 수 없고, 인간이 만든 문화를 생태계와 떼어놓을 수 없는 시기에 도달한 것이다.

여기에서 차크라바르티는 인류세가 역설적으로 서구를 중심으

---

2 디페시 차크라바르티, 「역사의 기후: 네 가지 테제」, 『지구사의 도전: 어떻게 유럽중심주의를 넘어설 것인가』(서해문집, 2010), 348쪽.

로 인간을 자연으로부터 끊임없이 분리하려 했던 역사적 전통으로 인해 초래되었음을 강조한다. 즉, 자연 상태를 극복하려는 인간의 우월성과 특수성을 강조하는 인간중심주의적 전통에 기인한다는 것이다. 플라톤과 아리스토텔레스 이래 서구 주류의 철학적 흐름에서 인간은 "생각하는 존재"로서 자연으로부터 구별되는 위치를 점하게 되었다. 마찬가지로 중세 신학자 토마스 아퀴나스가 "신의 왕국에는 동물을 위한 자리는 없다"고 말한 것처럼 기독교는 동물성을 원시적인 것으로 파악하여 이를 배제하는 방식으로 인간 존재를 설명한다. 인간의 역사는 자연과는 근본적으로 다르다는 관념을 심어주면서, 자연 세계는 인간 세계를 구성하는 합목적적인 맥락 안에서만 의미를 획득한다는 것이다. 마르크스주의 역시 이러한 서구 철학과 기독교 전통에서 완전히 결별하지 못하였다. 결과적으로 이들은 인간 위주의 사고를 넘어서지 못했고, 인간중심주의는 근대를 관통하는 지배적 사고 체계로 작동해 왔다.

인류세를 야기하는 철학적·사상적 배경을 추적하는 차크라바르티는 문명의 역사, 자본의 역사 혹은 세계화의 역사를 논하는 데 있어서 인간을 비롯한 다른 종(種)의 역사를 함께 고려해야 한다고 주장한다. 이런 인식의 전환만이 인간을 포함한 역사의 지속성을 가능하게 할 수 있다는 것이다. 또한, 인류라는 종의 팽창과 지배의 과정이 결국 자신을 포함하여 지구라는 행성에 존재하는 다양한 비인간 존재의 절멸을 초래할 것이라는 묵시론적 인식이 오히려 새로운 탈출구가 될 수 있다고 설명한다.

2 주변부에서의 생태적 전환

인류세라는 시대 인식의 내부에는 현재 인류가 공통으로 직면한 위기 의식이 자리하고 있다. 그리고 근대 문명을 이끌어 왔던 서구 중심의 가치와 세계에 대한 반성과 성찰이 개입된다. 기후 변화와 환경 파괴를 비롯하여 자본주의 경제 시스템과 신자유주의 세계화가 가져온 무한 경쟁 및 그로 인한 빈곤과 불평등, 폭력 등의 문제는 현재의 문명이 임계점에 도달했음을 암시하는 징후로 읽히고 있다. 이는 기존의 체제와 이데올로기를 지탱해 오던 자유, 진보, 민주주의, 이성, 발전 등 서구 유럽이 주도해 온 근대의 가치 체계가 현실의 문제를 해결할 수 없고, 지속가능한 미래를 기획하는 데 있어 역부족이라는 인식으로 이어진다. 즉, 현재의 위기는 삶의 기반이 되는 인식론적, 존재론적 측면을 포함하는 광범위하고 근본적인 수준에서 이해할 필요가 있다는 것이다.

이러한 위기 의식은 현실을 수정하는 수준 이상의 변화를 요구한다. 여기에서 '변화'는 기존의 의미를 넘어 급진적인 차이와 다른 차원으로 진입하려는 상상력과 실험을 뜻한다. 아르투로 에스코바르(Arturo Escobar)는 이를 '전환 담론(discourses of transition)'으로 명명한다. 여기서 전환은 이미 출현하고 있는 것으로써 일반적으로 이해하고 있는 정치, 경제, 사회, 문화적 측면을 포함하면서 이를 뛰어넘는 근본적인 차이를 만드는 패러다임의 변화를 지칭하는데, 특히 앞서 언급한 요소가 생태학적 측면과 연결되면서 전개되는 지구라는 행성 전체를 위한 시도를 의미한다.

에스코바르는 이러한 전환의 징후가 이미 세계 곳곳에서 나타난다고 설명한다. 특히, 소위 개발도상국이라 불리는 주변부 국가에서 나타나는 새로운 시도에 주목한다. 기후 위기와 환경의 문제는 선진국의 해결만으로는 불가능하며, 오히려 개발과 발전이라는 근대적 패러다임을 성찰하고 이를 넘어서는 사고와 실험의 가능성을 주변부에서 발견할 수 있다고 지적한다. 그리고 이를 위해 현재 등장하고 있는 전환의 담론을 선진국과 개발도상국이라는 명칭 대신 새로운 국제 질서를 설명하기 위해 명명되고 있는 전 지구적 북반구(Global North)와 전 지구적 남반구(Global South)로 구분하여 소개한다. 21세기 세계의 지정학적 지형은 균질하고 평평하기보다는 불평등으로 인하여 격차가 늘어나면서 경제적, 사회적, 문화적 위계가 더욱 공고해지고 있다. 따라서 상이한 조건에서 나타나는 전환의 흐름도 다를 수밖에 없다는 것이다. 지난 500여 년 동안 자신이 이룩한 근대화를 모델로 세계 체제에서 주도권을 쥐고 있었던 서구에서는 그로 인해 발생한 파국적 상황에 대한 성찰을 기반으로 식민주의적 근대성, 발전주의 및 인간중심주의를 비판하는 작업을 통해 이행의 서사를 만들어가고 있다. 한편, 과거 식민지를 경험한 근대의 주변부인 남반구에서는 경제적, 문화적, 인식론적 식민화 혹은 재식민화에서 벗어나려고 노력한다. 이와 동시에, 서구 근대에 의해 경시되고 강등되었던 문화와 전통, 유산을 재조명하는 것을 대안적 모색의 한 방향으로 제시하고 있다. 지정학적 차이에 기

인하여 북반부와 남반구에서 각각 나타나는 전환의 담론과 실천은 아래의 그림과 같다.[3]

북반구에서 나타나는 이행의 흐름은 영국에서 조직된 "전환 마을 계획(Transition town initiative)", 미국의 "대전환 계획(Great Transition Initiative)" 등으로 이들은 작은 단위의 공동체를 중심으로 기존 삶의 양식을 총체적으로 성찰하고 새로운 모델을 실험한

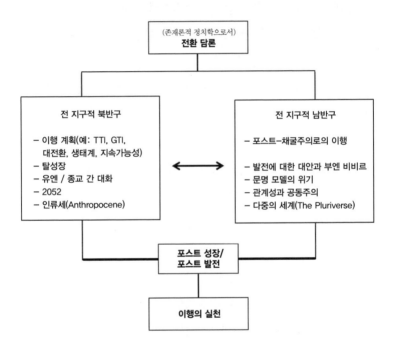

3   Arturo Escobar, "Transition Discourses and the Politics of Relationality:
     Toward Designs for the Pluriverse", *Constructing the Pluriverse: The Geopolitics of
     Knowledge* (Durham: Duke University Press, 2018), p. 67.

다. 이를 통해 끊임없이 소모하고 고갈하는 것이 아닌 지속가능성을 담보한 시대, 즉 "생태대(Ecozoic era)"로의 전환을 추구한다.[4] 이들의 목표는 과거 발전주의에 대한 비판을 통해 탈성장의 사고를 현실화하는 데 있다. 또한, '국제연합(UN)'이나 '로마 클럽(Roma Club)' 등 중심부 국가가 주도적으로 조직한 국제기구와 다양한 종교 단체를 중심으로 한 세대 후인 '2052'년이라는 상징적 미래를 향해 나아갈 방향을 모색하고 있다.[5] 이 기획은 서구가 이끌어온 지난 500년 이상의 근대 역사가 초래한 지구적 차원에서의 '총체적 위기'에 대한 반성적 인식에서 출발하고 해결책을 모색한다. 이런 맥락에서 에스코바르는 북반구에서 나타나는 이행의 시도를 인류세 담론이 제기하는 목표와 방향 안에서 포괄되는 것으로 이해하고 있다.

남반구에서는 서구의 문명화 모델에 의해 대상화된 자신의 모

---

4 생태대(生態代)는 1980년대 초 문명사학자인 토마스 베리(Tomas Berry) 신부에 의해 처음 제기되었다. 생물종의 멸종 문제에 관심이 많았던 그는 이를 인간의 힘이 초래한 결과로 보았으며 현재 상황은 흡사 고생대에서 중생대로, 중생대를 끝내고 신생대를 시작한 힘과 유사할 정도라고 파악하였다. 그리고 이를 타개하기 위한 길은 인간중심주의에서 생명 중심으로, 지구중심주의로 전환하는 것이라 주장하였고 이를 생태대로 명명하였다.

5 1968년 지구의 유한성이라는 문제의식을 중심으로 유럽의 기업가, 교육자, 과학자 등이 로마에 모인 것에서 유래하여 로마클럽이 결성되었고 이들은 1972년 제로 성장을 지향하는 보고서 『성장의 한계』를 발표하였는데, 40년 후인 2012년에는 다시 기후 변화 등을 주제로 하여 다음 40년 후인 2052년의 모습을 전망하며 문제 해결을 위한 공동 노력의 필요성을 역설하였다.

습을 자각하는 동시에, 북반구에 의해 주변으로 밀려난 다른 세계와 우주관을 복원하면서 자본주의 이후, 발전 이후를 포괄하는 실험이 등장한다. 특히, 에스코바르는 남반구의 전환 담론과 실천에서 라틴아메리카의 사례를 언급하고 있다. 물론 콜롬비아 출신이라는 점도 영향을 주었겠지만, 그는 이 대륙이 지난 세기말과 21세기에 걸쳐 기존의 이념과 새로운 대안이 각축을 벌여온 상징적인 장소이기 때문이라고 설명한다. 라틴아메리카는 ① (우파의 기획인) 신자유주의 세계화와 ② (국가적 차원에서의 좌파 기획인) 대안적 근대화, 그리고 ③ 비자본주의적 세계를 창조하려는 시도 사이의 경쟁이 가장 명확하게 드러나는 지역이라는 것이다. 그는 소위 '분홍빛 물결(pink tide)'로 일컬어지는 좌파 정부의 집권을 근대화의 연장선으로 분류하면서, 그보다는 근대성 자체를 넘어서려는 전환 담론에 무게를 두어 주목하고자 한다. 수세기 동안 자원 공급처의 역할을 해온 주변부 국가에서는 자연의 고갈과 생태계 파괴가 가속화되었다. 이러한 채굴주의(extractivism)에 대한 대안으로 에콰도르와 볼리비아에서는 환경과의 조화로운 삶을 지향하는 '부엔 비비르(Buen vivir)'를 통해 인간과 자연의 관계성을 회복하려는 국가적 차원의 시도가 있었다. 또한, 인류세를 초래한 인간 중심적 세계를 넘어 다른 형태의 공동체를 상상하는 흐름은 '하나의 세계(universe)'가 아닌 많은 세계의 존재를 긍정하는 '다중의 세계(pluri-verse)'라는 대안적 모델을 모색하는 것으로 나타난다.

인류세 담론을 촉발하게 한 현실을 보면서 우리는 기후 변화와 생태계 파괴의 기저에 자연으로부터 인간을 분리하고 인류라는 종을 우월하게 놓는 서구 근대성 자체를 비판하지 않을 수 없다. 따라서 위계를 기반으로 한 이분법적 논리에 문제를 제기하고 인간과 비인간 존재의 관계를 재구성하는 것은 이행을 위한 필요조건이자 새로운 정치적, 경제적, 사회적 기획을 위한 기반이 된다. 이런 측면에서 소위 자연이라고 일컬어지는 개별 종의 신체에 '영혼(spirituality)'과 '인격(personhood)'이 접속되어 있다는 인식에 바탕을 둔 아메리카 선주민의 세계관과 그것을 이론화한 관점주의는 비인간 주체의 행위성을 인정함으로써 이들에 대한 존재론적 정당성을 제공해 준다. 또한, 서구적 사고가 지탱해온 인간 중심적 태도를 넘어 하나의 세계가 아닌 다중의 세계를 위한 철학적 토대를 마련한다.

3 아메리카 선주민의 관점주의

문화인류학자이자 리우데자네이루 연방 대학의 교수인 에두아르두 비베이루스 지 까스뜨루(Eduardo Viveiros de Castro)는 오랜 기간 브라질의 아마존 북동부 선주민에 관한 연구를 진행하였다. 주목할 만한 것은 그가 서구적 시각을 통해 아마존 선주민을 관찰하는 종래의 일반적인 방식 대신, 선주민 이론을 철학의 영역으로 격상시키고 이를 통해 서구적 사고를 되비치는 작업을 수행한다는 점이다. 이런 측면에서 그는 현대 인류학이 도달할 수 있는 가장 급진적인 사유를 전개한다는 평가를 받아왔다. 그는 아마존의 철학을 통해 서구의 형이상학을 타자화하는 방식의 새로운 인류학을 제안하였으며, 2009년 출간된 『식인의 형이상학: 탈구조적 인류학의 흐름들』은 그간의 연구를 체계적으로 정리한 대표작이라 할 수 있다.

비베이루스 지 까스뜨루가 정립한 아메리카 선주민 이론은 '관점주의(perspectivism)'로 명명된다. 관점주의라는 용어는 해체주의의 선구자라고 할 수 있는 니체에서 유래하지만, 이 용어를 빌려 담아 내려는 것은 아메리카 선주민의 고유한 사유 방식이다. 그는 20세기 최고 인류학자인 클로드 레비스트로스를 다시 읽어냄으로써 다양한 관점체, 혹은 관점의 다양체에 관한 개념을 발전시킨다. 레비스트로스는 아메리카 정복 시기에 오늘날 카리브 지역으로 불리는 안티야스 제도에서 유럽 정복자와 선주민 사이에 일어났던 다음의 일화를 소개한다.

아메리카를 발견하고 몇 년이 지난 후, 대 안티야스(Antillas) 제도에서 스페인인들이 원주민에게도 영혼이 있는지 탐색하려고 조사단을 파견하는 동안, 원주민은 백인의 시체도 썩는지를 오랜 관찰을 통해 집중하려고 백인 포로를 물에 빠뜨리는 데 열중했다.[6]

---

6 에두아르두 비베이루스 지 까스뜨루, 박이대승 · 박수경 옮김, 『식인의 형이상학:

바야돌리드 회의(La Junta de Valladolid)를 비롯하여 정복과 식민화가 진행되던 16세기에 걸쳐 스페인과 유럽, 특히 교회를 중심으로 선주민이 자신과 같은 인간인지에 관한 열띤 논쟁이 벌어졌다. 유럽인은 선주민에게 영혼이 있는가를 두고 의심했는데, 영혼의 유무가 인간임을 판단하는 결정적인 근거였던 셈이다. 반면, 아메리카의 선주민은 정반대의 실험을 통해 정복자가 자신과 같은가를 질문하였다. 이들은 정복자의 시체를 물에 빠뜨려 신체가 부패하는가를 통해 이들이 자신과 같은 사람인가를 확인하고자 하였다. 선주민에게는 이들이 영혼을 갖고 있다는 사실은 의심할 여지가 없기 때문이다.

이 과정에서 정반대의 인류학적 메커니즘이 작동하고 있다. 유럽인은 신체가 인간과 비인간 존재에게 공통으로 부여되는 것이지만, 오직 인간만이 영혼을 소유할 수 있다는 전제 속에서 아메리카 선주민을 관찰하였다. 이러한 존재론을 기반으로 인간의 우월성이 확보되었다. 하지만 인간을 비롯하여 동물, 식물, 죽은 자에게도 영혼이 있다는 사실은 선주민에게는 기본 전제였다. 그리고 여러 존재를 구분하는 차이는 영혼의 유무가 아니라 바로 신체이다. 비베이루스 지 까스뜨루에 의하면 이는 알래스카에서 티에라 델 후에고까지 아메리카 대륙 전체에 걸쳐 광범위하게 나타나는 현상이다. 선주민의 우주관은 인간성이나 인격(personhood)에 특별함 혹

탈구조적 인류학의 흐름들』(후마니타스, 2018), 32쪽에서 재인용.

은 우선권을 두지 않는데, 의식 혹은 영혼은 누구에게나 부여되는 속성이기 때문이다.[7] 영혼과 동의어로 사용될 수 있는 인격은 신체에 부가되는 부속물이라 칭할 수 있으며, 종적 차이로 인해 각각 다른 신체는 자신의 시점을 가질 수 있는 능력, 즉 '관점(a point of view)'을 지니게 된다. 비베이루스 지 까스뜨루는 이런 맥락에서 선주민의 세계 인식을 관점주의로 부른다.

관점주의는 생명체를 포함하는 강, 대지, 식물, 기상 현상, 인공물 등의 존재가 영혼을 지니는 것으로 가정하기에 인간으로서의 잠재력을 지닌다. 또한, 아메리카 선주민은 관점을 지닌 모든 존재는 자신을 인간으로 바라본다고 생각한다. 이러한 논리 안에서 인간은 우리 자신을 인간으로 인식하며, 재규어[8] 역시 자신을 인간으로 인식하게 된다. 게르하르트 바이에르(Gerhard Baer)는 페루 아마존 지역의 마치겡가(Matsiguenga) 선주민을 통해 이 과정을 구체적으로 설명한다. 동물과 죽은 자는 자신을 인간으로 파악하면서 우리 인간을 비인간으로 바라본다. 자신을 인간으로 생각하는 재규어, 뱀, 페커리 등의 포식 동물은 인간을 인간이 아닌 먹잇감으로 보고, 물고기나 사슴 등 전형적인 인간의 먹잇감 역시 인간을 인간

---

7 "인격" 및 "인간성", "영혼"은 세부적인 의미에서는 구별된다. 그렇지만 관점주의의 맥락에서는 기존에 비인간 존재에게는 없고 인간에게만 있다고 간주되는 특징이라는 측면에서 유사한 의미로 이해할 수 있을 것이다.
8 아마존 생물계에서 재규어는 포식자를 대표하는 주요한 동물로 아마존 선주민의 서사에 빈번하게 등장해 왔다.

이 아닌 포식자처럼 본다는 것이다.[9] 이런 맥락에서 사람이 피로 보는 대상을 재규어는 맥주로 인식하고, 콘도르는 우리에게는 썩은 고기를 구운 생선으로 파악하면서 이를 포식한다. 마찬가지로 발톱, 부리, 털 등의 자신의 신체적 특징을 인간의 손이나 발과 같이 문화적 도구나 장신구로 인식하게 된다. 이에 따르면 각 존재는 각자의 관점에 따른 소위 '종족 중심주의' 속에서 살게 된다. 따라서 인간이 다른 존재보다 우월하다는 전제는 오직 인간에게만 해당할 뿐이다.

비베이루스 지 까스뜨루는 아마존의 형이상학인 관점주의가 주관주의, 혹은 상대주의로 잘못 오해될 수 있음을 경계하며 각각의 차이를 짚어준다. 상대주의는 각각의 시점에 따라 발생하는 재현의 차이에도 불구하고 대상의 본질은 하나라는 인식에 근거를 두고 있다. 하나의 사물 그 자체가 재규어에게는 맥주로, 사람에게는 피로 보인다는 것인데, 피와 맥주는 사실은 같은 것을 재현하는 것이다. 이를 항의 형식으로 정리하자면 '피=맥주=X'라는 논리가 성립한다. 하지만 아마존 선주민에게 피와 맥주는 같은 대상을 지시하지 않는다. 인간, 신, 동물, 식물, 죽은 정신, 존재자는 모두 같은 종류의 영혼을 갖고 있지만, 신체적 차이로 인해 각자가 다른 관점을 갖기 때문이다. 우리 인간이 피로 파악하고, 재규어가 맥주로 보는

9 Gerhard Baer, *Cosmolog a y shamanismo de los Matsiguenga*(Quito: Abya-Yala, 1994), p. 224.

대상은 X로 환원되지 않으며 피이자 맥주, 즉 "피 | 맥주"라는 다양체의 형태로 나타난다. 그리고 관점의 수가 늘어날수록 다양체를 형성하는 항이 확장되며 계열화가 진행되게 된다. 이들에게는 칸트가 말하는 물자체(物自體)는 존재하지 않는다. 따라서 서구 상대주의와는 달리 하나의 본질로 환원되지 않고 오히려 각각의 관점——즉, 하나의 시점을 가질 수 있는 능력——에 초점이 맞추어진다.

서구의 다문화주의는 자연 상태에서 출발하여 다양한 문화(정신)로 발전한다는 것을 전제한다. 이렇게 형성된 '문화들'은 같은 자연/실재를 다르게 인식하는 것으로 상대주의와 연결되어 있다. 하지만 비베이루스 지 까스뜨루가 보기에 아메리카 선주민의 사유는 반대로 작동한다. 우리 인간과 재규어 모두 영혼을 지니고 있기에 두 쪽 다 자신을 인간으로 생각하고 맥주도 마신다. 그렇지만 양측이 말하는 '맥주'가 지시하는 자연적 대상은 다르다. 재규어에게 '맥주'인 것이 우리 인간에게는 '피'이기 때문이다.[10] 동일한 사물/존재가 재현의 방식에 따라 변하는 것이 아니라, 관점에 따라 지시하는 것이 다르다. 이를 요약하면 자연은 하나인데 다양한 문화로 발전하는 것이 서구의 다문화주의라면, 아메리카 선주민에게는 (보는 방식이 같기에) 문화는 하나이고 (지시 대상이 다르기에) 자연이 다수가 된다. 따라서 관점주의의 사유에는 그 안에 다문화주의가 아니라 다자연주의가 내재되어 있다.

---

10 에두아르두 비베이루스 지 까스뜨루, 앞의 책, 45쪽.

비베이루스 지 까스뜨루가 이론화한 아메리카 선주민의 관점주의 혹은 다자연주의의 기저에는 인간과 비인간, 생물과 무생물, 살아 있는 것과 죽은 것 모두 영혼을 지니고 있으며, 영혼에는 차이가 없다는 전제가 깔려 있다. 존재자란 자기 자신을 인간으로 본다는 점에서 모두 인격이며 세계를 바라보는 하나의 관점으로 이해하여야 한다. 결국 "인간과 동물에게 공통으로 부여되는 조건은 동물성이 아니라 인간성"이다. 그리고 모든 종이 인격을 지니고 있기에 관점의 차이는 영혼에서 유래하지 않는다. 그리고 '영혼'이 어떤 우월성을 부여하는 것이 아니다. 오히려 신체의 종적 특수성으로 인해 관점의 차이가 나타난다. 관점의 차이가 신체에 의해 발생한다고 할 때, 여기서 지시하는 신체는 생리학이나 해부학적 측면을 의미하지 않는다. 비베이루스 지 까스뜨루는 신체가 무엇을 먹는지, 어떤 방식으로 움직이고 소통하는지, 어디에 사는지, 집단 생활을 하는지 단독 생활을 하는지에 관한 존재 양식과 방법의 포괄적 집합임을 밝힌다. 그리고 이런 측면에서 신체는 정서와 능력이 묶여 있는 다발로서 관점의 기원이 된다고 설명한다.

이를 통해 서구에서 전개되어 온 자연과 문화에 대한 기존의 고정된 관념이 해체되고 재구성된다. 자연은 미분화한 혹은 문화로 진화하지 못한 상태가 아니다. 오히려 관점을 지닌 다양한 존재로 구성되는 '다자연'으로 이해해야 하며, 인간도 이 '다자연'의 한 부분을 구성하며 참여한다. 여기에는 어떤 것이 우월하다는 사고가 개입할 수 없다. 이런 측면에서 선주민의 관점주의는 자연으로부터 자신을 분리하고 이를 대상화했던 인간주의적 사고방식을 성찰적으로 되비치고 있다. 여기서는 자연이 이용의 대상, 채굴의 대상, 처분의 대상이 될 수 없는데, 왜냐하면 자연을 구성하는 존재는 모두 인격과 관점을 지니고 인간과 동등하기 때문이다. 따라서 다자연의 일부로서의 자연인 인간이 고민해야 할 지점은 지금까지와 다르게 다자연 속에서 다른 인간뿐 아니라, 지구상의 다른 존재와 공존하는 방법, 즉 관계성을 회복하는 것이다.

4 존재의 재발견과 관계의 복원

이렇게 아메리카 선주민의 관점주의는 서구적 존재론이 아닌 비서구 역사 속에 실재한 다른 존재 방식을 보여줌으로써 인간의 종족 중심주의적 사고에 문제를 제기한다. 그렇다면 각각의 시점을 지닌 존재가 맺는 관계 방식을 탐구할 필요가 있다. 다자연 내부에서는 어떤 방식의 관계가 설정되는가? 이와 관련하여 비베이루스 지 까스뜨루는 아메리카 정복과 식민화 시기에 벌어졌던 또 다른 일화를 소개하며 이 문제에 접근한다.

포르투갈의 신부 안토니오 비에이라(António Vieira)는 1657년에 나온 그의 책『성령의 설교(*Sermon of the Holy Ghost*)』에서 대리석 동상(marble statue)과 배롱나무 상(myrtle statue)을 비교한다. 대리석 동상은 완성하기 위해서 상당한 시간과 노력이 소요되지만 일단 완성한 후에는 관리가 필요하지 않는다. 반면, 배롱나무 상은 만들기가 어렵지는 않지만 계속 다듬어야 한다. 신부는 (자신을 대리석과 같은 존재로 비유하면서) 브라질에서 만난 선주민을 배롱나무의 범주로 분류한다. 이들은 선교사가 말하는 것에 의문을 제기하거나, 말대답하거나, 저항하지 않고 순순히 그리고, 심지어는 즐겁게 받아들인다. 선주민은 대리석과 같은 단단한 정체성의 소유자가 아니기에 선교사의 말을 쉽게 받아들이지만, 그렇다고 완전히 동화되는 것도 아니다. 배롱나무에 가위를 들어야 하는 것처럼 새롭게 배운 것을 잊고 원래의 자연 상태로 되돌아가는 경향이 있다는 것이다.

이와 유사한 식민 시대의 또 다른 예도 존재한다. 16세기와 17세기에 걸쳐 포르투갈인이 작성한 투피남바(Tupinamba) 선주민에 관한 연대기에는 선교 과정에서 일어난 일화가 종종 언급된다. 포르투갈인을 놀라게 한 것은 선주민이 자신들과 전혀 다른 종교와 신념 체계를 가지고 있는 것이 아니었고, 기독교와 반대되는 천지 창조론이 있어서도 아니었다. 오히려 이들의 사고가 인간에게 기대되는 정체성과 통일성이라는 논리 바깥에서 작동하고 있는 것처럼 보였기 때문이다. 이들에게는 종족의 탁월함을 보여주기 위해 자신들의 정체성을 강제하거나 타자를 부정하는 것은 중요하지 않았다고 비베이루스 지 까스뜨루는 적는다. 그보다는 "타인 혹은 타자와의 관계를 활성화하는 것을 통해 자신의 정체성을 변화시킨다. 야생의 선주민들에게서 관찰할 수 있는 이런 불일치는 이들의 존재 방식이 동일성(identity)이 아니라 교환(exchange)이며, 교환이야 말로 그들이 추구하는 가장 근본적인 가치의 표현"인 것이다.[11] 이들이 종교나 신념에 대해 명확한 입장을 갖지 않는다는 것은, 그리고 고정된 정체성을 갖지 않는다는 사실은, 이들이 열등해서가 아니라 근대 서구인과는 달리 세계는 변형되는(transforming) 것이라는 세계관과 우주관을 갖는 것으로 해석할 수 있다.

아메리카 선주민의 변형되는 세계를 상징적으로 드러내는 메타포는 가면이다. 몇몇 아마존의 신화에서 재규어는 인간이 사라지면 피부 껍질을 벗고 사람으로 자신을 드러낸다고 말한다. 이 이야기는 재규어가 피부라는 가면 혹은 옷을 벗으면 사람으로서의 본질이 드러난다고 말하는 것이 아니다. 이는 오히려 다른 몸으로 변신할 수 있는 능력을 가능하게 만드는 조합을 의미한다. 따라서 옷이나 가면 자체가 신체로 받아들여진다. 이렇게 신체를 변형하는 방식을 통해 재규어는 인간이 되고, 인간은 재규어, 아나콘다 등으로 변신하게 된다. 아메리카 선주민은 동물이 이전에는 인간이었다고 믿는다. 따라서 이들의 서사에 빈번하게 '의인화(anthropomorphism)'가 등장하는 것은 놀라운 일이 아닌 셈이다. 인간에서 동물이 되었다고 이들의 상태가 강등된 것이 아니다. 이는 이들의 변신이 수직적이기보다는 수평적 이동이라는 것을 의미

---

11 Eduardo Viveiros de Castro, "Cosmological deixis and Amerindian Perspectivism"(*J. R. Anthropol*, 1998), p. 477.

한다. 이렇게 아메리카 선주민의 존재론은 주체가 고정되고 단단하기보다는 타자를 향한 통로가 열려 있으며 변화의 가능성이 크다고 할 수 있다.

　교환에 열려 있고 유동적인 구조를 보여주는 다른 예는 대명사로 환원되는 호칭의 역학 관계이다. 이들의 관계는 '명사'가 아닌 '대명사' 체계에 의지한다. 일인칭 '나'가 영혼과 인격, 즉 관점을 부여받은 위치라면, 삼인칭 '그/그녀'는 자연이라는 비인격의 장소가 된다. 그 사이의 이인칭 '너'의 경우 타자의 형태로 나타나며 '나'에 개입하는 주체를 지시한다. 이에 관한 이해를 돕기 위해 비베이루스 지 까스뜨루는 아마존 서사에서 자주 등장하는, 인간이 먹잇감이 된 이야기를 예로 든다. 숲속에 은거하는 한 사람이 처음에는 동물이라고 생각했던 존재를 보게 되었는데, 이 존재는 이 사람에게 말을 거는 영혼으로 밝혀졌다. 이 일화는 (삼인칭이었던) 다른 존재로부터 호명되면서 나는 그 존재를 이인칭으로 받아들이고, 상대방에 의해 먹이의 대상이 된다는 점을 알려준다. 즉, 삼인칭이었던 존재를 이인칭으로 인식하는 순간 자신은 더 이상 일인칭이 아닌 이인칭의 존재가 되는 것이다. 이처럼 만남에서 위치에 따라 존재의 인칭은 변화한다. 따라서 아메리카 선주민이 사용하는 단어로써의 '인간(human being)'은 명사라기보다는 대명사로서 기능한다고 분석하고 있다.[12] 대명사를 중심으로 사유한다는 것의

12　Eduardo Viveiros de Castro, "Perspectival Anthropology and the Method of

의미는 시점에 따라 세계가 유동적이고, 따라서 우리 인간만이 인간이라는 단어를 독점하지 않는다는 점이다. 즉, 대명사로 기능하는 '인간'은 관점의 변화에 따라 다른 존재자에 의해 점유될 수 있게 된다. 이렇게 대명사의 관계가 설정되면서 인간과 동물, 인간과 다른 생명체 사이에서 인칭이 변화하고 '인간'의 위치가 이동하게 되며, 결과적으로는 종들 사이의 위계를 고정하거나 영속화할 수 없게 된다.

그렇다면 다양한 관점 속에서 인칭의 변화가 일어나는 다자연의 세계에서 어떠한 방식의 소통이 가능한가? 이를 설명하기 위해 비베이루스 지 까스뜨루는 번역의 문제에 주목한다. 우리에게 있어 번역은 서로 다른 재현 사이에서 공통으로 의미하는 하나의 지시 대상을 찾아내는 행위를 말한다. 예를 들어 '계명성', '샛별', '새벽별'이라는 단어는 모두 '금성'을 가리킨다. 영어나 스페인어에서의 'Venus' 역시 우리말의 금성과 같은 지시 대상을 나타낸다고 할 수 있다. 하지만 관점주의에서는 이와 같은 논리가 작동하지 않는다. 각각의 시점은 다른 대상을 만드는 것이기에 하나의 기호는 공통된 대상을 지칭하지 않는다. 재규어도 맥주를 마시고 인간도 맥주를 마시지만, 맥주라는 기호가 지시하는 대상은 하나로 환원되지 않기 때문이다. 이런 이유로 관점주의에서 번역의 과정은 실패를 전제하는 작업으로 보인다. 이 지점에서 비베이루스 지 까스뜨

Controlled Equivocation "(*Tipití*, 2004), p. 6.

루는 발터 벤야민을 통해 번역의 다른 의미와 가능성을 찾고 있다. 번역이라는 작업은 정확한 지시 대상을 찾아내는 것—이는 애초에 가능하지 않다—이라기보다는, 오히려 완전히 일치되지 않거나 다름을 인정하는 것에서 시작해야 한다. 벤야민에게 좋은 번역이란 외래의 개념이 번역자의 개념적 틀을 해체하고 전복하는 것을 허용함으로써, 원래 언어가 갖는 의도를 새로운 언어 안에서 표현하는 것이다.[13] 이런 맥락에서 비베이루스 지 까스뜨루에게 번역은 애매모호함(equivocation)이 그 전제 조건이다. 그리고 이 애매모호함은 번역의 실패를 의미하기도 하지만, 동시에 새로운 관계를 수립하는 잠재적 가능성을 갖는다.

> 애매모호함은 관계를 방해하는 것이 아니라, 관점의 차이에서 나오는 관계를 찾아내거나 추진한다. 따라서 번역한다는 것은 언제나 애매모호함의 전제를 가정한다. 그것은 단일성—혹은 근본적 동질성—을 가정하여 타자를 침묵시키는 것 대신에 타자와 우리가 말하는 것 사이에서 차이를 통해 소통하는 것이다.[14]

그는 관점의 차이가 낳는 지시 대상의 차이로 인해 발생하는 번역 과정의 어려움을 애매함으로 표현하면서 다름을 인정하고, 일

---

13 발터 벤야민, 「번역자의 과제」, 『발터 벤야민 선집 6』(도서출판 길, 2008), 137쪽.
14 Eduardo Viveiros de Castro, *Ibid.*, p. 10.

치하지 않은 외부의 존재를 포괄하는 것이 관계의 출발점이라고 설명한다. 선주민에게 이 세계는 다른 종으로 구성되기 때문에 각각의 종들이 가지는 관점으로 인해 의미의 분기가 발생한다. 따라서 중요한 것은 어떤 방식으로 재규어가 세상을 보는가를 아는 것이 아니다. 재규어를 통해 어떤 세계가 표현되는가, 그리고 재규어가 어떤 세계에 대한 관점을 갖는가를 찾아내는 것이라고 비베이루스 지 까스뜨루는 주장한다. 다른 관점이 지각하는 세상을 이해하는 것은 불가능하지만, 애매모호함이라는 관문을 뚫고 다른 관점 사이의 관계를 만들어가는 것이 번역의 임무이자 인류학의 역할인 셈이다.

사실 관점의 이동을 통해 번역이 초래하는 애매함이라는 장벽을 극복하는 인물은 바로 샤먼(shaman)일 것이다. 샤먼은 가면을 통해 다른 생물체 혹은 창조물로 변신하는 상징적 행위를 실제로 현실화할 수 있는 '분리접속'적 능력을 지닌 인물이다. 그는 재규어나 원숭이로 빙의하는 방식을 통해 타자의 인격을 취하고 이 자연을 통해 세계를 인식하고 다시 우리 인간으로 돌아온다. 이 과정에서 일어나는 관점들의 마주침과 교환은 목숨을 건 위험한 기획임과 동시에 최고의 외교 기술로서 샤먼은 이런 정치적 임무를 수행하게 된다. 즉, 샤먼의 역할은 "다양한 종들 사이를 횡단"하는 것이다.[15] 그가 서로 다른 관점을 매개하고 대화를 가능하게 함으로

---

15 에두아르두 비베이루스 지 까스뜨루, 앞의 책, 198쪽.

써 다자연으로 구성된 이 세계는 다양한 관점들이 만드는 역동적인 소통의 관계를 형성하게 된다.[16] 이런 측면에서 비베이루스 지 까스뜨루는 인류학의 과제를 샤먼의 역할과 연계하여 설명한다. 현대 문화인류학은 자신의 관점에서 다른 종 혹은 다른 종족을 관찰해 왔다. 하지만 이를 넘어 타자의 관점을 통해 표현되는 세계를 이해할 필요가 있으며 우리 자신을 되비치는 과정이 요구된다. 인류학은 과거와 같이 식민주의적 기획에 이용되는 것이 아니라, 샤먼으로서 인간과 인간, 그리고 인간과 다른 종 사이를 연결하고 소통 및 교섭하는 임무를 수행해야 한다는 것을 강조하고 있다.

5 관점주의의 의의, 한계 및 가능성

앞서 살펴본 것처럼 아메리카 선주민의 관점주의는 식민 시대의 역사로 거슬러 올라가면서 철학과 지성의 지도에서 변방인 남반구 아마존과 아메리카 선주민의 사유를 이론화한다. 그러나 비베이루스 지 까스뜨루는 이 사유가 역사적 과거로서 가치를 지니는 것이 아니라, 전환의 시대에 요구되는 동시대적인 가치를 지니

---

16 그가 여기서 언급하는 샤머니즘은 '수평적' 샤머니즘이다. 반면, '수직적' 샤머니즘의 경우 국가라는 상위의 사회적 권력에 의해 샤머니즘이 포획되어 권력의 실행 도구가 된 것을 지시한다. 수직적 샤머니즘의 예로는 메소아메리카 등지에서 실행되었던 희생 제의를 들 수 있다.

고 있음을 강조한다. 즉, 화석화된 고고학 박물관에 전시되는 이론이 아니라 현재 세계가 직면한 근본적 위기를 성찰하는 철학적 사유의 도구가 된다는 것이다. 이런 맥락에서 관점주의는 최근 진행되는 이행 담론과 실천과 관련지어 그 의의 및 가치, 한계를 논의할 필요가 있다.

우선, 관점주의는 자연의 권리에 관한 철학적 기초를 제공한다. 인류세라는 위기에서 현재 서구를 중심으로 제기되는 실천은 주로 동물, 식물, 물, 공기 등의 자연을 인간의 파괴 행위가 초래한 '피해자'로 묘사하는 것에서 출발하여, 결론적으로는 인간에 의해 다시금 보호를 받아야 할 대상의 위치로 돌아가게 된다. 그러나 관점주의는 현재 진행되는 생태계 보호, 혹은 보존의 차원에 머무르지 않고 자연이 대상에서 행위자가 되는 위상에서의 근본적인 변화를 추동한다. 비인간 존재는 모두 인격을 지니고 있으며, 인간만이 우월함을 부여받은 특별한 존재가 아니라는 것이다. 그러므로 자연은 권리를 지닌 주체가 된다. 이는 자연의 권리를 헌법화한 '부엔비비르(buen vivir)'[17]와 연결된다. 에콰도르와 볼리비아 정부는 각각 2008년과 2009년에 동물, 식물, 강 및 다른 자연의 비인간 요소에 법적 권리를 부여하는 헌법을 제정하였다. 구체적으로 볼리비

---

17 문자 그대로 '좋은 삶'을 의미한다. 더 많이 축적하고 소비하는 기존의 방식에서 벗어나 자연과 인간, 인간과 인간이 공생하는 '조화로운 삶'을 지향한다. 이를 통해 자연은 개발과 채굴의 대상에서 벗어나 공존을 함께 모색해야 하는 존재로 변화한다.

아 헌법의 255조는 "자연과의 조화, 생물 다양성의 수호 및 식물, 동물, 미생물체 등의 모든 살아 있는 것에 대한 배타적 착취와 사적인 사용을 금지"하는 문구를 담고 있다.[18] 이는 자연을 법적인 권리의 주체로 인정하는 것이기도 하지만, 소유권에 대한 근대적 개념에 대한 근본적인 문제를 제기하는 것이기도 하다. 따라서 관점주의는 인간이 무의식적으로 갖게 된 자연에 대한 소유권의 정당성을 의심하고 해체하면서, 자연이 권리의 당사자가 되어야 하는 이유에 관한 이론적 바탕을 제공해 준다는 것이다.

둘째, 비베이루스 지 까스뜨루의 사유는 1980년대부터 서구를 중심으로 활발하게 논의된 기술철학인 '행위자 연결망 이론(Actor Network Theory)'과 관련하여 비인간 주체에 관한 논의를 확장한다. 브뤼노 라투르(Bruno Latour), 존 로(John Law) 등을 필두로 전개된 이 이론은 우리를 둘러싼 세계가 인간과 인간, 인간과 사물, 사물과 사물 사이의 관계를 통해 다양한 행위자의 상호 작용을 통하여 재구성되는 일종의 연결망, 혹은 네트워크라고 설명한다. 처음 과학과 기술 분야에서 시작된 이 이론은 지리학, 경영학, 사회학, 문화연구, 생태학 등 전 학문 영역으로 확장되었다. 인간들만의 연결망을 상정하고 분석하는 기존 네트워크 이론과는 달리 '행위자 연결망 이론'은 생물, 기계, 텍스트 등의 다양한 비인간 주체를

---

18 Asamblea Constituyente de Bolivia, "Nueva Constitución Política del Estado," *Ministerio de Justicia,* Estado Plurinacional de Bolivia, 2009.

행위자로 위치시킨다. 인간 중심의 존재론에서 벗어나 비인간 주체에 인격을 부여하는 관점주의는 행위성(agency)을 강조하는 '행위자 연결망 이론'과 연계된다. 그러나 이에 더해 행위성이라는 추상적이고 포괄적인 개념에 '인격'이라는 구체적인 성격을 제공하면서 비인간 존재가 인간이 만드는 세계에 참여하는 것을 넘어, 이들이 인식하고 창조하는 세계를 인정하도록 한다. 즉, 비인간 존재가 자신의 관점으로 보고, 살고, 재구성하는 세계에 주목할 필요가 있다. 이렇게 아메리카 선주민의 사유는 서구에서 진행되는 새로운 철학적 흐름과 함께 인간중심주의를 넘어서려는 담론적 실천을 시도하고 있다.

세 번째로, 비베이루스 지 까스뜨루는 아메리카 선주민의 관점주의를 '세계시민주의(cosmopolitanism)'로 명명한다. 여기에서 '시민'의 범주는 인간에게만 접근을 허용하는 지금까지의 개념과 달리 각각의 관점을 가진 의인화된 자연, 즉, 다자연주의에 입각한 시민을 의미한다. 세계의 구성원을 인간으로 전제하는 배타적인 사고를 넘어 지구라는 행성의 모든 구성요소를 포함하고 있다. 따라서, '세계시민주의'로써의 관점주의는 인간이 기획자나 조정자로서가 아닌 지구 시스템과 그 생태계에서 하나의 구성원으로 참여하는 존재론이자 우주관인 셈이다. 이처럼 시민의 지평을 종(種)적 차원으로 확대하고 새로운 관계 맺음에 대한 방식을 보여준다는 점에서 관점주의는 인류세에 직면한 지구 시스템의 복원과 공생의 원리를 제공하고 있다.

또한, 관점주의 논의는 주로 인간과 비인간 존재 및 다른 종의 관계를 중심으로 전개되지만, 인간 사회 내부의 다양한 공동체로 적용될 수 있다. 인간을 영혼을 가진 유일한 존재로 설정하여 자연을 대상화한 것과 같이, 서구 근대의 역사는 문명의 발전 정도를 기준으로 유럽인 남성을 중심으로 비유럽인, 여성, 성적 소수자 등에 대한 위계화 과정이 진행되었다. 이런 측면에서 관점주의는 서구 문명과 전 지구적 북반구에 대한 탈식민적 사유의 도구를 제공한다. 비인간 존재에게 인격과 시점을 부여하는 것과 마찬가지로, 역사적으로 타자였던 이들의 관점의 중요성과 그 가치를 인정함으로써 서구 중심의 인식과 세계화가 유일한 길이 아님을 드러내어 준다. 따라서 백인 남성의 중심성을 해체하면서 여성, 유색인, 선주민의 우주관과 세계인식이 동등하게 중요한 하나의 관점으로 들어오게 된다. 또한, 이러한 탈식민적 태도는 인류학의 방법론에도 적용된다. 아마존의 관점주의는 기존 인류학이 비서구 문화를 서구적 방식으로 해석하여 포섭하려는 학문이었다는 사실을 지적하는 동시에, 원주민의 관점에서 서구를 해석하는 법을 보여주는 방식을 통해 결과적으로 서구의 인류학을 상대화하고 지방화(provincialize)한다.

한편으로는 관점주의에 관한 비판적 혹은 회의적인 견해도 존재한다. 우선 인류학 내부에서는 비베이루스 지 까스뜨루가 집중적으로 탐구했던 아마존 지역의 선주민에게서 '발견'된 관점주의를 지나치게 확대 해석한다는 비판이 존재한다. 즉, 그가 조사하고 연구한 지역과 선주민 집단의 범위가 한정적인데, 그는 관점주의를 다양한 아메리카 선주민 집단으로 확장하여 이 대륙 전체를 관통하는 이론으로 일반화하고 있다는 지적이다. 서구 인류학 전통에 대항하기 위해 정식화한 작업에서 감지되는 이러한 일반화는 이와는 다른 방식과 사유를 지닌 선주민의 사유를 제한할 위험성이 있다는 것이다. 더 나아가서는 관점주의의 이론화가 선주민에게서가 아니라 외부자이며 인류학자인 비베이루스 지 까스뜨루에 의해 진행되었다는 점이다. 이 과정에서 행위자로서의 선주민의 목소리는 사라지고 잊혀진다는 점을 지적한다.[19]

또한, 관점주의를 통해 얻을 수 있는 현실성 및 실용성에 대한 의문이 제기되기도 한다. 이는 주로 인류학 논의의 외부에서 나타나는 반응이다. 생태계의 모든 구성요소에 인격이 있다는 사유는 대안적 비전을 제공하는 측면이 존재하지만, 이미 초(超)근대화된 현재의 산업 사회에 적용되기 힘든 지나치게 이상적인 이론이라

---

19 이와 관련하여 『식인의 형이상학: 탈구조적 인류학의 흐름들』의 번역자인 박이대승과 박수경 역시 "아마존의 원주민이 '실제로' 관점주의에 따라 사유하는가? 그들 자신이 이 책을 본다면 과연 뭐라고 할까?"라는 질문을 던지고 있다. 즉, 외부자의 시선으로 선주민의 사고를 이론화하는 방식에 관한 인식론적이고 윤리적인 문제 제기로 이해할 수 있다. 이러한 의심은 합리적이고 타당하다. 하지만, 이 지점에서 비베이루스 지 까스뜨루가 설명한 메타포로서의 샤먼의 역할을 상기할 필요가 있다. 샤먼이 관점의 이동을 통해 다른 존재가 보는 세상을 경험할 수 있다는 그의 이론은 인류학자 역시 선주민의 시점을 취하면서 복화술사(複話術士)의 역할을 할 수 있다는 가능성의 길을 열어놓는다.

는 것이다. "현대적 삶의 대부분은 친족 관계의 규제 밖에 놓여 있으며, 우리는 숲과 강 대신 빌딩에 둘러싸여 생활한다. 이러한 존재가 과연 아마존적 의식을 감당할 수 있을까?"[20] 이러한 의견은 다자연과 멀어진 삶을 영위하는 현대인에게 관점주의의 사유가 실질적인 길잡이가 되기 힘들다는 인식과 연결된다.

이렇게 아메리카 선주민의 관점주의는 21세기를 전후하여 본격적으로 이론화 과정이 진행되면서 인류학 분야에서 주목과 논쟁을 불러 왔다. 기존의 인류학에 내장된 서구중심성을 탈피하여 선주민의 사고가 자연 상태에서 벗어나지 못한 원시적이고 미개하다는 편견에서 벗어나고자 한다. 문화와 자연을 구분하는 이분법적 관행에 문제를 제기하였고, 자연의 위치를 문화의 미성숙한 상태라고 규정하는 사고를 비판하였다. 그리고 이들의 삶의 방식과 세계관에 인간중심주의를 넘어서는 사유가 존재함을 보여준다. 즉, 관점주의는 동물, 식물, 강과 공기를 영혼을 가진 신체로 바라보면서 다자연의 세계와 우주를 제시한다. 그리고 인간은 자연으로부터 독립한 존재가 아니라 다자연으로 구성된 지구 환경의 한 부분이라는 점을 분명히 한다. 이렇게 아마존을 비롯한 선주민의 관점주의는 인간을 넘어 비인간 존재와 생태계 전반으로 관심의 영역을 확대하였다. 이렇게 인간을 중심으로 진행되었던 인류학을 탈식민

---

20 박세진, 「자연과 문화의 대립 바깥에는 어떤 세계가 있는가」, 《문화일보》, 2019. 10. 08.

화함으로써 자연과 환경을 주체이자 행위자로 인정하는 위치의 급진적 전도를 시도한 것이다.

관점주의를 통한 인류학의 급진적 전환은 인류세라는 시대적 과제와 맞물려 우리에게 새로운 시각을 제공한다. 스스로를 자연과 구별하고, 자신의 독점적 위치를 기반으로 인간은 발전과 개발의 가속화를 통해 지구 시스템과 생태계에 파괴적인 영향을 가해왔고, 역설적으로 자신의 운명조차 위태로운 상황에 직면하였다. 새로운 시대에 대한 명칭으로서 인류세는 여러 논란에도 불구하고 이러한 위기 상황에 대한 경고인 동시에, 근본적 이행의 필요성에 대한 긴급함을 호소하는 표현이라 할 수 있다. 이런 측면에서 자연을 포함한 다양한 비인간 존재의 의인화를 통해 이들과의 관계를 복원하는 인식을 포함하는 관점주의는 인류세 자체에 내장된 비관적·묵시론적 세계관에 물꼬를 틀 수 있는 사유가 될 수 있다.

물론, 아메리카 선주민의 관점주의가 시대적 위기에 대한 직접적 대안을 제시하는 것은 아니다. 아마존 선주민의 공동체를 곧바로 유토피아적 사유로 상정하는 것 또한 과도하고 성급한 결론일 것이다. 하지만 비베이루스 지 까스뜨루의 작업은 인류세의 위기 속에서 발전을 억제하고 자연을 보호하는 수준의 인식과 행동이 아닌 우리가 이룩한 근대라는 문명에 대한 심층적인 고민과 성찰을 하도록 이끄는 힘을 지니고 있다. 이런 측면에서 아메리카 선주민의 관점주의는 인류세를 초래한 인간중심주의의 해독제가 될 가능성을 지니고 있다.

3장

다시 에코페미니즘:
'생태계의 천사'를 넘어 지구 공동체로의 여정

김지은

1 환경만이 아닌 환경문제:
생태적 관점과 인간적 관점의 교차가 필요하다

1972년 스웨덴 스톡홀름에서 열린 '인류 환경에 대한 유엔 제1차 회의'에서 「인간환경 선언문」이 공표된 이후, 환경문제의 심각성과 변화의 필요성은 거물급 국가 정상들에 의해 주도적으로 그리고 경쟁적으로 논의되기 시작했다. 무분별한 환경 파괴를 막으려는 세계 각국의 노력은 유엔 총회에서 통과된 「세계자연헌장」(1982)과 1992년 브라질 리우데자네이루에서 개최된 '지구정상회담'에서부터 「지구헌장」(2000), 2002년 남아공 요하네스버

그에서 열린 '지속가능발전 세계정상회의', 그리고 2015년 프랑스 파리에서 채택된 「파리기후변화협약」에 이르기까지, 약 270건이 넘는 국제협약 체결과 협정서 채택의 성과로 이어졌다.[1]

1920년부터 2005년까지 1세기가 채 안 되는 짧은 기간 동안 평균적으로 매년 3.2건의 국제협약이 속전속결로 체결된 것은 한편으로 환경 오염과 생태 파괴에 대한 전 지구적 위기 의식과 이에 기초한 초국가적 연대 가능성을 반영하는 듯하지만, 다른 한편으로는 국제적 이해관계에서 자국의 정치적 입지를 공고히 다지기 위해 '환경'이라는 의제를 선점하려는 전략적 시도로 해석될 여지가 다분하다. 2017년 도널드 트럼프 전 미국 대통령이 역차별을 주장하며 파리협약 탈퇴를 강행한 사건은 국제환경협약을 둘러싼 세계 각국의 치열한 정치 공방을 보여준 대표적 사례다. 이처럼 오늘날 환경문제는 더 이상 '환경'만의 문제를 가리키지 않는다. 환경문제는 그에 얽힌 정치와 경제 그리고 문화와 기술을 포함한 여러 영역의 문제와 직·간접적으로 연관된다. 따라서 환경문제는 특정 지역과 국가의 문제인 동시에 그 공간(성)에 제한되지 않는 전 지구적 문제다. 기후 변화, 온실가스 배출, 미세먼지, 오존층 파괴, 사막화와 산림 파괴는 특정 지역에서보다 높은 강도와 빈도로 발생한다. 이러한 생태 위기의 영향력으로부터, 또, 이 위기에서 벗어나

---

1   United Nations Environment Programme, *Register of International Treaties and Other Agreements in the Field of the Environment*(UNEP, 2005).

고자 하는 전략적 시도의 영향력으로부터 자유로운 존재와 공간은 지구상 그 어디에도 존재하지 않는다.

그런데 2019년 말부터 전 세계를 "팬데믹 패닉"[2]에 빠지게 한 코로나19가 인수 공통 감염병이고, 이 전대미문의 질병이 초래한 위기를 타개해 나가는 국가적 대응 방식 중의 하나가 '그린 뉴딜 정책'이라는 점은 역설적이게도 여러 이해관계가 얽힌 환경문제를 인간 중심적 관점에서 벗어나 재고할 필요가 있음을 시사한다. 팬데믹의 확산을 방지하기 위해 시행된 각종 봉쇄와 거리두기 정책은 전 세계 약 35억 인구의 활동 반경을 제한하면서 경제적 위기를 초래했다. 그러나 곧이어 이에 대한 연쇄 작용으로 미세먼지 감소와 온실가스 배출량 하락, 대기오염과 해양 환경 개선, 생물종 다양화 현상 등이 나타났다. 인간의 활동이 멈출 때, 자연이 다시 숨 쉬기 시작한 것이다. 우리는 인간과 자연이 맺는 이 기묘한 관계와 현상을 어떻게 해석해야 할까? 이 기이한 현상은 인간과 문화의 우월성을 담보하기 위해 서구 철학과 문명이 기대어 온 인간과 자연의 '거대한 분리'를 급진적으로 역전시킨 것일까? 다시 말해 인간에게서 자연(적인 것)을 배제하는 것이 아니라, 자연으로부터 인간을 배제하는 즉, 자연의 자정작용에 인간의 개입을 불허하고 또 그것을 요청하는 일종의 시그널로 이해되어야 할까?

---

2 슬라보예 지젝, 강우성 옮김, 『팬데믹 패닉: 코로나19는 세계를 어떻게 뒤흔들었는가』(북하우스, 2020).

하지만 환경 운동의 중요성을 일깨운 해양생물학자 레이첼 카슨이 "인간이 아무리 안 그런 척 행동해도 인간은 자연의 일부이다"[3]라고 날카롭게 지적한 것처럼, 인간과 자연은 서로에게 얽혀 있는 불가분의 관계 속에 있다. 인간에게서 자연을, 그리고 자연에게서 인간을 분리하는 것은 불가능하다. 이제 우리에게 남은 중요한 과제는 인간과 자연의 관계를 어떻게 설정하는가이다. 환경문제는 더 이상 국제 정치 패권의 파이 싸움을 위해 상시화된 위기로 다뤄지거나, 인간의 삶을 '지속적으로' 보다 윤택하게 해줄 성장모델 물색의 교두보로 논의되어서는 안 된다. 동시에 인간이 야기한 환경문제를 전적으로 자연의 회복 능력에 맡기는 책임 회피 식의 결론에 도달하여서도 안 된다. 환경문제는 결코 탈정치화될 수 없다. 오늘날 인류가 직면한 환경 위기를 인간을 포함한 지구 공동체의 생태적 위기로 다루되, 환경문제를 둘러싼 인간의 특수한 이해관계와 그에 결부된 정치·경제·문화적 구조를 포착하는 양자적 접근이 긴요하다. 전자의 접근법에 후자의 관점이 소거된다면 현실 맥락에서의 구체적 변화를 추동하기에 어려움이 있고, 후자의 관점에 전자의 문제의식이 고려되지 않는다면 인간중심주의의 덫에 빠질 위험이 남아 있다. "근대문명에서 생태문명"[4]으로

3 레이첼 카슨, 김은령 옮김, 『침묵의 봄』(에코리브르, 2011), 216쪽.
4 김종철, 『근대문명에서 생태문명으로: 에콜로지와 민주주의에 관한 에세이』(녹색평론사, 2019).

가는 "위대한 과업"[5]을 완수하기 위해서는 두 관점이 적극적으로 교차하고 공유될 수 있는 장이 마련될 필요가 있다.

2 다시 에코페미니즘, '가정의 천사'에서 '생태계의 천사'로?

그렇다면 두 관점은 어떻게 공유될 수 있을까? 생태적 관점과 인간이 인간-종(human-species)으로서 취하는 특수한 관점이 서로 흡수되거나 왜곡되지 않고 교차되는 장은 정말 가능한 것일까? 만약 가능하다면, 우리는 어떻게 그러한 장을 상상하고 또 실험할 수 있을까? 그 상상의 매개는 어디에서 찾을 수 있을까? 에코페미니즘이 인간중심주의에 갇혀 경직되어 버린 현대인의 사고를 유연하게 만들어줄 수 있는 대안적 상상의 장이 될 수 있다고 기대하면서, 에코페미니즘 안에서 펼쳐지는 생태적 관점과 인간적 관점의 교차 가능성을 이야기해보자.

애석하게도 오늘날 에코페미니즘의 입지는 점점 좁아지고 있는 듯하다.[6] 에코페미니즘은 생태주의뿐만 아니라 페미니즘 내에서

---

5 토마스 베리, 이영숙 옮김, 『위대한 과업: 미래로 향하는 우리의 길』(대화문화아카데미, 2009).

6 잘 알려져 있듯이, 에코페미니즘은 프랑스 페미니스트 프랑수아즈 도본 (Francoise d'Eaubonne)이 1974년에 출판한 『페미니즘인가, 죽음인가』에서 생태주의와 여성주의를 결합하여 처음으로 제시한 용어이다. 이후 에코페미니

도 주변부에 위치함으로써 현 시대에 대한 거시적 조망과 비전으로 수용되기보다는 개별 사례 연구의 분석틀로 활용되고 있는 실정이다. 더욱이, 페미니즘과 생태주의의 중요성을 간과하는 사람의 경우라면 에코페미니즘을 외면하고 그 논의를 등한시하는 경향은 증폭된다. 에코페미니즘은 큰 틀에서 근대 산업문명으로의 진입 과정과 이를 뒷받침한 기계론이 자연과 여성에 대한 공통된 억압 메커니즘을 발휘한다고 가정하고 양자의 해방을 주창하는데, 이에 대해 일부 페미니스트는 전 지구적 생태 위기로 불거진 근대 기계론에서 현대 유기체론으로의 패러다임 전환이 자칫 근대 이전의 여성적 자연관으로 회귀하거나 이를 다른 방식으로 복원하는 것은 아닌지 의문을 제기한다. 즉, 근대 이전의 자연관에서 '어머니 땅'으로서의 풍요로운 자연이 상정된다면, 이는 타인을 몸 안에 품고 돌보는 모성적 가치를 통해 여성과 자연을 유비하는 관점이

즘은 마리 델리(Mary Daly)의 『여성과 생태학(Gyn/Ecology)』(1978), 수잔 그리핀(Susan Griffin)의 『여성과 자연(Woman and Nature)』(1978), 캐롤린 머천트(Carolyn Merchant)의 『자연의 죽음(The Death of Nature)』(1980), 마리아 미즈(Maria Mies)의 『가부장제와 자본주의(Patriarchy and Accumulation on a World Scale)』(1986), 반다나 시바(Vandana Shiva)의 『살아 있기: 여성, 생태, 개발(taying Alive: Women, Ecology, and Development)』(1988), 캐롤 J. 아담스(Carol J. Adams)의 『육식의 성정치(The Sexual Politics of Meat)』(1990) 등을 통해 체계적인 담론화 작업이 진행되면서 1970-1980년대에 부흥기를 맞는다. 2000년대 이후 에코페미니즘의 입지는 급격히 좁아졌지만, 생태적 재난과 위기를 타개해 나가는 대안으로서 다시 부흥될 필요가 있다.

라 볼 수 있다는 것이다. 따라서 오늘날에는 에코페미니즘에 대한 옹호가 여성의 임신과 출산, 돌봄을 강조하는 그릇된 결론으로 귀결될 수 있다고 경고한다. '여성만이 생태 위기를 해결할 수 있다'거나 '여성이 생태 위기를 해결해야만 한다'라는 식의 부적절한 이해와 오도된 재현을 포함하여, 에코페미니스트들에게 쏟아진 비판과 우려를 간략하게 정리해보면 다음과 같다.[7]

(1) 에코페미니즘은 여성의 선함이 인류 전체를 구할 것이라는 서사의 비전을 제시하는가?

(2) 에코페미니즘은 여성과 자연의 연관성을 강조하고 긍정함으로써, 여성을 단지 몸으로 환원하는 것인가?

(3) 에코페미니즘은 오직 여성만이, 특히 신비한 숲과 나무에 관한 지식과 사랑과 원리를 갖고 있는 자만이 접근할 수 있고 또 이들만을 위한 이론인가?

(4) 에코페미니즘은 매력적이고 자정적인 숲에서 살기 위해 인류가 성취한 모든 문화와 기술의 포기를 요구하는 것인가?

(5) 에코페미니즘은 가부장제가 부여한 여성의 전통적 역할과 여성의 영역으로의 제한을 옹호하지 않으면서, 여성의 특별한 자질을

7 이상의 질문은 다음의 자료를 참조하여 정리하였다. 로즈마리 퍼트넘 통·티나 페르난디스 보츠, 김동진 옮김, 「제8장 에코페미니즘」, 『페미니즘: 교차하는 관점들』(학이시습, 2019); 마리아 미즈, 최재인 옮김, 『가부장제와 자본주의』(갈무리, 2014); Val Plumwood, *Feminism and the Mastery of Nature*(Routledge, 1993).

확증할 수 있는가?

(6) 에코페미니즘은 필연적으로 생물학적 본질주의에 기반하는 것인가?

(7) 에코페미니즘은 여성의 통치가 지구의 파괴와 생태 위기를 포함한 모든 문제에 해답이 될 수 있는가? 또 해답이 되기를 자청하는 것인가?

(8) 에코페미니즘은 힘 없는 자들, 배제된 자들이 힘을 얻게 되면 모든 문제가 자연스레 해결될 것이라는 서사를 제공하는 것인가?

(9) 에코페미니즘은 여성과 자연을 엮음으로써, 여성과 자연에 대한 또 다른 스테레오타입을 형성하는 것은 아닌가?

(10) 에코페미니즘은 자연과 농촌, 혹은 과거를 이상화하고 낭만화하는 것은 아닌가?

이에 대한 답은 에코페미니즘 내의 분화하는 입장에 따라 모두 다를 수 있을 것이다. 다만 한 가지는 자명하다. 에코페미니즘은 '여성=자연=선한 자=구원자'라는 평면적 도식을 옹호하지 않는다. 에코페미니즘은 여성의 생식 능력이 자연의 생산성과 유비될 수 있다는 점을 십분 이해하면서도, 이것이 오늘날 현대 사회가 직면한 생태 위기에 대한 유일한 해답이 되리라고 결코 기대하지 않는다. 여성만이 돌봄과 양육, 협동과 공감의 자질을 통해 생태 위기의 구원자로 나설 수 있고 또 나서야 한다는 사고는 '가정의 천사'를 '생태계의 천사'라는 오도된 재현에 가두려는 남성중심주의적 사고에 다름 아니다. 에코페미니즘은 다른 페미니즘과 연계하여 이와 같은 가부장적 사고에 적극적으로 저항한다. 에코페미니즘이 추구하는 것은 여성을 만능 해결사나 유일한 구원자로 규정하는 것이 아니라, 생태적 감수성과 젠더 감수성의 결합을 통해 보다 나은 세계로 나아가는 여정 그 자체이다. 그리고 이 험난한 노정은 비단 여성만이 아니라 모든 생명 존재에게 열려 있다. 1980-1990년대에 부흥기를 맞이했던 에코페미니즘을 '지금-여기'에서 다시 소환할 필요성이 바로 이 점에 있다.

'다시 에코페미니즘'을 논의하기 위해, 나는 한평생을 웜뱃과 함께했던 호주의 여성 생태학자이자 철학자인 발 플럼우드(Val Plumwood, 1939-2008)를 지적 동반자로 초대하고자 한다. 그는 생태학과 환경론을 통칭하는 기존 녹색 이론(Green Theory)의 한계를 페미니즘적 관점에서 검토하고 그 돌파구로서 에코페미니즘을 제시했다. 생태학(Ecology)과 환경론(Environmentalism)의 어원에서 추론이 가능하듯이, 전자는 자연과 환경을 주로 지구 중심적 관점에서 다루고, 후자는 환경문제를 주로 인간 중심적 관점에서 다루어 왔다. 인간 중심적 관점과 지구 중심적 관점이 얽혀 있는 불가분적 관계에 주목하여 녹색 이론의 한계를 살펴보고자 할 때, 플럼우드의 논의는 매우 날카로우면서도 친절한 가이드를 제공한다. 그가 이끄는 길을 따라가다 보면, 한편으로는 매우 단순하고 또 당연한 것처럼 보이지만, 다른 한편으로는 실현하기까지 여러 장벽을 넘어야 하는 하나의 결론에 도달하게 된다. 바로, 오늘날 인간

중심적 환경론에서 지구 중심적 환경론으로 무게중심을 옮기려고 할 때 젠더 관점을 반드시 고려해야 한다는 점을 인식하고 실천하는 것이다. 플럼우드를 이론적 안내자이자 동료로 삼아, 여성을 '생태계의 천사'로 규정 짓는다는 오도된 재현을 넘어서 새로운 지구 공동체를 사유하는 대안적 담론이자 상상력으로서의 에코페미니즘을 살펴보자.

3 녹색 이론의 한계: 생태정치론 논쟁에 대한 페미니즘의 비판

산업문명에서 생태문명으로의 전환을 비전으로 삼는 일군의 비평가들은 서로 다른 존재 간의 연결성과 접속성을 강조하면서 생태계 안에서 인간이라는 종(species) 또한 "생명의 그물"[8]로 연결되어 있음을 망각하지 말라고 설파한다. 어쩌면 인류의 문명과 진보의 역사는 어느 한 분기점에서 이성과 합리성으로 무장한 인간이 자신과 연결된 생명의 그물망의 한 축을 끊어내고, 점차 그 그물망을 인간의 방식으로 전용하고 소비함으로써 잠식하고 포섭해 온 과정이라 볼 수 있다. 이를테면 소크라테스 이전 그리스 철학에서 '퓌시스(phusis, 자연)'는 '스스로 자라고 변화하는 물질'로 생명의

---

8 프리초프 카프라, 김동광·김용정 옮김, 『생명의 그물』(범양사, 1999); 라즈 파텔·제이슨 W. 무어, 백우진·이경숙 옮김, 『저렴한 것들의 세계사: 자본주의에 숨겨진 위험한 역사, 자본세 600년』(북돋움, 2020).

근원이었지만,[9] 16-19세기에 전 세계로 퍼져나간 자본주의와 식민 지배의 논리는 프랜시스 베이컨의 기계론과 맞물려 자연을 마음껏 사용하고 소진해도 되는 '값싼 자원'으로 전락시켰다.[10] 정복과 지배, 발전과 개발의 논리 속에서 땅과의 신성한 유대를 지키고자 했던 사람들은 강제 이주를 당해 실향민이 되었고, 삶의 터전이었던 흙밭은 콘크리트 도로로 포장되었으며, 그 위에는 화려하고 날카로운 마천루가 건설되었다. 과장과 낭만화의 위험을 감수하고 표현하자면, 거미줄이 머금은 빗방울에 반사되던 아침 햇살은 낮과 밤의 구분 없이 도시의 거리를 화려하게 수놓는 조명들로 대체된 것이다. 전자의 풍경과 후자의 풍경을 옳고 그른 것이라는 이분법적 도식으로 구도화하는 것은 아니지만, 개발의 과정과 이데올로기에서 자연에 대한 인식 그리고 인간과 자연이 맺는 관계에 대한 인식이 소비적이고 파괴적으로 변모한 점은 분명한 사실이다.

이처럼 소위 '자본주의적 진보'라 불리는 세계관이 전 지구적으로 확산되어 오늘날의 기후 변화와 생태 위기를 초래하고 심화했다면, 자연과 환경을 직접적으로 다루는 생태론 그리고 이를 정치 영역과 결합한 생태정치론이 시대적 해답으로 부상될 수밖에 없다. 그러나 녹색 이론 안에는 서로 입장 차를 좁힐 수 없는 반목이 존재한다. 이러한 갈등을 무위로 만들지 않으면서 비판적으로 통

---

9   루스 이리가레 · 마이클 마더, 이명호 · 김지은 옮김, 『식물의 사유: 식물 존재에 관한 두 철학자의 대화』(알렙, 2020).
10 라즈 파텔 · 제이슨 W. 무어, 위의 책.

합할 수 있는 길을 에코페미니즘으로 제시한 이가 바로 플럼우드이다. 그는 녹색 이론의 주요한 입장인 사회생태론(Social Ecology)과 심층생태론(Deep Ecology) 쪽에 선 남성 이론가들이 서로 연계하거나 연대하지 못하고 마치 서로 유일한 출전자인 양 경쟁적 논쟁 구도에 빠졌기 때문에, 응집력 있는 정치연합을 위한 이론적 토대를 구성하지 못했다고 강하게 비판한다. 녹색 이론은 사회생태론의 인간 지배 형태 비판과 심층생태론의 인간중심주의 비판의 양자택일적 경쟁에 함몰되어, 인간과 비-인간을 둘러싼 억압 형태의 복수성과 상호관계를 적절한 방식으로 인식하지 못하고 있다.[11] 사회생태론과 심층생태론이 야기한 생태정치론 논쟁에 가해지는 플럼우드의 비판을 따라가면서, 에코페미니즘이 교착 상태에 빠진 녹색 이론에 대안적이면서 실질적인 돌파구가 될 수 있음을 살펴보자.

미국의 환경운동가이자 이론가인 머레이 북친이 1964년 『생태와 혁명적 사고(*Ecology and Revolutionary Thought*)』를 출판하며 창시된 것으로 알려진 사회생태론은 기본적으로 인간 내부에서의 갈등과 억압이 자연에 대한 인간의 억압보다 선행한다고 가정한다. 따라서 사회생태론자에게 자연 해방의 문제는 인간 해방의 문제에

---

11 발 플럼우드, 낸시 홈스트롬 엮음, 유강은 옮김, 「생태정치론 논쟁과 자연의 정치학」, 『사회주의 페미니즘: 여성의 경제적이고 정치적인 완전한 자유』(따비, 2019), 689-692쪽; Val Plumwood, *Feminism and the Mastery of Nature*(Routledge, 1993), pp. 19-40.

후행한다. 북친은 인간 내부의 위계적 문제가 해결된 후에야 비로소 생태적 사회를 구성하기 위한 토대가 만들어진다고 보기 때문에, 그에게 자연 해방은 "사회적 대의라기보다는 사회적 징후"[12]이고 이때 인간은 "제2의 자연"[13]으로 "자연의 이성적인 목소리"[14]를 대변하는 존재이다.

사회생태론은 인간 내부의 위계 구도와 억압 형태에 주목함으로써 급진적인 정치 비판을 전개할 수 있지만 첫째, 비판의 분석 범위가 인간과 비-인간의 관계로 확대되지 않고, 둘째, 서구 합리주의가 개진해 온 자연에 대한 인간과 이성의 우위를 무비판적으로 수용한다는 점에서 한계를 갖는다. 또한 인간 사회 내의 위계를 비대하게 강조하고 이에 우선순위를 두는 사회생태론에는 인간과 비-인간 간의 관계가 인간 간의 관계만큼 충분히 정치적이라는 관점이 결여되어 있다. 이러한 맥락에서 플럼우드는 북친의 사회생태론이 자연의 독립성을 간과하고 자연 내부의 비가시화된 생성적 힘과 다양성을 인간의 기준으로 재단하는 인간중심주의에 갇혀 있다고 지적하며, 이를 "생태적 합리주의"[15]로 명명한다. 이 생태적

---

12 Murray Bookchin, *Remaking Society*(Black Rose Books, 1989), p. 25.

13 Murray Bookchin, *The Philosophy of Social Ecology*(Black Rose Books, 1990), p. 182.

14 Murray Bookchin, "The Population Myth"(*Kick It Over* 29, 1992), p. 23.

15 발 플럼우드, 낸시 홈스트롬 엮음, 유강은 옮김, 「생태정치론 논쟁과 자연의 정치학」, 『사회주의 페미니즘: 여성의 경제적이고 정치적인 완전한 자유』(따비, 2019), 695쪽.

합리주의는 나날이 심각해지는 생태 파괴를 인간뿐 아니라 지구상의 모든 생명 존재에게 닥친 총체적 위기로 파악하는 인류세 비평과 매우 제한적으로 맞닿아 있다는 점에서도 대대적인 수정이 불가피하다.

북친의 사회생태론이 자연을 인간 영역으로 통합하려는 관점으로 읽히는 반면, 아르네 네스(Arne Naess)의 심층생태론은 인간을 자연 영역으로 통합시키려는 시도로 해석된다. 노르웨이의 과학철학자 네스에 의해 본격적으로 주장된 심층생태론은 자연을 하나의 큰 유기체로 보고 인간을 자연 안에 속한 수많은 종 중 하나로 이해한다. 이때 자연은 단일한 유기체로 존재하고 자연에 대한 인간의 영향력은 매우 미약한 것으로 간주된다. 따라서 심층생태론자들은 자연을 인간보다 우선순위에 두며 이에 따라 자연 해방을 인간 해방에 선행하는 것으로 파악한다. 심층생태학의 논리에서 사회생태론자들이 강조했던 인간 내부의 위계질서와 권력 구도, 차별과 억압은 자연 앞에서 부차적인 것으로 강등된다. 심층생태론은 자연의 지배자로 군림하게 한 인간중심주의를 적극적으로 해체한다는 점에서는 매우 유의미하나 다음의 한계를 보인다.

심층생태론은 첫째, 인간 사회 내부의 문제를 지엽적인 것으로 처리하고 둘째, 생태 위기 타개에 있어 집단적·구조적·제도적 변화보다는 개인적 변화를 과도하게 강조하기 때문에 정치적 차원을 억압하며, 셋째, 서로 다른 존재 간의 존재론적 차이를 인정하지 않으며 이를 소거하려 한다. 네스가 제시하는 생명의 연결망 속 생태적 자아(ecological self)는 '자연과의 동일시(identification with nature)'를 통해 '더 큰 자아(larger self 또는 Self)'로 확장될 수 있는데, 이러한 동일시 과정은 개인주의적이면서 동시에 심리적인 행위로서 이해된다. 자아의 구분 불가능성과 자아의 확장, 그리고 자아의 초월로 특징 지어지는 네스의 생태적 자아는 생명종(life-species)이 갖는 생물학적 · 사회문화적 특수성과 차이를 크게 고려하지 않는 듯하다.[16] 이러한 심층생태론은 자연에 대한 개인의 인식의 측면을 부각하는 반면, 인간의 정치적 행동과 실천의 중요성을 소거함으로써 탈정치적 방향으로 전개되는 경향을 보이기 때문에, 이미 인간 사회에서 기득권을 획득한 주류가 전개하는 체제 옹호적 사유와 공모할 수 있다는 점에서도 비판적 수용이 요구된다.

플럼우드는 인간 사회 내부의 위계에 집중하는 사회생태론과 인간중심주의를 비판하는 근본생태론이 서로의 영역을 배타적으로 유지하기 위해 채택하는 전략이 나쁜 방법론이자 나쁜 정치학이라고 설명한다. "이 전략이 나쁜 방법론인 이유는 인간 지배와 비인간 지배 사이에 그릇된 선택을 강요하기 때문이며, 나쁜 정치학인 이유는 연결과 강화를 위한 중요한 기회를 놓치기 때문"이다.[17] 녹색 이론은 인간과 자연의 문제를 우선순위의 혹은 양자택일의 관점에서 접근하는 것이 아니라 인간과 자연에 여러 층으로

---

16 Val Plumwood, *Feminism and the Mastery of Nature*(Routledge, 1993), pp. 165-189.

17 발 플럼우드, 앞의 책, 701쪽.

씌워진 억압의 매트릭스를 맥락 속에서 이해하고 그것을 뚫고 나가기 위한 연대의 장을 만들어야 한다. 앞선 두 입장은 이 연대의 장을 형성하는 데 실패한 것으로 보인다.

4 억압의 복수성과 연대의 가능성

플럼우드는 소통과 교류 없이 특정한 입장에 갇히는 것이 아닌 공동의 정치적 이해를 위한 가능성을 녹색 이론의 세 번째 주요 입장인 에코페미니즘에서 발견한다. 에코페미니즘은 사회생태론과 심층생태론이 벌인 갉아먹기 식의 논쟁을 벗어날 수 있는 통찰을 제공하지만, 녹색 이론을 이끄는 저명한 남성 학자들은 페미니즘 이론이 "억압의 위계를 세우지 않고서도 복수성을 인정할 수 있는 믿음직한 토대를 제공한다"[18]는 사실을 애써 무시해 왔다. 생태론자들이 '생명의 그물'에 주목하여 각각 인간을 앞세운 공생 혹은 자연을 앞세운 공생의 방안을 모색한다면, 플럼우드는 "한데 맞물린 복수의 지배 형태의 네트워크로서 억압"[19]을 그물망으로 파악하여 녹색 이론의 구체적이면서 실질적인 협동적 운동 전략을 구축하고자 한다. 즉, 억압의 복수성을 조명하면서 동시에 그 억압을

18 발 플럼우드, 같은 책, 702쪽.
18 발 플럼우드, 같은 책, 711쪽.

지탱하는 지배 형태에는 어떤 공통된 메커니즘이 있음을 밝힘으로써 각 해방운동의 자율성과 독자성을 인정하는 연대의 가능성을 찾는 것이다.

그런데 억압의 복수성과 연대의 가능성을 제시하는 플럼우드의 통찰은 굳이 녹색 이론에 연관되지 않더라도, 제3세대 페미니즘의 교차성 이론과 직접적인 담론적 공유지를 갖는다. 그렇다면 왜 사회주의 페미니즘이나 탈식민 페미니즘, 혹은 유색인종 페미니즘 등이 아니라 에코페미니즘이 대안으로 부상해야 할까? 단지 녹색 이론과 페미니즘 이론의 결합, 즉 생태학과 페미니즘을 기계적으로 결합시키는 방식으로의 에코페미니즘이라면 이에 대한 답변이 될 수 없다. 이러한 접근은 오히려 역효과를 불러일으킬 수 있다. 여성과 자연의 관계 혹은 여성과 자연의 친연성은 페미니즘 내에서 본질주의를 둘러싼 숱한 논쟁을 불러일으킨 주제이므로, 이 주제를 전면에 위치시키는 에코페미니즘을 현대적으로 소환하는 데에는 많은 위험 부담이 뒤따르기 때문이다.

그러나 에코페미니즘은 단지 생물학적 여성이나 물리적 자연만을 기술적으로 논의하는 것이 아니라 궁극적으로 인간과 비-인간에게 가해지는 모든 억압 형태가 '자연의 정치학'과 긴밀하게 연결되어 있음을 젠더 프리즘으로 분석한다는 점에서 다른 해방 이론 및 운동과 보다 광범위하게 접속하고 결속할 수 있는 가능성을 열어둔다. 실제로 근대 산업문명의 역사에서 이성으로 무장한 합리적 주체는 '자연의 정치학'을 펼쳐왔다. 이들은 자연을 이성과 문명의 반대항에 위치시키고 '값싼 자원'으로써 마음껏 소진하였을 뿐 아니라 여성, 육체, 감성/감정, 유색인종, 원주민, 동물, 식물 등을 자연에 가까운 그리하여 열등하고 지배되어야 하는 도구적 존재로 인식하고 억압해 왔다.[20] 자연의 정치학이 그리는 구별과 범주화도 문제이지만 그것이 용인하는 위계질서가 보다 심도 있게 다루어져야 한다.

이 지점에서 플럼우드는 "젠더화된 이성/자연의 대조는 다른 이원론들을 포괄하면서 가장 일반적이고 기본적인 연관 형식"[21]이며 "억압의 형태들은 과거부터 현재까지 이원론의 네트워크로서 자신의 흔적을 서구 문화에 남겨왔다"[22]고 지적한다. 젠더화된 이성/자연의 대조가 모든 억압 형태의 원형이라면, 그 골자를 직시하고 해체하는 작업은 그것으로부터 파생된 억압의 복수적 네트워크를 내부에서 무너뜨리는 연대의 첫 번째 작업이 될 것이다. 구체적으로, 이 작업은 이성과 남성을 주인의 자리에 위치시키고 자연과 여성을 타자의 자리에 위치시킨 이원론의 다섯 가지 핵심 기제의 허점을 폭로하는 것에서부터 출발한다. 플럼우드는 ① 배경화/부인, ② 급진적 배제/과도한 분리, ③ 병합/관계적 정의, ④ 도구주의/대상화, ⑤ 동질화/정형화를 핵심 기제로 제시한다. 다시 말

---

20 Kate Sopher, *What is Nature?: Culture, Politics and the Non-Human*(Blackwell, 1995), p. 74.

21 Val Plumwood, *Feminism and the Mastery of Nature*(Routledge, 1993), p. 44.

22 Val Plumwood, *Ibid.*, p. 2.

해, 주인의 위치를 선점한 주체는 타자에 의존하지만 그 자신의 의존성을 부정함으로써 타자를 배경화하고, 타자와의 차이를 극대화하는 한편 자신과 타자의 공통성을 최소화함으로써 분리적 경계를 강화한다. 또한 주인의 특성과 자질은 만물의 기준점이 되어 모든 것을 재단하기 때문에 타자의 존재 의미는 오직 주인과 맺는 관계 속에서만 논해질 수 있다. 따라서 타자의 존재와 행동 근거는 모두 주인만을 위한 것으로 규정되는 도구주의로 귀결되고, 그 과정에서 타자로 규정된 수많은 타자들 간의 차이는 소거되고 균질화된다.[23] 이 기제들은 역사 속에서 주인과 타자가 맺는 위계질서적 관계를 재생산하였으며, 그 과정에서 타자의 자리에 위치해 온 수많은 인간과 비-인간 존재들은 '자연화'되고 '여성화'되어 왔다.

이원론의 위계질서를 폭로하고 전복을 꾀하는 에코페미니즘은 바로 이 '자연'과 '여성'이라는 범주에 속해 열등한 것으로 식민화되어 온 존재들을 억압의 굴레로부터 끄집어내고, 인간과 자연에 대한 근본적인 재인식과 재개념화를 시도한다. 에코페미니즘의 시도는 가부장제와 식민 지배, 자본주의와 신자유주의 이데올로기의 공모 속에서 '자연화'되고 '여성화'되어 버린 타자들을 생태적, 정치적 그리고 윤리적 관점에서 다룰 수 있는 사유의 통로를 마련한다는 점에서 긴요하게 다루어져야 한다. 플럼우드가 비판적 에코페미니즘의 목표를 "인간을 생태적 관점에서 (재)위치화하고 비-

---

23 Val Plumwood, *Ibid.*, pp. 47-55.

인간 존재를 윤리적 관점에서 (재)위치화하는 것"으로 설정하고
"두 과제는 상호 연결되어 있으며 양자를 따로 떨어트린 방식으로
는 적절히 논의할 수 없다"[24]고 분명히 밝힌 것은 인간과 비-인간
모두를 아우르려는 투철한 시도로 볼 수 있다. 플럼우드를 계승하
는 퀴어 에코페미니스트 그레타 가드가 "지구 타자(earthothers)"[25]
의 목소리에 귀 기울여야 한다고 촉구한 것도 이와 같은 맥락에서
받아들여져야 한다. 에코페미니즘은 인간중심주의를 넘어서 새로
운 지구 공동체를 상상하고 그들이 생성하는 비위계적 세계로 나
아가는 추동력이다.

5 공멸이 아닌 공생하는 지구 공동체를 꿈꾸며

인류세는 지구에 미치는 인간의 영향력이 지나치게 비대해졌음
을 가리키는 용어이다. 생물학자 에드워드 윌슨은 인간에 의한 생
물 다양성 파괴 현상에 주목하여, 인류세 대신 고독세(eremocene)
라는 새로운 용어를 제시한다. '고독함의 시대(*the age of loneliness*)'
를 뜻하는 고독세에는 인간의 생태 파괴적 사유와 행동이 계속된

---

24 Val Plumwood, "Gender, Eco-Feminism and the Environment", In Rover
White(ed.) *Controversies in Environmental Sociology*(Cambridge University Press,
2004), p. 57.

25 Greta Gaard, *Critical Ecofeminism*(Lexington Books, 2017), p. x ix.

다면, 결국 이 지구상에는 인간만이 홀로 생존하게 될 것이라는 강한 비판이 담겨 있다.[26] 하지만 인간은 결코 혼자서 생존할 수 없다. 인간은 공기를 통해서 호흡해야 하고 태양빛을 통해서 에너지를 받아야 하며 식자재 섭취를 통해 영양분을 공급받아야 한다. 인간은 태어난 순간부터 눈을 감는 마지막 순간까지 생태계에 절대적으로 의존한다. 만약 인간 이외의 모든 생명종이 멸종한다면, 머지않아 인류가 도착하게 되는 곳은 단독 생존이나 독식이 아니라 공멸이라는 비극적 목적지일 것이다.

젠더화된 자연의 정치학이 그 힘을 발휘하면서 주인 위치에 있는 주체가 망각한 것이 있다면, 그것은 타자 위치에 있는 존재들과 맺고 있는 상호의존성과 상호연결성이다. 그리고 에코페미니즘은 이 망각된 상호의존성과 상호연결성을 복원한다. 이러한 복원을 위해서는 차이에 근거하지만 지배와 억압으로 나아가지 않는 동시에 그 차이를 무화시키지 않는 접근법이 필요하다. 플럼우드는 공생하는 지구 공동체의 구체화 방안으로서 관계적 자아를 제시한다.

생태적 자아는 관계적 자아의 한 유형으로 볼 수 있습니다. 이것은 자신의 주요 목적에 지구 타자들(earth others)과 지구 공동체를 번영시키는 목표를 포함합니다. 그러므로 그들 자신을 위하여 다른

---

26 Edward O. Wilson, *The Meaning of Human Existence*(Liveright, 2015), pp. 123-124.

타자들을 존중하고 보살핍니다. 돌봄과 연대, 우정의 개념은 이미 존재하는 자유로운 사회 안에서의 도구적 모드에 대한 대안을 나타냅니다. 여기에는 비-위계적 관계가 가능한 매우 다양한 방식이 있습니다. 강도 또한 다양합니다. …… 그리고 이러한 관계들은 의지에 따라 타자들이 선택되거나 버려질 수 있는 교환 가능한 상품으로써 대하는 것이 아니라, 선택과 행동의 근거로서 다뤄질 것입니다.[27]

관계적 자아를 위한 첫걸음은 '나'와 다른 존재를 '나'의 목적과 이익을 위한 소비적 대상과 도구로 대하지 않는 것에서부터 출발한다. 이 발걸음은 자연스럽게 타자에게 이용과 착취의 수익성을 발견하는 것이 아닌, 돌봄과 연대 그리고 우정의 가능성을 모색하는 작업으로 이어진다.

'관계적 자아'라는 에코페미니스트의 비전이 다소 거창하거나 모호하게 느껴질 수도 있다. 하지만 이 비전은 "타자에 대한 내러티브와 소통의 윤리를 개발하고, 그들에 대한 돌봄과 보호의 윤리를 만들며, 비-인간 세계를 포함하는 대안적 미덕을 만들고자"[28] 하는 작은 움직임들을 통해 구체화된다. 그 작은 움직임들이 반드

---

27 Val Plumwood, *Feminism and the Mastery of Nature*(Routledge, 1993), pp. 154-155.

28 Val Plumwood, *Environmental Culture: The Ecological Crisis of Reason*(Routledge, 2002), p. 169.

시 이론에 기초할 필요는 없다. 그 움직임 자체가 에코페미니즘을 구현하고 확장해 나가는 원동력이기 때문이다. 그러므로 국제환경 조약을 체결하는 거물급 정치인이 아니더라도, 생태정치론의 치열한 논쟁에 뛰어든 학자나 이를 비판적으로 검토하는 지식인이 아니더라도, 누구나 에코페미니즘을 논할 수 있고 에코페미니스트가 될 수 있다.

에코페미니즘 출현과 부흥의 역사에서 중추적 역할을 한 인도의 칩코(Chipko) 운동을 떠올려보자. 1973년 테니스 라켓 제조사인 사이몬 사가 목재 확보를 위해 절단기와 집게 차를 내세워 히말라야의 깊고도 작은 마을 가르왈에 도착했을 때, 그 마을의 여인들은 곧장 호두나무와 물푸레나무로 달려가 나무를 껴안으며 인간 울타리를 형성했다. 여인들은 비록 맨몸이었지만, 거대한 중장비는 한순간의 머뭇거림이나 한 치의 물러섬도 없는 단호한 그녀들의 행동에 목적을 달성하지 못한 채 되돌아가야만 했다. 칩코는 인도어로 '껴안다'라는 뜻이다. 인도 여성들이 껴안은 것은 결코 몇 그루의 나무만이 아니다. 그들은 나무 주변에서 소일거리를 하던 자신들의 삶이 나무와 맺는 관계, 그 나뭇가지에 매달려 뛰놀던 아이들이 나무와 맺는 관계, 나무 그늘 아래에서 잠시 쉬어가던 동물이 나무와 맺는 관계, 그리고 나무가 히말라야 산과 맺는 관계 모두를 껴안고 대변한 것이다. 칩코 운동은 서로에게 의지하고 의존하기 때문에 영향을 주고받을 수밖에 없는 인간과 지구 타자들이 공동체를 구성해 왔다는 사실을 다시 일깨워준다. 인간중심주의에 가려져 망각되어 온 이 깨달음은 독일의 반핵 운동, 뉴욕의 러브커낼 운동, 케냐의 그린벨트 운동과도 공명한다.[29]

이 일련의 크고 작은 실천 운동들은 영웅적인 소수의 지도자에 의해 조직적으로 계획된 것이 아니다. 자신의 삶과 삶의 터전을 지키고자 평범한 여성들과 그녀들에게 동참한 이들의 투쟁이 일구어 낸 성취이다. 그 투쟁의 장은 인종과 젠더와 계급, 그리고 국경과 문화와 언어에 제한되지 않는다. 때때로 인간의 힘은 인간과 지구 공동체가 맺는 관계를 파괴하고 분해하는 힘으로 오용되고 남용되었지만, 에코페미니즘은 그 파괴에 경종을 울리고 상흔을 치유하는 길로 우리를 인도한다.

29 1970년대는 에코페미니즘의 실천 운동이 세계 각지에서 활발히 일어난 시기이다. 1975년 독일 빌(Wyhl) 지역에 핵발전소 건설 계획이 공표되자, 독일 여성들은 원전의 생태적·사회적·정치적 유해성을 지적하며 핵발전소 건설 반대 운동과 탈핵 운동에 앞장섰다. 같은 시기, 뉴욕 여성들은 독성 폐기물로 인한 토양 및 지하수 오염과 건강 이상 문제를 해결하고자 연대하였다. 이들은 지역 주민들이 겪는 높은 암 발생률과 기형아 문제가 1942년부터 1952년까지 후커 사가 러브 커낼(운하)에 매립한 독성 폐기물 때문이라는 점을 고발하며 공식 조사를 요구하였다. 이에 대한 응답으로 1978년 지미 카터 전 대통령은 러브 커낼 지역을 비상 지역으로 선포하고 대대적인 규명 작업을 명령하였다. 앞선 두 운동이 군사주의와 대기업을 겨냥한 실천 운동이라면, 케냐의 그린벨트 운동은 생태 복원 운동에 가깝다. 1970년대 케냐는 무분별한 벌목과 기후 변화로 인해 국토의 사막화가 급속도로 진행되고 있었는데, 케냐 여성들은 나무심기 운동을 통해 황폐화된 생태계를 복원하고자 노력하였다. 이후 이 노력은 아프리카 전역으로 확산되어 생태 복원 운동의 상징이 되었다.

우리 모두는 각자의 방식으로 에코페미니즘에 동참할 수 있다. 소박하게는 일회용 쓰레기를 줄이기 위해 휴대용 텀블러를 사용하려는 일상의 시도에서부터, 비윤리적 공장식 축산과 동물 실험에 개탄하면서 자본주의형 기업에 개선을 촉구하는 목소리를 내는 것, 그리고 재난과 재해로부터 피해 입고 또 방치된 이들에게 관심을 가지고 응원을 보내는 활동에 이르기까지 참여 방식은 다양하게 열려 있다. 누군가는 그 현장에 직접 방문하여 활동할 수 있고, 누군가는 영상과 문학작품으로 현장을 담아내 공론화에 기여할 수 있으며, 또 다른 누군가는 앞선 이들의 활동에 음양으로 지원을 보낼 수 있다. 물론 여건상 행동하지 않더라도 혹은 행동하지 못하더라도 에코페미니즘에 동참할 수 있다. 다시 말해, 에코페미니즘의 문제의식을 따르면서도 자기 삶의 방식이 이에 일치하지 않아 그 괴리로부터 모순과 부끄러움을 발견한다면, 이 또한 자기만의 방식으로 에코페미니즘에 동조하는 것이지 않을까? 일상의 작은 실천들을 고민하는 20-30대 에코페미니스트들이 모여 쓴 책 『이렇게 하루하루 살다보면 세상도 바뀌겠지』의 제목이 암시하는 것처럼, 지금과는 다른 방식으로 보다 나은 삶과 지구 공동체를 꿈꾸는 비전으로서의 에코페미니즘에 인위적이거나 절대적인 참여 장벽은 없다. 그러므로 우리 모두는 자신의 선택과 신념에 따라 각자의 방식으로 에코페미니스트가 될 수 있고 또 되어야 한다.

지구 공동체를 위한 에코페미니즘의 상상과 전개가 가지각색이라는 점은 자연스럽게 우리에게 가장 기초적이고 근본적인 과제를 남긴다. 어떤 태도로 에코페미니즘을 수용하고 기대할 것인가이다. '다시 에코페미니즘'을 소환하는 마지막 작업으로 이를 살펴보자.

6 결코 평화롭지 않은 생태민주적 세계

  지구상의 모든 생명 존재의 삶이 유기적으로 연결되어 있음을 표현하는 '생명의 그물망' 또는 '생명의 거미줄'이라는 표현은 생태론자들에 의해 오늘날의 환경 위기를 타개하기 위해 반드시 상기되어야 하는 이념으로 곳곳에서 차용된다. 특히 아르네 네스와 조애나 메이시 같은 심층생태론자들은 인간 역시 생명의 그물망에 속해 있기 때문에 자연과의 공존과 공생이 중요하다고 피력한다. 이를 대표하는 작업 중 하나가 메이시가 추진한 만물협의회 (Council of All Things)이다. 만물협의회는 일종의 워크숍이자 의회로 참여자들은 각각 사자, 늑대, 개, 나비, 여우, 말, 산, 나무 등 비-인간 존재의 가면을 쓰고 그들의 입장에서 느끼는 고통을 대리 경험해 보고 그 경험을 공유함으로써, 인간이 자연에 가한 착취에 대해 성찰하는 시간을 갖는다. 비-인간의 가면을 쓴 인간은 협의회에 참여한 순간만큼은 다른 생명 존재가 되어 근대 산업 문명이 끊어버렸던 생명의 그물망을 다시 연결하는 '재연결 작업'을 시도한다. 만물협의회와 재연결 작업은 지배의 왕좌에 머물고자 했던 인간중심주의적 사고를 벗어나려는 시도라는 점에서 유의미하지만 자연과 생태계, 나아가 생명의 그물망을 지나치게 평화로운 방식으로 사유한다는 점에서 아쉬움을 남긴다.

자연과 생태계는 결코 평화롭지 않다. 따라서 생명의 그물망 역시 언제나 평화로운 공존이나 공생의 방식으로 얽혀 있지 않다. 자연에서의 생존에는 늘 먹고 먹히는 관계가 전제되는 것처럼, 그 삶은 늘 치열하며 때로는 인간의 관점에서 이해 불가능할 때도 많다. 근대 산업 문명에서 생태 문명으로의 이행 또는 인간 중심적 환경론에서 지구 중심적 환경론으로의 변화를 꾀하는 패러다임의 전환은 바로 이 점을 유념해야 한다. 자연은 결코 평화롭지 않고, 인간의 사유 체계로 파악이 가능하거나 인간의 영향력으로 통제할 수 있는 평면적인 것이 아니라는 점이 적극적으로 고려되지 않는다면, 생태 문명으로의 이행은 '친환경' 라벨을 붙이고 나온 수많은 자본주의 상품처럼 허울뿐인 공허한 선언에 그치고 말 것이다.

과학과 통계적 수치로 설명할 수 없는 기상 이변, 인간의 통제력을 월등히 뛰어넘고 인간을 위협하기까지 하는 자연재해는 인간으로 하여금 자연에 내재된 복잡성과 우연성, 예측 불가능성을 인정하도록 만든다. 자연의 계절적 순환 덕분에 인간이 일용할 벼와 곡식은 풍요롭게 경작될 수 있지만, 인간의 힘으로 막을 수 없는 자연재해는 경작 노력을 하루아침에 물거품으로 만들 수도 있다. 1985년 2월 호주 카카두 국립공원에서 카약을 타던 중 악어에게 공격받고 기적적으로 살아남은 플럼우드는 생존자로서 자신의 경험을 다음과 같이 서술한다.

'이러한 일은 내게 일어날 수 없어. 나는 사람이지 고기가 아니야. 나는 이 운명을 받아들이지 않아!'라는 생각은 내 불신의 끝을 구성하는 한 요소였습니다. 먹이가 된다는 잔인한 사실을 마주하는 것은 투쟁에 대한 나의 '평범한' 윤리적 조건이 부재하거나 무의미해 보이는 보다 큰 이야기의 놀라운 관점과 함께합니다. 그 사실은 우리가 단지 윤리적 질서 안에서 살아갈 뿐 아니라 그것으로 환원되지 않는 무언가 즉, 생태적 질서 안에서 살아간다는 점을 날카롭게 전해 주었습니다.[30]

악어의 눈에 비친 플럼우드의 신체는 그저 고깃덩이에 불과할 수도 있고 그 차가운 노란 눈은 인간의 생사에 어떠한 의미도 부여하지 않는다. 이러한 일례는 자연의 힘 앞에 무기력한 인간을 상정하는 것이 아니다. 그보다는 인간이 망각해 버린 사실 즉, 인간이 생태적 질서 안에서 살아간다는 점을 상기하게 한다. 또한 생태적 질서 안에서 자연이 인간의 편에 서 있을 수도 있지만 그 반대일 수도 있으며, 또는 인간에게 무관심할 수도 있다는 사실을 인정할 것을 요구한다. 이러한 요구는 자연스레 인간 중심적 사고로부터 탈피하여 지구 중심적 사고로 나아갈 것을 요청한다. 자연은 더 이상 인간을 따스하게 품어주는 '가이아의 품'도 아니고, 죽어 있는

30　Val Plumwood, "Being Prey", In James O'Reilly, Sean O'Reilly and Richard Sterling (ed.), *The Ultimate Journey: Inspiring Stories of Living and Dying*(Traveler's Tales, 2000), pp. 142-143.

대상으로써 개발되기를 기다리는 '값싼 자원'도 아니며, 민족주의 담론을 통해 낭만화된 '강간당한 어머니'도 아니다.[31] 자연의 행위성과 그 행위성에 내재된 우연성과 복잡성을 함께 인정할 때, 표면적인 선언에 그치고 마는 담론 제시와 국제정치의 파이 싸움의 오염으로부터 생태 문명과 이에 기반한 생태 민주적 세계를 구할 수 있다.

에코페미니즘이 지향하는 생태 민주적 세계는 상호 호혜적 관계에 기초한 공동체를 이상향으로 설정할 수 있지만, 그 과정과 결과는 결코 평화로울 수 없다. 만약 생태 민주적 세계로의 이행이 평화롭다면, 그것은 그 내부의 갈등과 차별이 은폐된 가장된 평화일 것이다. 혹은 독재자가 민주적 주체인 양 앞에 나서서, 다양한 목소리를 하나의 목소리로 대체하는 거짓된 세계일 것이다. 따라서 이제 새로운 지구 공동체를 꿈꾸는 데 필요한 것은 공존이나 공생 혹은 평화라는 비전 그 자체가 아니라 그 비전을 다양한 방식으로 실험할 수 있도록 하는 유연성이다.

---

31 근대 민족국가는 강인한 남성성을 강조하는 군국주의와 군사주의를 통해 민족을 상상하고 구성한다. 이때 민족주의자들은 공유된 민족의식을 확산하기 위해 근대 이전의 '어머니 땅'에 대한 낭만화와 동경화 작업을 시도한다. 민족주의 담론이 복원하는 어머니 땅은 근대 이전의 풍요롭고 강인한 이미지가 아니라, 외부의 타락한 남성에 의해 유린당하는 약한 이미지이다. 후자의 이미지는 사후적으로 부여되었기에 기원이 존재하지 않는, 그리하여 영원히 복구될 수 없는 낭만화된 대상이다. 여성과 근대 민족국가의 관계에 대해서는 반다나 시바 · 마리아 미즈, 「여성에게 조국이란 없다」, 『에코페미니즘』(창비, 2020) 참조 바람.

앞서 살펴보았듯이, 에코페미니즘은 생태 민주적 세계에서 인간과 인간, 인간과 비-인간, 비-인간과 비-인간이 맺는 여러 관계를 조망하고, 이 다양한 관계에 담긴 여러 억압의 형태를 발견하며, 각각의 억압에 저항하는 유연한 연대의 장으로 기능한다. 플럼우드는 "오늘날 지구 전체를 에워싸고 별들에까지 손을 뻗치기 시작하는…… [억압의] 그물망에 대처하기 위한 방법론과 전략에서는 그물망이 하나로 연결되어 있고 각 부분이 독자적으로 움직일 수 있다는 사실을 고려하는 것이 중요하다"[32]고 강조한다. 에코페미니즘만이 인류세 시대의 위기를 타개해 나갈 유일한 해답이나 방안은 아닐지도 모른다. 하지만 전 지구 공동체가 온몸으로 체감하는 총체적 위기의 시대를 살고 있는 지금, 위계적이지 않은 방식으로 새로운 지구 공동체를 상상하고 이를 바탕으로 생태민주적 세계를 생성해 나가기 위해서는 에코페미니즘의 비판적 통찰이 필요하다. 인간중심주의를 넘어서 자연과 인간의 대안적 관계를 모색하는 에코페미니즘의 투쟁이 이론과 실천 영역에서 창조적으로 결합하고 서로에게 힘을 실어 주길 기대한다.

---

32 발 플럼우드, 앞의 책, 714쪽.

4장

탈성장, 지속가능한 미래를 위한 유일한 대안

김선철

1 기후 위기와 팬데믹 시대의 대안을 찾아

세계 곳곳에서 심각한 기후 위기의 징조들이 나타나고 있다. 지난 1년여 동안에만 인류는 호주와 미국 서부를 불태웠던 산불, 섭씨 38도까지 기온이 올라갔던 북극권 시베리아, 규모와 횟수가 두 배 늘어난 태풍으로 인한 인도와 방글라데시, 미국 남부 등지에서의 대형 홍수, 히말라야 만년설이 녹아내려 수백 명이 사망한 인도, 아프리카 대륙 동쪽에서 창궐해 농작물을 다 먹어 치운 메뚜기 떼, 그리고 스페인의 마드리드나 미국 텍사스 등 따뜻한 지역에서의 강추위와 폭설 등 전례 없는 기후 재앙을 경험하고 있다. 산업혁명 시기를 기준으로 불과 섭씨 1도가량의 평균 지구 온도 상승이 불러온 일들이다.

　그런데 2020년 여름, 환경부와 기상청이 공동 발간한 기후 변화에 관한 보고서에 의하면 한국의 기온 상승은 20세기 초에 비해 섭씨 1.8도나 올랐다.[1] 한반도는 그나마 사계절이 뚜렷한 기후로 인해 극지방이나 열대지방에 비해 탄력성이 상대적으로 높은 편이지만 기후 변화의 충격은 벌써 다양한 방식으로 관찰되고 있다. 한라산과 지리산 등 고산지에 군락을 이루었던 구상나무 등 침엽수림들은 하얗게 죽어가고 있고, 개화 시기를 비롯해서 농작물 생산지와 작황이 변동을 겪는 것은 물론 근해에서 잡히던 어종도 바뀌어 가고 있다. 한반도의 온난화는 주로 겨울이 따뜻해지는 방식으로 진행되고 있는데, 2019-2020년 겨울은 평년보다 섭씨 3도 가까이 더 따뜻해져 얼어 죽었어야 할 곤충의 알과 애벌레들이 살아남아 봄과 여름엔 매미나방이나 대벌레와 같이 과거에 관찰되지 않았던 벌레 풍년을 경험하기도 했다. 환경부에 따르면 산불 빈도는 1990년에 비해 30배 이상 늘었고 슈퍼 태풍의 발발도 두 배가량 잦아졌다.[2] 2020년 여름, 한국은 사상 가장 길었던 54일의 장마를 경험했다.

1　기상청 보도자료, 「한국 기후변화 평가보고서」, 2020. https://www.kma.go.kr/notify/press/kma_list.jsp?bid=press&mode=view&num=1193901(접속: 2021. 2. 22.)

2　관계부처합동, 「제2차 기후변화대응 기본계획」, 2019. https://www.me.go.kr/home/web/policy_data/read.do?menuId=10259&seq=7394(접속: 2021. 6. 15.)

기후 위기에 대한 경고는 꽤 오래전부터 계속되어 왔다. 1988년 미국 항공우주국의 제임스 한센(James Hansen) 박사는 미국 의회에서 인간이 배출한 온실가스로 인한 지구 온실효과와 지구 온도 상승 사이에 인과관계가 있다는 연구 결과를 발표했다. 그 이후 리우환경회의, 교토의정서, 그리고 2015년 파리기후변화협약에 이르기까지 국제 사회는 기후 변화에 대응하기 위한 많은 계획을 제출했다. 2018년 인천에서 열렸던 IPCC(기후 변화에 관한 정부간 협의체) 총회에서는 산업혁명 시기 대비 지구 온도 상승을 섭씨 2도 이내로 유지할 것을 결의했던 파리협약의 합의조차 지구 생명을 지키는 데 적절하지 못하다며 지구 온도 상승을 섭씨 1.5도 이내로 유지해야 한다고 권고했다. 한국에서는 이명박 정부 시절 처음으로 저탄소녹색성장기본법이 만들어지며 탄소 배출 감소 계획이 제출되기도 했다. 그러나 한국 정부도 국제 사회도 스스로 정한 온실가스 배출 감축 목표를 달성하지 못하고 있다.

이런 와중에 세계는 코로나19라는 팬데믹을 경험하게 되었다. 불과 일 년여 만에 한국에서만 10만 명 가까운 확진자가 생기고 1,500명이 넘게 죽었다. 전 지구적으로는 확진자가 1억 명이 넘었고 250여만 명이 목숨을 잃었다. 뿐만 아니라 팬데믹이 가져온 경제 충격으로 인해 주요 경제 강국들은 마이너스 성장을 보였고 전 세계적으로 8천만 명이 넘는 사람이 일자리를 잃었다.[3] 다른

---

3   ILO(International Labour Organization), "ILO Monitor: Covid-19 and the World

OECD 국가들에 비해 팬데믹 상황에서 상대적으로 나은 경제 수치를 보였던 한국도 2021년 1월 실업률이 IMF 위기 때를 능가하는 5.7%로 사상 최고치를 기록했다. 이중 남성 실업률은 5.0%로 전년 동월 대비 1.1% 상승한 반면 여성 실업률은 6.7%로 2.3%나 늘어 팬데믹이 노동하는 여성에게 특히 가혹했다는 사실을 보여주었는데, 이는 사라진 일자리 중 여성 비중이 높은 임시직과 일용직 비율이 80%를 차지한 것과 무관하지 않다. 청년 실업률도 9.5%에 이르러 여성과 함께 젊은 세대가 가장 큰 타격을 받고 있음을 보여주었다.[4]

기후 위기와 팬데믹의 충격에 대응하기 위해 정부는 2020년 7월에 한국판 그린뉴딜을, 그리고 같은 해 12월에는 2050 탄소중립을 선언하며 한국 경제의 강점을 활용해 저탄소 경제와 포용 사회로 도약하겠다는 비전을 제시했다. 이에 따라 정부와 지자체, 국회, 그리고 산업계는 바쁘게 움직이고 있고 불과 일 년 전에는 들어보기도 힘들었던 기후 위기니 탄소중립이니 하는 말들이 심심치 않게 들리는 상황이 되었다. 그러나 관련 정책들이 기업 지원을 통한 경제 성장 정책의 일환으로 추진되면서 정부 정책이 어느 정도나 실질적으로 기후 위기 극복을 위한 해법이 될 수 있는지, 그리고 어

of Work", 2021. https://www.ilo.org/wcmsp5/groups/public/@dgreports/@dcomm/documents/briefingnote/wcms_767028.pdf(접속: 2021. 2. 13.)

4   통계청, 「2021년 1월 고용동향」, 2021. http://kostat.go.kr/portal/korea/kor_nw/1/1/index.board?bmode=read&aSeq=388115(접속: 2021. 2. 13.)

느 정도나 팬데믹 상황에서 곤궁에 처한 다수 시민의 삶을 '포용'할 수 있는 대안이 될 수 있는지에 대해 의문이 커지고 있다. 여전히 새로운 대안에 대한 논의가 필요한 상황인 것이다. 이 글은 정부의 그린뉴딜-탄소중립 정책과 이 정책의 밑바탕을 이루는 녹색성장 패러다임에 대한 비판적 검토를 통해 우리가 지금 매우 잘못된 길로 가고 있음을 밝히고, 이에 대한 대안으로 탈성장 사회의 문제의식과 현실 흐름에 대해 소개한다.

2 한국 정부의 그린뉴딜-탄소중립 추진 전략의 문제점

2016년 말 국회의 비준을 통해 한국도 파리기후협약의 당사국이 되었고 협약에 따라 다양한 온실가스 감축 계획을 제출하는 의무를 지게 되었다. 그러나 정부 차원의 협약 준수 의지는 강하지 않았고 한국은 2019년 말 국제 기후전문단체들이 발표한 기후변화대응지수에서 조사대상 61개국 중 58위를 차지하며 '기후 악당국'이라는 오명을 다시 확인해야 했다.[5] 2020년 2월 환경부는 「2050 장기 저탄소 발전전략」에서 탄소 배출 감축을 위한 다섯 개의 안을 제시했는데, 이 중 어느 것 하나도 2050 탄소중립 목표에는 한참 못

---

5 김예나, 「'기후변화대응지수' 평가서 한국 최하위권…… 61국 중 58위」, 《연합뉴스》, 2019. 12. 10.

미치는 것이었다. 정부의 관심이 오로지 경기 부양에 가 있는 가운데 기후변화 대응 계획은 환경부 책임 아래 주변화되어 있었고, 정부의 기후변화 대응 의지가 약한 상황에서 환경부가 할 수 있는 여지도 크지 못했던 결과라 볼 수 있다. 5월 초 문재인 대통령이 '디지털 뉴딜'을 축으로 한 '한국판 뉴딜'에 대한 구상을 밝혔는데, 이때만 해도 탄소 감축이나 그린뉴딜에 대한 고려는 없었다.

그러던 분위기는 급속한 반전을 거치게 되었다. 기후 위기 시대에 한국판 뉴딜에 녹색 전환에 대한 고려가 없다는 점이 비판되자 대통령은 5월 13일 몇몇 부서에 그린뉴딜 관련 보고서를 요청했고, 일주일 후인 5월 20일에는 한국판 뉴딜에 그린뉴딜을 포함하겠다는 발표가 나왔다. 열흘 후인 6월 1일 정부가 발표한 2020년 하반기 경제정책방향에 그린뉴딜의 내용이 소개되었고, 이를 기초로 7월 14일에는 그린뉴딜을 포함하는 한국판 뉴딜 종합계획이 발표되었다. 불과 2주 만에 한국판 뉴딜에 애초 포함되지 않았던 그린뉴딜이 추가되기로 결정되었고, 그 후 2달도 안 되어 그린뉴딜의 계획안이 제출된 것이다.

정부의 그린뉴딜이 발표되면서 한국 사회는 들썩이기 시작했다. 주류 언론은 그린뉴딜이 무엇이며 경제를 어떻게 바꾸게 될지에 대한 분석 기사들을 집중적으로 내기 시작했고, 경제지들에는 경제의 전환에 따른 '그린뉴딜 수혜주'는 무엇이 될지(따라서 어느 기업에 투자하는 것이 현명할지)를 다루는 기사가 봇물이 터지기 시작했다. 정부 담론도 급격히 한국판 뉴딜과 그린뉴딜을 중심으로 전환하는 가운데 6월에는 전국 226개 기초 지자체들이 공동으로 '기후 위기 비상'을 선포하고 국회에서도 입법 논의가 급속히 진행되기 시작했다. 한국에서 탄소를 가장 많이 배출해 왔던 포스코나 현대제철, 삼성, SK, LG 등 재벌 기업들도 덩달아 녹색 캠페인에 앞장서는 모양새를 띠기 시작했다. 그리고 12월이 되자 정부는 '2050년 탄소중립'까지 선언했다.

기업들은 정부의 그린뉴딜과 탄소중립을 반기고 있지만 기후환경운동 진영에서는 비판적인 시각이 광범위하게 퍼져 있다. 담론의 요란함에 비해 실질적인 온실가스 감축 대책은 찾기가 힘들기 때문이다. 실제 정부와 기업들은 앞에서는 그린뉴딜을 통한 탄소 배출 감축을 말하지만 뒤로는 국내에 신규 석탄발전소 7기를 신축하고 있고 베트남과 인도네시아에서도 대규모 석탄화력 발전소를 짓고 있다. 토건 사업과 항공산업이 상당한 탄소를 배출함에도 선거와 맞물리며 가덕도 등 국내 여섯 곳의 신공항 건설이 적극적으로 논의되고 있다. 2050 탄소중립을 선포했으나 중간 목표인 2030년 탄소 배출 감축 목표는 여전히 박근혜 정부 시절 만들어진 수준을 그대로 유지하고 있고, 일자리와 포용을 말하면서도 단기 비정규 일자리 외에는 에너지 전환 과정에서 어떻게 새로운 일자리를 만들지에 대한 로드맵도 없고 노동법이나 중대재해기업처벌법의 누더기 통과가 보여주듯 실질적인 포용과 통합에 대한 비전도 없다.

정부의 탈탄소 전환 정책이 이렇게 된 것은 우연이 아니다. 정부가 이미 짜 놓았던 경제 정책 방향에 그린뉴딜이나 탄소중립 정책을 끼어 넣었을 뿐, 기후 위기 대응이란 동기 자체는 부재했기 때문이다. 정부는 기후변화를 세계 경제의 변화와 이것이 한국 경제에 미치는 영향 차원에서 배경으로만 언급하고 있고, 그린뉴딜을 추진해야 하는 이유도 국제사회의 환경규제 기준 강화로 국내 제조업이 위기에 처할 수 있다거나 친환경 기술에서 뒤처질 경우 비관세 장벽에 직면할 가능성이 있다는 식으로 규정한다.[6] 그린뉴딜 발표 이후 5개월이 지나서 나온 2050 탄소중립 추진전략도 다를 바 없었다. 국제사회에서 탄소중립이 의제로 부상하고 다른 나라들의 탄소중립 선언이 가속화되고 있는 맥락에서 한국의 탄소중립 대응 여부가 우리 경제와 사회의 미래를 좌우한다는 문제의식 아래 "새로운 국제질서 대응을 위한 변화가 불가피"하며 미온적으로 대응할 경우 "수출, 해외 자금조달, 기업신용등급 등에 부정적 영향"을 초래할 수 있다는 것이 가장 중요한 동기로 제시되었다.[7]

이런 경제적 동기에 의해 추진되다 보니 정책의 초점과 투자도 기업에 쏠릴 수밖에 없었다. 한국판 그린뉴딜의 경우 43조 원에 가까운 국비가 투자되는데 이런 재정 투자의 목적은 정부가 직접 재생 에너지 시설을 짓는 것이 아닌, "대규모 민간투자를 유도·촉

---

6   관계부처합동, 「한국판 뉴딜 종합계획」, 2020a. https://www.korea.kr/archive/
     expDocView.do?docId=39081(접속: 2021. 6. 15.)
7   관계부처합동, 「'2050 탄소중립' 추진전략」, 2020b. https://www.korea.kr/
     archive/expDocView.do?docId=39241(접속: 2021. 6. 15.)

진"하기 위한 것으로 제시되었다.[8] 정부 문서들은 신시장 혹은 신산업 창출, 녹색산업 혁신, 그린 모빌리티 보급 확대 등의 구호성 경제 목표들로 가득 찼고 "2050 탄소중립의 미래상"도 친환경 기반 에너지 생산, 신유망산업 확산, 저탄소 산업구조 전환, 친환경차 중심 생태계 조성 등 미래 산업의 모습만을 제시했다.[9] 이런 산업정책을 통해 얼마만큼의 탄소 배출을 줄일 수 있는지, 전환 과정에서 피해를 입을 노동자, 농민, 지역사회 등에 대한 구체적인 정책은 무엇인지, 찾아보기 어려웠다.

이름은 같지만 정부의 그린뉴딜은 "온실가스 증대에 따른 기후위기와 임금 정체 등으로 극대화된 사회 불평등의 맥락에서 이 둘을 극복하기 위한 대안"으로 제안된 미국의 그린뉴딜과는 결을 달리한다. 알렉산드리아 오카시오-코르테즈와 에드 마키가 2019년 미국 의회에 발의한 그린뉴딜 결의안은 인프라와 산업 투자 계획도 담고 있지만 이것이 "지속가능한 방식으로" 이루어져야 함을 명확히 하고 있다. 더 중요하게는 그린뉴딜을 통한 전환 과정이 선주민, 유색 커뮤니티, 이주자나 빈곤층, 여성, 노인, 홈리스, 장애인과 청년 등이 지금껏 겪어왔던 부정의를 바로잡고 수백만의 고임금 일자리 창출을 통해 "공정하고 정의로운 전환"을 도모하고 탄

---

8 관계부처합동, 「한국판 뉴딜 종합계획」, 2020a. https://www.korea.kr/archive/expDocView.do?docId=39081(접속: 2021. 6. 15.)

9 관계부처합동, 「'2050 탄소중립' 추진전략」, 2020b. https://www.korea.kr/archive/expDocView.do?docId=39241(접속: 2021. 6. 15.)

소중립에 도달하겠다는 비전을 보여주었다.[10] 그 바탕에는 탈탄소 사회로의 전환이 단지 산업의 문제가 아니라 모든 사회구성원들의 삶의 문제라는 인식이 강하게 깔려 있음을 알 수 있다. 이런 문제의식의 대부분은 바이든 정부의 정책으로 수렴되기도 했다.

정부는 산업계의 혁신을 성공적으로 유도하면 탄소중립을 이루고 국민들의 삶의 질도 제고될 수 있을 거라 주장하지만, 저탄소 산업으로의 전환만을 통해 이런 목표가 달성될 수 있을 것이라고 믿을 근거는 없다. 당장 정부는 파리협약에 따라 법적 구속력이 있는 2030년 탄소 배출 감축 목표를 상향하지 못하고 있으며, 팬데믹에도 주택과 주식 시장은 쉬지 않고 달아오르는 상황에서 끝없이 추락을 거듭하고 있는 서민경제는 나아질 기미가 보이지 않는다. 기업에 대한 투자와 산업 혁신을 통한 경제성장 전략이 기후 위기 극복 및 불평등 해소와 함께 갈 수 있는지에 대해 더 근본적인 수준에서 검토할 필요가 있다.

3 녹색 성장은 대안이 될 수 있나

정부 정책은 기후 위기 대응을 경쟁력 확보와 지속가능한 성장

---

10   Ocasio-Cortez, Alexandria and Ed Markey, The Green New Deal Resolution (H. Res. 109), 2019. https://www.congress.gov/116/bills/hres109/BILLS-116hres109ih.pdf(접속: 2021. 2. 19.)

의 기회로 활용하자고 제안한다. 지금의 산업 체제를 '녹색'으로 전환하면서 이를 통해 지속적인 경제성장의 발판을 마련하겠다는 문제의식이다. 이런 인식은 지금까지 경제성장은 항상 탄소 배출량 증가와 궤를 같이 했지만, 이 둘의 디커플링(decoupling, 분리)이 가능하다는 녹색 성장의 가정을 반영한다. 즉, 경제를 충분히 녹색화하면 탄소 배출을 줄이면서도 성장이 가능하다는 것이다. 실제로 영국 등 유럽 몇몇 국가들의 경우 플러스 성장률을 보이는 가운데 탄소 배출량은 감소하는 경향을 보여주기도 했고 유럽연합의 그린딜도 이와 같은 녹색 성장의 맥락에서 기획되었다.

그러나 이에 대한 반론도 만만치 않다. 비판은 일국 차원에서 디커플링이 등장할 수는 있어도 전 지구적 차원에서의 디커플링은 이루어지고 있지 않다는 점에 주목한다. 선발 자본주의 국가의 디커플링은 국제협약 이행과 국내 정치적 지형에 따라 탄소 배출과 환경 파괴를 외부화한 결과이며 이에 따라 많은 비서구 국가들에서의 탄소 배출은 오히려 증가하고 있다는 것이다. 최근의 한 연구는 몇몇 나라들에서 보이는 디커플링 수치는 그 나라들에서 소비되는 재화가 해외에서 만들어지는 과정에서 배출되는 탄소량을 제외한 것이며, 이 재화들의 총 탄소발자국을 계산하면 경제성장과 탄소 배출 증가가 함께 가고 있음을 경험적으로 보여주기도 했다.[11] 그레타 툰베리(Greta Thunberg)도 종종 세계 지도자들이

---

11 Hickel, Jason and Giorgos Kallis, "Is Green Growth Possible?", *New Political*

"창조적 탄소 회계(creative carbon accounting)"를 통해 빠져나갈 구
멍을 만든다고 비판하는데, 이 역시 같은 맥락에서 파악될 수
있다.

언뜻 보면 고개가 끄덕여지는 녹색 성장은 몇 가지 근본적인 문
제점을 안고 있다. 모두 기존의 기업 중심 성장주의 경제체제를 유
지하는 것과 밀접한 연관이 있다. 가장 큰 문제는 이윤 추구라는
사적 목표를 가지는 기업이 기후 위기 극복이라는 공적 목표를 추
구하는 적임자가 되기 어렵다는 점이다. 정부나 기업 등이 실질적
인 기후·환경 대책을 마련하는 대신 광고나 마케팅을 통해 녹색
이미지를 만드는 데 더 많은 시간과 돈을 쓰는 사업 방식을 그린워
싱(greenwashing)이라 일컫는데, 그린워싱은 실질적 에너지 전환을
지체하는 가장 근본적인 메커니즘이다. 기후 위기의 시대 기존의
사업 방식으로는 한계를 느낀 대기업들은 자신들의 회사와 상품에
녹색 이미지를 붙여 마치 기후와 환경에 신경을 쓰는 듯한 모습을
보이지만, 이런 방식으로 기후와 환경문제의 해결은 불가능하기
때문이다.

포스코는 한국에서 가장 많은 탄소를 배출하는 기업임에도 정
부 정책에 따라 2050년 탄소중립을 선언하며 친환경 이미지를 강
화하고 있다. 그러나 포스코는 삼척 맹방해안에 기존 용량의 수배
에 달하는 석탄화력발전소를 새로 짓고 있다. 청정한 이미지로 스

Economy, 25(4), 2020.

스로를 포장하는 "블루파워"라는 이름이 가관이다. 삼성은 대외적으로 기후변화에 선도적으로 대응하는 기업임을 강조하는데 그러면서도 베트남과 인도네시아에서 석탄 투자를 주도하고 있다. GS는 풍력사업을 열심히 하면서 친환경 이미지를 선전하지만 2017년부터 동해전력이란 이름으로 강원도에 석탄화력발전소 2기를 운영하고 있기도 하다. 현대자동차 정의선 회장은 정부의 한국판 뉴딜 발표회에도 출연해 전기자동차를 통해 기후 위기 해결에 기여하겠다고 했지만, 코로나가 극성이던 2020년에도 전기자동차보다 내연 기관차 판매율이 더 크게 증가했다.

이런 식의 '그린워싱'은 국제적 차원에서도 이루어지며 에너지 전환을 지체시켜 왔다. 국제 사회는 1990년대 초반부터 기후변화에 대응하기 위한 방안들을 모색해 왔다. 그러나 이 시기는 냉전이 붕괴된 상황에서 신자유주의 이데올로기가 전 세계적으로 확산되던 시기였다. 국제 사회의 기후변화 대응도 신자유주의적 시장 논리를 따르게 되었고 이 과정에서 BP나 엑손모빌 같은 화석연료 대기업을 포함한 초국적 자본의 목소리는 클 수밖에 없었다. 그 결과 기후변화 담론은 확장되고 전 세계적으로 태양광이나 풍력 등 재생에너지의 생산이 증가하기도 했지만 석탄과 석유, 천연가스 같은 화석연료 생산도 함께 증가하게 되었다. 그 결과 팬데믹이 발발하기 직전까지 탄소 배출은 지속적으로 증가해 왔다.[12] 에너지 전

---

12   IEA(International Energy Agency), "World Energy Outlook 2020", 2020.

환은 재생에너지 생산 증가가 석유나 천연가스 등 화석연료를 대체함을 통해 가능한 일인데 이것은 초국적 기업들의 이해와 배치된다. 화석연료 산업이 여전히 돈이 되기 때문이다. 화석연료와 완전히 절연하지 못한 채 재생에너지만 증가하는 방식으로 2050 탄소중립은 요원하고, 기업이 중심이 된 기후 위기 대응의 효과는 미진할 수밖에 없는 것이다.

기업에 초점을 두는 녹색 성장은 기후 부정의도 심화시킨다. 빈곤 문제를 다루는 옥스팜에 의하면 2019년 인류가 배출한 탄소의 52%는 상위 10%의 부자들의 책임이었다. 반면 하위 50%의 인류는 전체 탄소의 7%만을 배출했다.[13] 유엔환경계획에 따르면 전세계 1인당 탄소 배출량 평균은 4.5톤인데 하위 50%는 0.69톤에 불과하다. 대신 상위 1%는 74톤, 최상위 0.1%는 216.7톤이라는 어마어마한 양의 탄소를 배출한다.[14] 문제는 가난할수록 기후 위기 유발의 책임은 작지만 피해는 집중적으로 받게 된다는 점에 있다. 흔히 기후 위기는 인류 전체의 문제라고 하지만, 실제로는 '기후 위기를 유발한 사람 따로, 이로 인해 피해를 보는 사람 따로'라는 것

https://www.iea.org/reports/world-energy-outlook-2020(접속: 2021. 2. 20.)

13 Oxfam, "Carbon Emissions of Richest 1 Percent More than Double the Emissions of the Poorest Half of Humanity." 2020. https://www.oxfam.org/en/press-releases/carbon-emissions-richest-1-percent-more-double-emissions-poorest-half-humanity(접속: 2021. 2. 20.)

14 UNEP(UN Environmental Programme), Emissions Gap Report 2020, 2020. https://www.unep.org/emissions-gap-report-2020(접속: 2021. 2. 19.)

이다. 이런 부정의는 기후 정의의 문제의식이 제기되는 근거를 이룬다. 기후 정의의 원칙은 이미 파리기후협약 전문에도 기술되어 있을 정도로 국제 사회의 기후 위기 대응에 있어 중요한 원칙으로 여겨지고 있다. 그러나 어떤 원칙이 합의문에 포함되었다는 것이 그 원칙의 실행을 보장해 주지는 않는다.

놀랄 것도 없이 기후 부정의 해결의 가장 큰 방해물은 이윤을 추구하는 기업들이다. 탄소를 펑펑 배출하던 기업들은 그린워싱을 통해 기후 위기의 해결사를 자임하기 시작했지만 이윤이 만들어지지 않는 한 불평등 완화나 사회 취약층의 기후 위기 대응력 강화에 기여할 아무런 동기도 의무도 없다. 이런 역할은 정부의 공적 투자를 통해 이루어질 수밖에 없는데 한국의 경우처럼 정부 재정이 녹색 산업 개편을 위한 기업 지원에 쏠리다 보니 공공적 목적으로 가지는 사업에 투자될 재정은 그만큼 줄어들게 된다. 정부는 이미 수십 년의 경험을 통해 효과가 없는 것으로 드러난 '낙수효과'에 기대어 기업의 성장이 일자리와 사회적 부의 증가를 가져올 것이라 말하지만, 자동화와 AI로 인해 노동력에 대한 의존이 줄어들고 있는 상황은 이러한 기대가 얼마나 허황된 거짓말인지를 이미 보여주고 있다.

끊임없이 경제성장을 추구하면서 에너지원만 태양광과 풍력 등으로 바꾸면 기후 위기를 극복할 수 있는지도 심각하게 검토해 볼 문제다. 기후 위기는 전 세계적으로 화석연료에 대한 의존을 끊고 재생에너지로의 전환만 이루어지면 해결될 것만 같은 분위기를 팽배하게 만들었다. 인류의 에너지원을 재생에너지로 대체해야 한다는 점은 분명하다. 하지만 재생에너지가 100% 청정하지도 재생 가능하지도 않다는 점도 명백하다. 태양이나 바람 같은 에너지원은 청정하지만 그 에너지원을 전력으로 바꾸기 위해서는 엄청난 양의 희소광물을 채굴하고, 시설과 장비를 제조하고, 또 이것들을 먼 거리로 수송해야 하기 때문이다. 이 모든 과정에서 노동 착취와 온실가스 배출은 이루어진다.

실제 세계은행과 세계은행 산하 글로벌 채굴 지원 프로그램(EGPS)은 저탄소 재생 에너지로의 전환 과정에서 급속하게 증가될 것으로 예상되는 풍력, 태양광, 그리고 에너지 저장 배터리의 원료가 되는 금속과 광물 채굴의 규모를 예측하는 보고서를 2017년 발간했다. 보고서에 따르면 파리협약의 섭씨 2도 목표 달성을 위해 풍력 터빈의 경우 약 250%, 태양광 패널의 경우 약 300%, 에너지 저장 시설의 경우 약 1200% 내외로 광물과 금속에 대한 수요가 증대할 예정이다. 보고서는 "풍력, 태양광, 수소와 전기 저장 시스템 등 청정에너지의 대부분을 이룰 것으로 예상되는 기술들은 화석연료에 기반한 공급 체제보다 상당한 정도로 원료 의존적"이라 결론 지었다.[15] 이런 전망은 물론 민간 기업에게 기회를 제공할 것이다. 그러나 미래 에너지 수요를 감당할 만큼의 광물이 있는지

---

15 WorldBank, "The Growing Role of Minerals and Metals for a Low Carbon Future", USA: *The World Bank Publications*, 2017.

도 불확실하고 채굴이 확대됨에 따라 수반되는 산림 벌채, 생태계 파괴, 그리고 이로 인한 생물다양성의 위기는 과연 재생 에너지에 의존해 성장을 추구하는 것이 지속가능한 대안인가라는 물음을 피할 수 없게 만든다.

이뿐이 아니다. 재생에너지 생산의 원료가 되는 광물들은 남반구의 몇몇 나라에 집중적으로 매장되어 있기 때문에 유럽과 북미 등 북반구의 잘 사는 나라들은 남반구의 가난한 나라들에서 원재료를 싸게 구매하려고 한다. 그 결과 잘 사는 나라들은 싼 가격에 깨끗한 에너지를 사용할 수 있게 되겠지만 채굴이 벌어지는 가난한 나라들은 되려 탄소 배출 증가와 생태 파괴, 노동 착취를 경험할 수밖에 없다. 태양광 패널에서부터 배터리에 이르기까지 많은 재생에너지 장비의 재료가 되는 코발트의 경우 콩고에서 3분의 2가량 생산되고 있는데, 이중 상당량이 '아티산 코발트(artisan cobalt)'란 이름 아래 정부나 국제기관의 규제가 미치지 않는 수작업을 통해 채굴되고 있다. 이 과정에서 벌어지는 안전 문제와 아동 노동 착취 등 인권의 문제는 이미 세계적 주목을 받으며 북반구와 남반구 사이의 기후 부정의 문제가 제기되는 중요한 맥락을 이루게 되었다.

전기자동차에 필수적인 리튬 이온 배터리의 주된 원료가 되는 리튬은 아르헨티나와 칠레, 볼리비아의 삼각지대에 가장 많이 매장되어 있다. 전 세계 리튬 매장량의 절반가량을 가지고 있는 것으로 추정되는 볼리비아의 경우 선주민 출신 에보 모랄레스 대통령이 사회주의를 표방하며 민간기업에 의한 리튬 개발을 금지해 왔다. 그러다가 2019년 11월 볼리비아에서 쿠데타가 일어나 모랄레스는 망명길에 올라야 했는데, 이를 둘러싸고 미국이 볼리비아의 리튬을 노려 모랄레스에 대한 쿠데타를 배후에서 지원했다는 의혹이 불거졌다. 그러자 테슬라 창업자 일론 머스크는 트위터에 "우리는 원하면 어디서든 쿠데타를 일으킬 것"이라 말해 이런 의혹에 신빙성을 더하기도 했다. 이런 현실은 유럽 제국들이 자원을 찾아 해외에서 식민주의 정책을 추진했던 이래 계속되어왔던 폭력적이고 위계적인 국제관계가 재생에너지의 시대에서도 반복될 수 있음을 암시한다.

다시 강조하지만 기후 위기의 시대 새로운 에너지원으로 재생에너지가 필수적이라는 점은 분명하다. 그러나 재생에너지가 모든 것을 해결해 줄 것이라 생각하며 성장주의 경제를 계속 추구하는 것은 잘못되어도 한참 잘못된 기후 위기 대응이다. 재생에너지도 채굴과 생태 파괴, 착취와 불평등, 지역 간 부정의를 수반할 수밖에 없기 때문이다. 이런 부정성은 재생에너지에 대한 수요가 늘어날수록 더 커질 것이다. 이런 점들을 고려하지 않는 재생에너지 정책은 인류의 미래를 위협한다. 기후 위기의 본질은 무엇이며 왜 발생하게 되었는지에 대한 성찰과 진단이 중요한 이유다.

4 위기의 근원

기후 위기의 원인에 대해서는 이미 많이 알려져 있다. 세계적으로 권위 있는 연구들은 인간이 배출한 온실가스 증가를 지목하며 이로 인한 기후변화가 되돌릴 수 없는 자연생태계의 파괴뿐 아니라 태풍과 기근, 고온 현상, 해수면 상승, 산불 증가를 촉진함으로써 인류 생존을 위해 절대적으로 필요한 물과 먹거리를 감소시키고 일상적 경제활동 역시 저해하고 있음을 강조해 왔다. 더불어 이런 문제들은 대규모 인구 이동(=난민 사태)과 사회적 갈등 및 국가 간 갈등을 증대시킬 것임을 경고하고 있다. 하지만 이 위기는 기술적으로 온실가스 수치만 감축한다고 해결될 수 있는 성격의 것은 아니다. 기후 위기는 더 크고 근본적인 생태계 지속가능성의 위기가 발현되는 방식의 하나이기 때문이다.

무엇보다 우리가 당면한 위기의 근원에는 인간이 자연환경과 관계를 맺는 방식의 문제, 인간이 스스로를 주변 환경으로부터 떼어 내어 자연과 비인간 동물을 대상화, 수단화해 왔던 인간중심주의적 사고가 있다. 계몽주의가 태동하고 산업혁명으로 생산력이 급속히 증대하는 가운데 인간은 주변 환경을 외부세계로 파악하고 인간 소비를 위한 무한한 자원의 보고 혹은 폐기물 처리장 정도로만 이해해 왔다. 인간도 자연생태계의 일부라거나 자연이 스스로를 재생산하는 데에도 한계가 있을 수 있다는 점은 고려의 대상조차 되지 않았다. 주변 환경이 마치 인간의 소비만을 위해 존재하는 것인 양, 인간은 마구잡이로 자연을 정복하고 착취해 왔다. 그리고 21세기에 이르러 인간은 스스로의 무책임에 대한 대가를 본격적으로 치르게 되었다.

인간중심주의의 파괴적 결과를 잘 보여주는 사례 중 하나가 코로나19 재앙이다. 많이 알려졌듯 코로나19는 사스, 메르스, 각종 조류인플루엔자와 같이 동물에 있던 무해한 미생물이 인간에게 옮아와 유해한 병원균으로 변이가 된 인수 공통 감염병이다. 이와 같은 인수 공통 감염병은 인간의 무분별한 생태계 파괴와 개발의 결과 인간과 동물의 접촉이 늘어남에 따라 계속 증가하는 추세인데, 코로나19가 전 세계적 팬데믹으로 퍼져나가던 시기 《뉴욕 타임스 (*The NewYork Times*)》에 실렸던 기고문은 코로나 감염병의 원인을 다음과 같이 잘 진단했다.

"우리는 수많은 동물과 식물 종을 품고 있는 열대 숲과 야생서식지를 파괴하고 있다. 그 많은 생물종 중에는 우리가 알지 못하는 바이러스도 많다. 우리는 나무를 자르고 동물을 죽이고 그들을 우리에 가두어 시장으로 보낸다. 우리는 생태시스템을 교란시키고 그 과정에서 자연적 숙주로부터 바이러스들을 떨구어 낸다. 이런 일이 일어나면 바이러스들은 새로운 숙주를 필요로 하는데, 종종 우리가 그 숙주가 된다."[16]

16 Quammen, David, "We Made the Coronavirus Epidemic", *The New York*

"열대숲과 야생 서식지 파괴"의 속도와 충격은 엄청나다. 2020년 9월, 영국 신문《가디언(*The Guardian*)》은 "인간은 전례 없는 규모로 자연을 착취하고 파괴하고 있다"라는 제목으로 세계자연기금(WWF)와 런던 동물학회가 함께 발간한 생태다양성에 관한 보고서 내용을 다루는 기사를 실었다.[17] 이 보고서는 1970년과 2016년 사이 포유류, 조류, 어류, 양서류, 파충류 등 육지와 바다에 사는 척추동물 개체 수가 68%가 감소되었다는 연구 결과를 담았는데, 연구자들은 가장 큰 원인으로 인간이 식량 생산을 위해 숲과 야생 서식지를 밀어 버린 것을 지목했다. 비슷한 시기《로이터(*Reuters*)》는 급속히 진행되고 있는 아마존 열대우림의 파괴에 대한 기사를 송출했는데, 아마존 열대우림을 관찰하는 생물학자들의 연구를 빌려 아마존에서의 생태파괴가 인류가 알지 못하는 새로운 팬데믹을 가져올 가능성이 있다 경고하기도 했다.[18]

인간은 자신들이 살 거주지와 부대시설, 산업시설 확대를 위해 야생 서식지를 파괴한다. 하지만 전 지구적으로 봤을 때 야생 서식지 파괴의 일등공신은 육류 소비를 위한 개간이다. 현재 지구에서 인간이 거주 가능한 땅의 절반이 식량생산을 위해 사용되고 있는

Times, Jan. 28. 2020.

17 Greenfield, Patrick, "Humans are Exploiting and Destroying Nature on UnprecedentedScale", *The Guardian*, Sep 10, 2020.

18 Zuker, Fabio, "Next Pandemic? Amazon Deforestation May Spark New Disease", *Reuters*, Oct. 19. 2020.

데, 이 땅의 77%는 인간이 고기로 소비할 동물을 키우고 그들에게 먹일 사료를 재배하기 위해 쓰이고 있다.[19] 인간을 제외한 지구상 94%의 포유류가 소, 양, 돼지 등 인간이 먹기 위해 키우는 동물이라 하니 전 지구적 축산업의 규모가 얼마나 큰지 가늠해 볼 수 있다. 축산을 위한 야생 서식지 파괴는 생물 다양성 감소나 감염병의 가능성을 증대시키는 것에 그치지 않는다. 산림과 습지 등은 인간이 배출한 탄소의 흡수원이기도 하기에 자연 녹지의 감소는 대기 중 탄소 증가를 야기하는 원인이 되기도 한다. 여기에 사료 재배, 동물의 사육과 살해, 가공, 수송에서 엄청난 온실가스가 배출되는데, 측정 기관마다 차이는 있지만 전 세계 온실가스 중 농축산업에서만 15-25% 정도의 배출이 일어나고 있는 것으로 파악되고 있다. 이는 선박, 항공, 자동차 등 교통 부문에서 배출하는 온실가스와 비슷하거나 많은 양이다. 기후 위기 대응을 위해 급속한 채식 확대가 필요하다는 주장의 근거다. 유엔환경계획도 최근 육류 의존도가 높은 먹거리 문화를 생물 다양성 파괴의 일차적 원인으로 지적하며 야생지 파괴 최소화, 생물 다양성을 지원하는 농업과 함께 채식 중심의 먹거리 문화가 필요하다고 권고했다.[20]

19 Ritchie, Hannah and Max Roser, "Environmental Impacts of Food Production", *OurWorldInData.org*, 2020.

20 UNEP(UNEnvironmental Programme), "Our Global Food System is the Primary Driver of Biodiversity Loss." 2021. https://www.unep.org/news-and-stories/press-release/our-global-food-system-primary-driver-biodiversity-loss?f

이런 현실은 지금의 위기가 온실가스 배출이라는 기술적 문제에 국한되지 않는 더 포괄적인 생태와 생명의 지속가능성을 둘러싼 위기임을, 그리고 이 위기가 자본주의 사회에서 당연시 되는 경제 행위와 삶의 방식과 밀접하게 관련되어 있음을 암시한다. 이 위기의 근저에는 강력한 화석연료산업뿐만 아니라 이에 못지않은 초국적 농업 기업과 공장식 축산 산업의 확장과 로비, 그리고 이윤을 위해서라면 지구 생명의 멸종마저 감수하고 달려들 것만 같은 자본주의의 작동 방식이 있다. 자본주의 기업들은 환경파괴의 대가로 공급받은 원료를 가지고 대량 생산을 통해 연료에서부터 온갖 플라스틱 제품과 육류에 이르기까지 값싸게 시장에 내다 놓는다. 여기에 그치지 않고 구매의욕을 자극하는 다차원적 광고를 퍼붓고 소비자로 길들여진 우리는 잘 짜여진 프로그램에 맞춰 살듯 대량 소비의 삶을 살아가고 있다.

우리 중 많은 수는 이미 이런 삶의 방식이 더이상 지속가능하지 않다는 것을 깨닫고 있다. 그러나 경제성장에 대한 미련을 버리지 못하고 있는 정부 정책 속에 이런 깨달음이 존재할 여지는 없다. 탄소배출 감축의 과제는 '그린 산단'이나 '스마트 그리드' 같은 기술 개발과 투자의 문제가 된다. 그러면서 검증도 안 되고 한 세대 안에 가능하지도 않은 탄소포집저장이나 수소환원제철법 같은 기

bclid=IwAR09bo7VR2_3iIq71MZZod_2bR_FdQywPkTdUrHBlIzlRNtnoHZx3e70hZQ(접속: 2021. 2. 14.)

술을 개발하여 성장과 탄소 배출을 지속하고자 한다. 국회는 탄소 중립의 제도적 기반 조성이라며 재생에너지 확대를 위해 민간 기업들이 농어촌에서 보다 쉽게 사업을 할 수 있는 방안을 마련하려고 한다. 이런 가운데 에너지 전환 과정에서 피해를 입게 될 지역 주민이나 노동자들에 대한 고려나 생태계 파괴에 대한 문제의식은 부차적으로 여겨진다. 심지어 산림청은 노령화된 나무는 탄소 흡수율이 감소되기 때문에 오래된 나무를 베고 어린 나무를 새로 심을 생각마저 하고 있다.

경제성장을 우선순위에 놓은 기후 위기 대응은 이처럼 사람과 생태계 보호는 뒤로 밀린 기업 지원과 기술 투자의 문제가 되어버린다. 이렇게 녹색산업을 성장시키다 보면 탄소중립도 가능할 것처럼 생각한다. 그러나 미래의 경제와 생존, 삶의 질이 우리의 가장 소중한 자산인 자연에 기대고 있는 조건에서 성장주의적 기후 위기 대응은 지속가능하지 않다. 해외에서는 이미 기후 위기가 단지 기술적인 탄소감축의 문제가 아니라 인간 중심적 인식론과 경제 활동 방식의 문제이며 이를 가능하게 해주었던 제도와 시스템을 바꾸지 않으면 인류의 미래도 없다는 경고가 점차 거세어지고 있다. 그레타 툰베리가 이끄는 청소년 기후정의운동 네트워크인 '미래를 위한 금요일(Fridays For Future)'은 기후 위기 극복이 급진적 탄소감축만이 아니라 기후정의와 민주주의, 생태보존을 통해 가능하다 주장하면서 국제전범재판소에 생태학살을 범죄로 인정해 줄 것을 요구하는 캠페인도 벌이고 있다.

이런 주장에 과학계도 함께 하고 있다. 2020년 1월, 153개국 11,258명의 과학자들이 서명을 담은 〈기후 비상에 대한 세계 과학자들의 경고〉가 발표되었다.[21] 최신의 과학적 성과들에 기반해 최근 40년 동안 대기 중 온실가스와 극지방 얼음, 해수 성분과 온도 등등의 변화를 추적하고 기후 위기 악화를 막기 위해 자연환경, 에너지, 인구, 먹거리, 경제 등의 영역에서 필요한 대책들을 정리한 논문이자 선언문의 성격을 가지는 글이다. 경제 영역에서 과학자들은 성장이 아닌 공존의 가치를 중심으로 경제의 목표가 변해야 한다고 권고하는데, 이것은 탈성장의 문제의식이 출발하는 지점이기도 하다.

"생명 시스템의 장기적 지속가능성을 위해서는 경제 성장으로 인한 자원의 과도한 채굴과 생태계의 과잉 착취를 신속히 줄여야 한다. 우리에게 필요한 탄소중립 경제는 생물생태계에 대한 우리의 의존을 명확히 해야 하며, 경제 정책도 이런 원칙에 따라 수립되어야 한다. 우리의 목표는 GDP 성장과 부의 추구에서 생태계 보존과 인간 삶의 질을 개선하는 것으로 바뀌어야 한다. 이는 인간의 기초적 필요와 불평등 감소를 우선시하는 정책을 통해 가능하다."[22]

21 Ripple, William J, Christopher Wolf, Thomas M. Newsome, Phoebe Barnard, William R. Moomaw, and 11,258 Scientist Signatories from 153 Countries, "World Scientists' Warning of a Climate Emergency", *Bioscience*, 70(1), 2019.

22 Ripple, William J, Christopher Wolf, Thomas M. Newsome, Phoebe Barnard,

5 탈성장의 문제의식과 실험

최근 기후 위기와 팬데믹의 맥락에서 성장 우선주의 경제의 문제점들에 대한 비판이 쌓이면서 탈성장에 대한 관심도 커지고 있다. 제이슨 힉클(Jason Hickel)은 탈성장을 "안전하고 정의롭고 공평한 방식으로 경제가 다시 생태계와 균형을 맞출 수 있도록 하기 위한 에너지와 자원 사용의 계획적 감축"으로 정의한다.[23] 탈성장의 문제의식은 무엇보다 GDP라는 수치에 의해 모든 것이 정의되고 이걸 핑계로 생태계 파괴를 정당화하고 소수가 이익을 독점하는 지금의 자본주의 경제 시스템이 지속가능하지 않다는 진단에 기반해 있다. 대신 인간과 자연, 인간과 인간 모두가 공존할 수 있는 경제체제와 관련한 새로운 전략적 합의를 만들어야한다고 주장한다. 앞서 인용한 과학자들이 말하듯 "생태계 보존과 인간 삶의 질을 개선"하기 위해서는 "인간의 기초적 필요와 불평등 감소를 우선시하는 정책"이 필수적이라는 관점을 공유한다.

그러나 탈성장은 아직은 낯선 개념이다. 탈성장이라 하면 모두 가난하게 살자는 것이냐는 질문이 가장 먼저 나오기도 한다. 이에 대해 탈성장은 '가난'이 무엇을 의미하는지, 역으로 '풍요'는 무엇

William R. Moomaw, and 11, 258 Scientist Signatories from 153 Countries, *Ibid.*, p. 11.

23 Hickel, Jason, *Less is More: How Degrowth Will Save the World*, William Heinemann: London, 2020.

을 의미하는지 성찰해 볼 것을 제안한다. 만약 가난이 화려한 자동차나 가구, 가전제품을 사용하지 말고 과도한 소비를 줄이는 삶을 의미한다면, 탈성장은 그리해야 한다고 말한다. 그러나 이러한 상품을 소비하지 않는 것을 가난으로 여기지는 않는다. 오히려 우리는 어쩌다 과도하고 불필요한 소비를 통해서만 풍요를 누릴 수 있다고 생각하게 되었을까를 되묻는다. 자본주의와 성장의 문화 밖에서도 인간의 본원적 필요의 충족을 통해 충분히 풍요를 누릴 수 있고 또 그럴 수 있는 사회 시스템으로 전환해야 한다고 말한다. 아니, 자연을 과도하게 착취한 결과 기후생태위기를 맞이한 지금, 반드시 그렇게 가야 한다고 믿는다.

혹자는 개개인은 무한한 욕구와 열망에 의해 움직이며 이 욕구는 억압될 수 있는 성격의 것이 아니라 말하기도 한다. 그러나 이런 입장은 인간의 욕구 또한 사회적으로 구성된다는 점에 대해서는 애써 눈을 돌린다. 오늘날 우리가 이야기하는 인간 욕구의 상당 부분은 실질적 필요보다는 자극적 이미지를 통해 제품 판매를 촉진하는 광고와 여기에 가치를 두는 상업적 대중문화에 의해 조작되고 있다. 실제로는 없어도 되는데 광고를 보면 사야할 것만 같다. 딱히 필요가 없어도 인위적 결핍(artificial scarcity)을 통해 수요를 창출해 유지되는 자본주의 경제의 핵심 작동방식이다. 탈성장은 인위적 결핍 대신 본원적 필요를 충족할 수 있는 방향으로 경제를 운영하자고 한다. 내가 필요한 재화가 있다면 광고가 없어도 지역사회나 각종 네트워크를 통해 그 정보는 유통될 수 있다. 인간의 본원적 필요 충족을 위해 필요한 재화는 광고를 하지 않아도 살아 남을 수 있는 것들이다.

탈성장은 강박적 구매와 소비를 통해 충족되는 인간 욕구를 다른 방식으로 표출시킬 수 있다고 믿는다. 상품 물신화의 자본주의 이데올로기가 사라진 자리에서 소유(having)가 아닌 상호 돌봄, 놀이, 문화활동, 도시정원, 취미생활, 스포츠, 연애, 예술과 정치활동 등을 통한 존재(being) 실현의 여지는 커진다. 기본적인 물질적 필요가 충족되는 가운데 각자가 가진 열정과 능력을 개발하는 것, 건강을 유지하고, 삶을 보호하며 돌봄을 수행하는 것, 풍요로운 사회적 관계를 만들어 가는 과정을 통해 욕구를 충족하고 행복을 찾는 것이 탈성장 사회가 그리는 그림이다. 자본주의 논리에 찌든 우리에게 이런 그림이 다소 비현실적으로 들릴지도 모르나 이는 과거 인류사회가 존재해왔던 방식이기도 하고 지금도 상당 부분 우리가 의존하고 있는 삶의 가치이기도 하다. 탈성장은 이처럼 주변부로 밀려났으나 여전히 우리 삶의 중요한 부분을 이루고 있는 대안적 풍요의 개념을 복구해 경제와 사회의 기초로 삼고자 한다.

탈성장은 경제의 모든 부문이 항상 성장해야 한다는 믿음에서 벗어나야 한다고 말하지만 모든 영역에 걸쳐 경제의 규모가 줄어들어야 한다고 주장하지 않는다. 화석연료산업, 탄소고배출산업, 사치재 생산, 공장식 축산 등은 규모를 줄여야 하지만, 공공의 이익 실현에 필수적인—그러나 GDP 수치로 잡히지 않아 투자가 적었거나 영리를 목적으로 삼는 민간 부문으로 넘어가면서 자연환경의 파괴와 사회 불평등의 심화를 낳았던——주거, 교통, 교육, 의료, 돌봄, 먹거리, 에너지, 상수도, 쓰레기의 순환 재활용 같은 부문에 대한 공공 투자는 늘릴 것을 주문한다. 개인과 공동체의 재생산과 복리에 필수적인 이런 영역들이 확장되고 공공적이고 민주적으로 운영될 수 있을 때 자연에 대한 인간의 충격을 최소화하는 가운데 모두의 풍요로운 삶은 지원될 수 있을 것이다.

탈성장은 마찬가지로 가난한 나라나 부자 나라나 똑같이 생산을 감축하자고 주장하지도 않는다. 잘 사는 나라들이 생산과 생태 파괴, 탄소배출을 더 가난한 나라로 떠넘겨도 기후 위기의 영향으로부터 자유로워지는 것은 아니다. 탄소는 국경을 모르고 모든 것은 연결되어 있기 때문이다. 전 지구적 기후 위기 극복은 지구상 모든 나라들이 어느 정도의 경제 수준에 도달해야, 즉 국가 간 불평등이 완화되어야 가능하다. 따라서 잘 사는 나라들에서의 경제 규모 축소는 가난한 나라들에서의 삶의 질 제고와 함께 가야 한다. 이런 문제의식은 파리협약에도 나와 있고 국제사회에서도 인정한다. 그러나 성장을 기본값으로 가진 부유한 국가와 기업들이 여전히 가난한 나라들을 1차 원료의 공급지로 삼고 있는 조건에서 국가 간 불평등이 감소할 가능성은 거의 없다. 지구의 한계 안에서 한쪽의 성장을 도모하려면 다른 한쪽에선 탈성장이 필요하다. 탈성장이 추구하는 연대의 가치이기도 하다.

이런 탈성장의 지향이 지금으로서는 너무 유토피아적이라 할는지 모르겠다. 그러나 덜 소비하는 대신 새로운 사회적 관계를 통해 대안적 풍요와 행복을 꿈꾸는 탈자본주의 탈성장은 세계 곳곳에서 이미 현재진행형으로 실험되고 있다. 지역적 지혜에 기반해 자연과 조화로운 방식으로 행복한 삶을 추구할 수 있다는 부엔 비비르 (Buen Vivir)의 철학은 남미 북부 안데스 지역 선주민 사회들에서 기원을 가지는데, 자본주의적 개발의 대안으로 에콰도르나 볼리비아의 정부 정책에도 반영되고 있다. 에콰도르의 경우 새로 개정된 헌법에 "우리는 (……) 다양성과 자연과의 조화에 기반해 새로운 형태의 공공적 공존(public coexistence)을 찾아 좋은 삶의 방식을 구현하고자 한다"라는 문구를 넣기도 했다.[24] 코로나19를 잘 막아낸 것으로도 유명해진 뉴질랜드는 2019년 GDP 대신 시민들의 복리와 행복에 우선순위를 두는 '웰빙 예산(well-being budget)'을 도입했다. GDP가 삶의 질을 측정하는 지표가 되지 못하기에 성장이나 경제 보다는 공동체에 가치를 두며 시민들의 건강과 삶의 만족도를 높이겠다는 문제의식이었다.

부탄이 각종 행복지수에서 세계 최고 수준을 자랑한다는 점은 많이 알려져 있다. 부탄은 1971년 GDP로 나라의 부와 성장을 측정하기를 거부하고 시민들의 영적·신체적 건강, 공동체적 사회와 환경의 조화에 초점을 맞추는 총행복지수를 사용하기 시작한 나라

---

24 Balch, Oliver, "Buen Vivir: The Social Philosophy Inspiring Movements in SouthAmerica", *The Guardian*, Feb 4. 2013. https://www.theguardian.com/sustainable-business/blog/buen-vivir-philosophy-south-america-eduardo-gudynas(접속: 2021. 2. 21.)

다. 자본주의적 세계 질서를 거부한 채 혼자 외톨이처럼 지내던 부탄에 대한 국제사회의 관심은 그러나 2008년 세계 금융위기를 계기로 높아지기 시작했다. 결국 2011년 UN 총회에서는 부탄의 제안에 68개 나라가 호응하며 부탄의 행복지수에 기초한 대안적 지표를 만들기로 결정했다. 제프리 삭스(Jeffrey Sachs) 등 세계적인 경제학자들의 참여를 통해 만들어진 결과물은 지금까지 매년 발간되고 있는 '세계행복보고서(World Happiness Report)'다. 여전히 막강한 힘을 발휘하고 있는 신자유주의적 질서와 GDP에도 이처럼 변화의 조짐들은 이미 시작되고 있음을 알 수 있다.

최근 들어 파리의 '15분 도시'가 많은 관심을 끌고 있는데, 경제와 효율을 이유로 생태를 포기하지 않겠다는 선언과 함께 시작된 이 정책은 탈성장의 현실화를 위한 본격적인 시험대로 주목되고 있다. 시내 차량 운행을 최소화하는 대신 자전거 길과 녹지 대폭 확장하기, 소비를 조장하는 광고를 줄이기 위해 전력소모가 많은 디지털 광고판부터 퇴출하기, 지역에 기반한 먹거리 자급자족을 위한 도시 공유텃밭과 근교 농업 활성화 등은 온실가스 배출을 최소화하고 대량 생산과 소비의 자본주의적 시스템을 넘어서기 위한 첫걸음이다. 이에 더해 15분 도시는 사회정의 실현에도 각별한 노력을 쏟고 있다. 2030년까지 공공임대주택을 30%로 늘리겠다는 계획은 부유한 동네 주택소유자들의 저항에도 추진되고 있다. 여유 있는 자들만 혜택을 보는 정책은 15분 도시의 취지에 어긋난다는 문제의식에서다. '연대의 공장(La Fabrique de la Solidarité)'이라 불리는 홈리스 지원 자원봉사자 프로그램 등을 통해 일반 시민들에게 사회적 연대의 기회를 마련하고 '사회적 연대 경제(Social and Solidarity Economy)'의 깃발 아래 공적 투자를 통해 전체 일자리의 13%를 공공 일자리로 제공하는 계획도 함께 추진되고 있다.

주의 깊게 살펴봐야 할 것은 파리의 15분 도시가 코로나 팬데믹의 맥락에서 근거를 찾고 또 급속히 추진되고 있다는 점이다. 2020년 봄, 락다운(Lockdown)으로 차량 교통량이 줄어들자 파리시는 도심 50km의 도로에 '코로나 레인(corona pistes)'이라 명명된 자전거 도로를 확장하고 락다운 이후를 대비하며 650km에 이르는 자전거 도로를 확충하기 시작했다. 락다운 상황에서 어려움을 겪는 1인 거주 노인, 장애인 등이 창밖으로 빨간 헝겊을 걸어 놓으면 동네 주민들이 찾아가 도움을 주는 시민들의 자발적인 '빨간 헝겊' 캠페인은 연대의 공장이 만들어지는 계기가 되기도 했다. 무엇보다 팬데믹 내내 집과 동네에 머무는 시간이 많아진 시민들은 자신들이 살고 있는 공간과 살아왔던 삶에 대해 새롭게 성찰해 볼 수 있는 기회를 얻게 되었는데, 이것은 아래로부터 지속가능성을 모색하는 15분 도시 정책에 중요한 밑거름이 되었다.《블룸버그(Bloomberg)》에 소개된 15분 도시의 탈성장 철학에 관한 기사의 일부분은 이런 점을 잘 보여준다.

기후변화, 코로나19, 그리고 정치적 격변이 글로벌리즘(globalism)의 이상을 뒤흔드는 상황에서 희망은 도시를 출퇴근을 위해 드나드는 곳이 아닌, 사람들이 걸어 다니고, 자전거 타고, 노닐 수 있는 곳으로 새롭게 만들어내는 것에서 찾을 수 있다. 15분 도시는 시간이 출퇴근 보다는 가까이에 있는 많은 것들과의 보다 풍요로운 관계성에 투자될 수 있는, 로컬에서 보다 여유롭고 느긋한 삶을 꿈꾼다. 파리1대학 교수이자 15분 도시의 설계자이기도 한 카를로스 모레노도 이런 점을 강조한다. "지금의 위기는 근접성(proximity)을 재발견할 수 있는 가능성을 제공하고 있습니다. 집 가까이에서 더 많은 시간을 보낼 수 있게 되면서 유용하게 보내는 시간과 삶의 또 다른 페이스를 재발견할 수 있었기 때문입니다."[25]

이제 파리의 15분 도시는 오타와, 멜버른, 디트로이트, 포틀랜드 등 세계로 퍼져나가는 추세다. 스웨덴에서는 집 앞 거리를 그 길 주변에 사는 주민들이 공동의 향유 공간으로 만드는 1분 도시 프로젝트도 진행되고 있다. 이러한 추세는 한편에서 15분 도시의 문제의식에 대한 폭넓은 공감대와 현실 적용 가능성을 보여주는 것이기도 하지만——부산과 서울 시장 보궐선거 예비 후보자들에 의해 토건정책의 일환으로 15분 도시니 21분 콤팩트 도시니 하는 정책이 나오는 것에서 볼 수 있듯——알맹이 없이 브랜드화될 위험도 있다. 많은 경우 15분 혹은 20분 도시 실험들이 성장과 함께 가는 녹색 도시계획 차원에서 접근되고 있음도 고려할 필요가 있다. 탈

25 O'Sullivan, Feargus and Laura Bliss, "The 15-Minute City—No Cars Required—Is Urban Planning's New Utopia", *Bloomberg*, Nov. 12. 2020. https://www.bloomberg.com/news/features/2020-11-12/paris-s-15-minute-city-could-be-coming-to-an-urban-area-near-you(접속: 2021. 2. 21.)

성장의 관점에서 15분 도시의 성공은 얼마만큼 탈자본주의, 탈성장의 방향으로 경제와 사회관계를 변화시켜낼 수 있느냐에 달렸다. 한 도시만으로 국가경제가 전환되기는 어렵겠지만—그리고 한 국가만으로 세계 자본주의를 전환시키기도 어렵겠지만—이런 시도들이 쌓일수록 탈성장은 유토피아가 아닌 현실이 되어갈 수 있을 것이다.

6 나가며

인간중심적 자연관과 이윤과 성장에 눈먼 오늘날의 자본주의는 각종 인류사회의 미래를 위협하는 팬데믹과 기후 위기, 전례 없는 수준의 불평등을 불러왔다. 우리 모두가 가해자이자 피해자라고 흔히 이야기하지만, 이 위기는 세계 100대 기업이 전체 탄소의 71%를 배출하고 상위 1%가 하위 92%보다 두 배가 넘는 부를 소유한 기형적인 경제체제의 산물이다.[26] 지구의 착취를 통해 성장

---

26 Riley, Tess, "Just 100 Companies Responsible for 71% of Global Emissions, Study Says", *The Guardian*, Jul 10. 2017; Oxfam, "Carbon Emissions of Richest 1 Percent More than Double the Emissions of the Poorest Half of Humanity", 2020. https://www.oxfam.org/en/press-releases/carbon-emissions-richest-1-percent-more-double-emissions-poorest-half-humanity(접속: 2021. 2. 20.)

하고 극소수에만 부를 집중시키는 이 경제체제를 넘어서지 않고서는 기후 생태 위기도 넘어설 수 없다. 탈성장은 이런 병적인 경제체제에 대한 대안이다. 생태계가 재생시킬 수 있는 것보다 더 채굴하지 않고 생태계가 흡수할 수 있는 것보다 더 버리거나 오염시키지 않아야 한다는 원칙에 입각하여 필수재 중심의 생산체제로 전환하고 사회적으로 축적된 부를 보다 균등하게 분배하는 시스템을 구축하자 제안한다.

그러나 자본주의는 경제체제를 넘어 권력과 문화의 영역에까지 확장되어 현실 정치와 우리의 의식을 지배하고 있다. 자본주의는 아무리 급진적이고 대안적인 이념도 정치의 장에 들어서는 순간 길들이고 무력화시킨다. 자율적인 인간으로 하여금 더 많이 구매하고 소비하기 위해 저임금 노동시장에 자발적으로 뛰어들고 경제성장에 자신의 운명을 걸게 만든다. 생태적 관심마저 성장에 종속시킨다. 탈성장도 물론 경제체제의 변화만 말하지 않는다. 인간은 인간을 둘러싼 더 큰 세계의 단지 일부를 구성할 뿐이라는, 그렇기에 생명의 복잡다단한 망 속에 인간을 놓을 수 있어야 한다는 존재론적 이해에서 출발하여 민주주의, 사회정의, 탈식민주의, 탈소비주의, 로컬주의, 공생공락(共生共樂)에 기초한 공동체주의 등의 가치를 통해 대안적 사회의 문화적 기초를 정초하고자 한다. 이런 면에서 탈성장은 인간 존재에 대한, 인간과 자연의 존재와 관계성에 대한, 사회의 구성 원리와 작동 방식에 대한, 역사적 자본주의에 대한, 그리고 변화에 대한 복합 이론이라 볼 수도 있다.

그러나 탈성장은 완결적이지도 않고, 하나의 체계를 갖추고 있지도 않다는 점을 분명히 할 필요가 있다. 탈성장은 인류의 오랜 경험 속에서 전승된 가치와 지혜, 삶의 방식들을 기초로 기후 생태 위기의 시대에 맞는 대안적 삶과 체제를 찾고자 하는, 이제 걸음마를 떼기 시작한 지 얼마 되지 않은 탐색이자 사회운동이다. 열 사람에게 물으면 열 개의 답을 들을 준비가 되어 있어야 한다. 그럼에도 탈성장을 이야기하는 이들 사이에 공통분모는 커지고 있다. 이 글은—많은 이의 제기가 있을 것이라는 것을 충분히 예측하면서도—내가 판단하는 대로 그 공통분모들을 정리해본 것이다. 하지만 탈성장을 이야기하는 사람이라면 누구라도 이의제기하지 않을 것도 있다. 유일하게 지속가능한 성장은 탈성장 뿐이라는 점이 그것이다.

2부   세계의
대안 공동체

이주노동 없는 공동체를 향한 귀환 이주노동자의 꿈: 네팔 다목적 협동조합 에커타

양혜우

1 들어가며: 이주와 귀환 그리고 정착

"한국을 떠날 때 많이 울었다. 네팔에서 한국에 갈 때는 한국에 가고 싶지 않아서 많이 울었고, 다시 네팔로 돌아올 때는 한국을 떠나고 싶지 않아서 울었다. 그러나 네팔에 왔다. 공항에서 출입국 사람들에게 다시 오고 싶다고 했더니 오지 마. 오지 마. 이 불법체류자들…… 이렇게 말했다."

과거 이주에 관한 연구자들은 이주를 고향과 고국을 떠나 다른 사회와 문화에 통합되는 고통스러운 과정에 직면하게 되는 자아가

뿌리 뽑히는 과정이라고 간주해 왔다. 네팔에 있을 때 한국에 가고 싶지 않아서 많이 울었다는 한 이주노동자의 고백은 입에 맞는 음식과 자유로이 구사할 수 있는 언어, 익숙한 도시와 거리, 친밀한 사람들을 떠나 낯설고 생경한 곳에서 살아가야 하는 두려움을 간명하게 표현해 준다. 자국에서의 모든 익숙함과 친숙한 관행들이 더 이상 통용되지 않는 곳에서 새로운 언어를 배우고, 낯선 거리와 지리를 익혀야 하며, 고된 노동을 감내하면서도 새로운 사회적 관계를 만들어 내는 것이 고향을 떠난 이주민들이 낯선 곳에서 새롭게 뿌리 내리는 과정이다.

그러나 결혼 이주민이나 중국 동포와 달리 영주권이 허락되지 않는 이주노동자는 잠시 머무는 손님 노동자로 간주되어 왔다. 노동력 순환 원칙에 의해서 로테이션되는 비숙련 이주노동자들은 텔레비전을 보거나 놀이동산과 관광지 같은 곳을 여행하고, 쇼핑센터나 시장에서 소비하는 사적 경험들은 누릴 수 있지만 다양한 시민사회를 경험하고 공적 영역에 참여할 수 있는 기회는 주어지지 않았다. 이주노동자의 사회적 삶은 공장이라는 협소한 공간 안에 국한되었고, 노동 계약 기간이 끝나면 떠나야 했으므로 이주노동자의 이동은 뿌리 뽑힘의 과정이라고 여기지 않았다.

외국인정책본부의 제3차 외국인정책기본계획을 보면, 결혼 이주민의 경우에는 다문화 이해교육 전문가, 외국인력지원센터 상담원, 이중 언어 강사, 사회통합 관련 강사 등 전문가로 활동할 수 있도록 교육과 취업을 장려하고, 주민자치협의회, 마을 만들기, 마을 네트워크 등 지역 사회에 참여할 수 있는 다양한 활동을 지원한다. 그리고 지방자치단체에서도 외국인주민대표자회의, 시정 모니터링단과 같은 사업을 통해 이들이 거버넌스에 참여할 수 있게 하고 있다. 한국 사회에 잘 뿌리내릴 수 있도록 하기 위해서다. 반면 이주노동자에 대한 정책은 통제와 관리에 초점이 맞추어져 있다. 불법체류 예방 및 합동 순찰, 합동 단속, 산업안전 보건교육, 노동 상담 등 기업의 요구에 부응하는 노동력을 제공하고, 고용 기간이 만료된 후에는 미등록자로 남지 않고 귀국할 수 있도록 통제를 강화하는 것이 정책 기조인 것이다. 잠시 머물다 떠나는 손님노동자에 불과한 이주노동자들에게 한국 시민사회에 참여하거나 사회적, 정치적, 시민적 경험을 할 수 있는 기회를 제공하기보다는 귀환에 초점을 맞추고, 한국에서 번 돈을 자본 삼아 자국에서 더 나은 경제적 기회와 조건을 창출해 낼 것이라는 코리안 드림을 부추기며 사회적, 문화적, 정치적 욕구를 억압하고 있다.

하지만 이주노동자의 권리를 주장하며 한국의 다양한 시민사회를 경험하고 공적인 영역에서 참여했던 노동자들이 다수 존재했다. 이주노동자 공동체를 만들고, 노동조합을 통해 한국 시민사회의 자원을 활용하며 '우리도 여기에 당신들과 함께 존재하고 있음'을 끊임없이 드러내고자 했던 소위 이주노동자 운동가들이다. 열악한 노동 조건을 개선하고 인간으로서의 삶이 훼손당하지 않기 위해 인정투쟁을 벌여왔던 이주노동자들은 공동체를 조직하고, 조직화된 힘으로 시민사회에 의견을 개진했다. 한 네팔 공동체 대표는 한국에서의 생활이 참 신나고 좋았다고 회상한다.

"내가 회장이 되었을 때 어디 사람이 죽었다고 하면 거기 가고, 경찰들하고 얘기하고, 농성도 하고, 신문도 만들고, 네팔 가수를 불러서 축제도 열었어요. 한국 대학생들이랑 모임도 갖고, 수원, 성남, 부천, 안산에 있는 상담소들이랑도 다 왔다 갔다 했는데 하나도 안 힘들었어요. 내가 나이가 많아서 다 다이(형) 다이(형)하고. 그때는 잠도 잘 안 잤어요."

그들의 한국 생활 회고담은 온통 네팔 노동자를 위한 공적이며 사회적인 삶으로 가득 차 있다. 또 다른 활동가는 노동조합 활동과 집회, 농성을 하면서 민주노총, 호텔노조, 금속노조 등 각 지역 노동조합의 사람들을 만나고 노동자의 권리를 찾기 위한 정치적인 행위에 투신하면서 동료 노동자에 대한 책임감을 느끼고 노동자가 소외당하지 않는 세상을 만들기 위해서 무엇을 해야 하는지 많은 것을 생각하고, 배울 수 있었다고 회상했다. 이들 이주노동자 운동가들은 한국의 다양한 시민사회를 경험하고 공적인 기관과 협상하고 사회 자본을 구축하면서 사회적 연결망을 확대해 왔음을 삶의 가장 의미 있는 시간 중 하나로 기억하고 있었다.

준비된 귀환이든 준비되지 않은 귀환이든, 자국으로 다시 돌아가는 것은 그동안 한국에서 뿌리내린 삶이 다시 뿌리 뽑히는 과정이었다. 모국으로의 귀환은 이주국에서 가지지 못했던 법적인 시민권을 회복하고 정치적 논의 구조에 참여할 수 있는 귀속의 과정이지만, 한국과 같이 활동할 수 있는 장이 없는 모국은 사회적 존재로서의 삶이 상실되는 곳이었다. 한국에서 대표로, 위원장으로, 단장으로 호명되었다면 귀환 후에는 그저 한국에서 일하고 돌아온 수없이 많은 귀환 이주노동자 중 한 명에 불과해진 것이다.

> "집에 돌아와서 하루 종일 문을 잠그고 울었어요. 매일 한국 사람들의 전화를 기다리고, 인터넷에서 한국 뉴스만 검색했어요."
> "한국에서는 동지로 많은 사람들과 관계가 있었는데 여기에서는 그런 관계를 맺을 수 있는 사람이 없어요."

이 고백 속에서 공적이며 사회적인 삶을 상실한 공허함이 얼마나 컸는지 엿볼 수 있다.

귀환 이주노동자의 재정착은 이주의 중요한 과제 중 하나이다. 십수 년을 떨어져 살다가 돌아온 집은 안락하고 따뜻한 곳이 아니라 낯설고 불편한 곳일 때가 많았다. 어릴 때 두고 온 자녀는 이미 장성하여 더 이상 아버지 혹은 어머니의 돌봄을 요구하지 않는 나이가 되었고, 부재의 시간을 메워 줄 공통의 기억과 감정을 회복하는 것도 쉬운 일이 아니었다. 변화된 사회, 낙후된 정치, 비위생적인 환경, 무질서한 교통 등도 거슬리는 것들 중 하나이다. 그러나 무엇보다 가장 힘든 것은 경제적 능력이 상실되었다는 것, 경제적인 행위를 둘러싼 사회적 삶과 공간 모두가 상실되는 일이다. 이주노동으로 인해 벌어들인 수입은 대가족의 생계를 꾸리거나 겨우 작은 집 하나를 마련하는 정도에 불과한데 가족들의 씀씀이는 커져 버려 더 이상 가족의 경제적 욕구를 채울 수 없어 다시 이주노동을 선택하는 경우가 허다하다. 귀환 이주노동자들에 대한 국내 연구들도 '귀환 후 재정착에 실패하고 제3국행을 시도하는 경우가 대부분'이라고 결론을 짓고 있다.

하지만 귀환 후 돌아오고 싶은 좋은 공동체를 만들기 위한 노력이 있다. '큰일을 할 수는 없지만, 우리 공동체가 잘 되면 이주노동을 떠났던 사람들이 돌아올 것'이라는 믿음을 갖고 자신이 속한 공동체의 정치적 무관심과 냉소주의, 관료들의 부정부패에 저항하며 이주의 경험을 토대로 다양한 사회운동을 펼치는 귀환 이주활동가들이다. 이들은 한국의 노동자들과 연대하고 역동적인 시민사회를 목격하면서 '나도 우리 사회를 위해 무언가를 해야겠다'는 의지를 키우고, 귀환 후 농촌 계몽운동을 비롯하여 새마을운동, 교육운동, 지역개발운동, NGO운동, 협동조합운동 등 다양한 사회적 실천을 통해 공동체에 희망을 불어넣고 있다. 그러나 아쉽게도 이들의 활동에 대해서는 전해지거나 연구된 것이 거의 없다.

이 글은 여러 귀환 이주활동가 중 한국에서 노동조합운동에 참여했던 네팔 귀환노동자 샤말 타파와 그를 둘러싼 활동을 정리, 분석한 글이다. 31일간의 단식투쟁과 강도 높은 농성을 하면서 한국은 물론 네팔 노동운동 진영에게도 믿음과 신뢰를 얻었던 샤말 타파의 활동을 통해 귀환은 이주노동을 종결짓는 일이 아니라 초국적 연결망을 형성하고 연대를 통해 더 큰 공동체를 만드는 일이라는 것을 보여주고자 한다. 아울러 샤말의 경험을 통해 이주노동이 단지 노동력만 교환되어서는 안 되며, 이주노동자에게 시민사회에 참여할 수 있는 기회를 부여하는 것이 수많은 공적개발원조(ODA) 지원금을 투자하는 것보다 훨씬 효과적이라는 사실을 이해할 수 있을 것이다.

노조, 농성, 그리고 추방

샤말 타파는 한국에서 일한 경험이 있는 이주노동자이다. 대학을 졸업한 후 산업연수생 비자를 받아 한국에 왔다. 그의 나이 스무 살이었다. 공장에서 주·야간 2교대로 열심히 일했는데 월급의 절반을 송출회사가 가져가는 것을 보고 노예와 다를 바 없다는 생각이 들어 불법체류자의 길을 선택한 후 양계, 도금공장을 전전하며 일하다가 IMF 때 신문 배달을 시작했다. 신문 배달을 하던 중 무릎 뼈가 부러지고 인대가 끊어지는 사고를 당했다. 샤말 타파는 신문 보급소로부터 치료비와 보상금을 받지 못했지만, 그때까지만 해도 커뮤니티나 노동운동에 대해서 별 관심이 없었다. "남의 나라에 왔으니까 열심히 일하고 돈 벌어서 제 나라로 돌아가야지, 왜 남의 나라까지 와서 데모하는지 이해할 수 없었다"라는 게 당시 그의 생각이었다.

그 후에도 여러 차례 월급을 받지 못해 고생하다가 네팔 공동체를 알게 되어 도움을 받았고, 성공회대학교에서 실시한 이주노동자 리더십 프로그램에서 한국이 어떻게 식민지와 전쟁, 군부독재를 이겨내고 정치적 민주화와 경제적 성장을 이룩했는지 배운 후 고무되었다. 또한, 노동운동의 역사를 들으면서 투쟁 없이 아무것도 쟁취할 수 없음을 깨닫고 노동운동에 투신하게 된다.

"저는 정치의식도 없었고 그냥 돈 벌 생각밖에 없었어요. 돈을 벌어서 공부하려고요. 나는 오직 나를 위해서 가족을 위해서만 생각했어요."

그런 그가 "근로기준법을 준수하라, 내 죽음을 헛되이 하지 말라"는 전태일의 분신항거 투쟁을 들으며 '내가 아닌 우리 노동자'라는 외침에 전율을 느꼈다고 한다. 그 후 2002년에 민주노총 서울지역본부 산하의 평등노조 이주지부에 가입하여 고용허가제 제정을 반대하는 농성을 했고, 고용허가제가 제정된 후에는 사면에서 제외된 약 18만 명의 미등록 체류노동자의 '강제 추방 반대, 전원 합법화'를 요구하는 명동성당 농성의 단장을 맡았다. 농성 중 잠복해 있던 출입국관리소 직원에게 연행되어 보호소에 갇히자 31일간 단식 투쟁을 하다가 쓰러져 병원으로 이송된 뒤 추방되었다.

강제 추방된 후 그는 네팔 공산당 산하의 노동조합총연맹(The

General Federation of Nepalese Trade Unions)인 지펀드(GEFONT) 활동에 참여했다. "모든 이주자는 하나의 세계를 통째로 짊어지고 다닌다"라고 표현한 네그리(Antonio Negri)의 말처럼 한국에서 경험한 세계를 짊어지고 네팔로 돌아왔다. 한국으로부터 짊어지고 온 세계를 펼쳐 놓은 곳은 가난한 노동자를 위해 일하는 노동조합 지펀드였다. 하지만 노동조합이 처음부터 귀환 이주노동자를 환영한 것은 아니었다. "나는 한국에서 돈을 벌어 가지고 오면 다시는 노동자가 아니고 사업을 할 수 있는 사람이라고 생각해요. 그들은 더는 노동자로 권리나 투쟁에 참여하지 않아요"라는 지펀드 간부의 진술에서 알 수 있듯, 사회주의 혁명을 꿈꾸는 노동조합은 이주노동을 떠나는 것 자체를 반대해 왔다. 노동조합 간부와 조합원들이 이주노동을 떠나면서 조직력과 운동력이 약화되고, 이주노동을 마친 후 다시 투쟁 현장으로 돌아오지 않은 노동자로 인해 노동조합의 공백이 컸기 때문이다. 그러나 이주노동 자체를 달가워하지 않는 지펀드에서 이주노동자 보호의 책임을 부여하고 이주노동자 보호를 위한 정책 마련 및 국제 연대를 끌어낸 것은 한국에서 귀환한 이주노동자들이었고 샤말 타파의 헌신적인 노력이 가장 컸다.

물론 사회적 변화도 있었다. 해외 노동인구가 400만 명에 이르고 송출 비리와 목적국에서의 빈번한 노동 착취, 여성 노동자에 대한 성희롱·성폭력 사건이 사회 문제로 주목받자 노동조합도 더는 이주노동의 문제를 간과할 수만은 없었다. 그런 상황에서 한국에서 이주노동자 노동조합운동과 농성을 이끌었던 그의 경험은 매우 소중했고 삶 자체가 생생한 교육 자료가 됐다. 그는 해외 이주를 희망하는 노동자들에게 출국 전 주의사항과 노동하는 중 발생할 수 있는 위험 요소들, 문제 발생 시 처리 방법, 송금과 저축 계획 등 이주에 관한 전 과정을 준비하고 설계할 수 있도록 교육했다. 무엇보다 생명과 안전한 귀환을 위해 목적국에 있는 이주노동자 조직에 가입하고 반드시 목적국의 시민사회단체나 노동조합과 연대하여, 보호받을 것을 당부했다. 노동조합의 조합원 중 신뢰할 만하고 책임감 있는 사람이 있으면 목적국의 조직에 들어가서 활동하고, 없으면 조직을 만들어 활동할 것을 독려했다. 조직화를 위한 리더십 교육은 그가 공들여 진행한 교육이었다. 한국에서 네팔 노동자들이 어떻게 조직을 만들어 활동했고 투쟁했으며 어떤 성과를 이뤄냈는지에 대한 경험담은, 산업이 발달하지 않아서 조직화된 노동조합이 드물고, 정규직보다는 비정규 노동자가 많아서 조직 구성에 훈련을 받지 못한 예비 이주노동자에게 매우 유용했다.

샤말 타파는 이주국에서 조직을 구성했다는 연락을 받으면, 그 나라를 방문하여 네팔 노동자들과 간담회를 하고 현지의 노동 실태와 조직 상황을 청취하며 모국의 노동조합이 연대하고 있다는 것을 각인시켜 주었다. 말레이시아를 방문했을 때는 노동조합총연맹(노총)을 방문하여 한국의 민주노총처럼 이주노동자를 위한 노동조합을 만들고, 이주노동자의 노동권을 보호해 달라고 요청했다. 한국의 민주노총이 이주노동자 노동조합을 설립한 사례는 타국의 노총에 책무를 부여하는 데 설득력이 있었다. 말레이시아 노총도 이주노동자 노동조합을 만들어 노동권 보호를 위한 사업을 시작하였고, 바레인, 요르단, 쿠웨이트, 레바논의 노동조합과도 연대를 맺고 있다. 샤말 타파는 교육과 조직뿐만 아니라 정책 개선 운동에도 참여했다. 지펀드의 변호사들과 함께 '포린 액트(Foreign Act) 2007'을 만드는 일에 합류하여 민간 인력 송출회사의 책무를 강화하는 규정을 만들고 이주 단계에서부터 귀환에 이르기까지의 전 과정을 정부가 관리하고 보호할 수 있도록 방안을 제시했다. 민간 송출 업체들의 업체 등록비를 50만 루피(한화 약 466만 원)에서 300만 루피(한화 약 2,800만 원)로 상향 조정하여 송출 업체에 의해 불이익을 당하였을 때 적립금에서 보상할 수 있도록 개선안을 마련한 것은 이주노동자로 피해를 본 자신과 동료의 경험을 반영한 구체적인 결과물이었다. 또한, 피해를 수집 조사, 판결할 수 있는 구조를 수립하고 개별 사건에 대해 판결을 내려서 가해자를 처벌할 수 있는 심판위원회를 만든 법률 지원 시스템[1] 역시 정책 개선의 큰 성과이다.

한국의 고용허가제도는 직업선택의 자유와 노동권을 침해한다는 비판에도 불구하고 국가와 국가 간 MOU를 체결하여 브로커의

---

1   김경학 · 신지원 · 이기연 · 신난딩 · 박경환, 「이주국가의 부상」, 《한국사진지리학회》, 30, 2020, 82쪽.

개입 없이 공정한 절차를 통해 해외에 나갈 수 있는 가장 긍정적
인 사례로 평가되고 있어서 한국의 상황은 더 이상 주요한 과제
가 되지 못했다. 네팔 노동조합총연맹에서 그가 담당했던 역할도
말레이시아, 카타르, 쿠웨이트 등 중동 지역에서 활동하다 귀환
한 노동자들이 대신 맡게 되었다. 한편으로 샤말 타파는 끊임없
이 해외로 떠나는 네팔 노동자의 행렬을 보면서 이주노동의 문제
를 지원하고 해결책을 마련하는 것보다 '이주노동을 하지 않아도
되는 사회'를 만드는 것이 더 근본적인 해결책이라고 생각하게 되
었다. '이주노동 없는 사회'를 위한 그의 고민은 서로 협력하여 좋
은 일자리를 만들고 이익을 함께 공유하는 협동조합운동으로 옮겨
갔다.

귀환 이주노동자들의 플랫폼으로: 에커타 신용협동조합

'에커타(Ekata)'라는 뜻은 '우리'라는 뜻이다. 에커타의 창립자
샤말 타파는 한국에서 사용하는 우리라는 단어에 크게 고무되었
다. 우리 집, 우리 학교, 우리 마을, 우리 회사, 우리나라라는 공동
체성을 강조하는 '우리'라는 단어는 내집단에 대한 책임감과 연대
의식이 함축된 단어이기 때문이다. 한국과 같이 집단적 동질성이
강한 사회는 내집단에 충성심을 강요하고 외집단에는 배타적인 태
도를 보이며 다문화를 수용하지 못하고 국가를 혈연 공동체로 상

상하게 한다[2]는 비판을 받지만, 카스트제도라는 계급의식 및 차별이 존재하고 60개가 넘는 민족이 서로 모래알처럼 흩어져 갈등하고 있는 네팔 사회에 '우리'라는 단어는 비판적 시각마저도 부러운 요소였다. 네팔의 시민 공동체를 이루고 싶은 샤말 타파의 열망이 담긴 '우리'는 여럿이 함께 모여 공동으로 소유하고, 공동으로 통제하며, 공동으로 이익을 배분하는 에커타 협동조합운동으로 나타났다.

네팔은 1996년 마오주의 공산당이 벌인 내전으로 인해 10년간 정치, 경제, 사회적으로 엄청난 격변을 겪었다. 통행금지와 파업, 폭동으로 인해 도시가 고립되고 교통이 마비되었으며 경제는 파탄 지경에 이르렀다. 인구의 1/3이 절대 빈곤선으로 떨어졌고, 2002년에는 49%라는 살인적 실업률을 기록했다. 이에 네팔 정부는 2002년에서 2007년 사이에 최대 55만 명의 청년을 해외에 파견하여 국민소득을 증가시키겠다는 계획을 세우고, 경제적, 지리적으로 혜택을 받지 못한 계급을 위해 '이주 대출금'을 제공하면서 노동 이주를 적극적으로 장려했다.[3] 그 결과 2007년 400만 명이 해외로 이주노동을 떠났고 송금액도 크게 증가했다. 2010년, 2011년 25억 400만 달러였던 송금액이 2018년, 2019년 87억 9,000만 달러로 늘

---

2 장한업, 『차별의 언어』(아날로그(글담), 2018), 13-14쪽.
3 Nepal Migration Report 2020, https://moless.gov.np/wp-content/uploads/2020/03/Migration-Report-2020-English.pdf(검색일: 2020. 9. 25.)

어 네팔 국내 총생산량(GDP)의 25% 이상을 차지했고,[4] 최고치를 경신한 2017년에는 GDP의 34%까지 이르렀다. 이러한 변화를 목격한 네팔인들은 해외 노동을 통한 송금은 가족의 생계를 보장하고 보다 나은 조건으로 자녀를 교육하며 목돈을 마련하는 유일한 탈출구로 여기게 되었다.

그러나 2008년에서 2017년까지 29개 목적국에서 5,982명의 네팔 이주노동자가 사망했다. 말레이시아에서만 423명이 '청장년 급사증후군'으로 사망했고 열악한 노동 환경과 장시간 노동, 높은 기온으로 인한 탈수 현상으로 생명을 잃거나 건강에 위협을 받았다.[5] 2010년 12월부터 2020년까지 카타르에서 1,641명의 노동자가 50도가 넘는 더위 속에서 일하다가 사망하였고,[6] 한국에서도 20명이 넘는 네팔 노동자가 자살하는 등 이주노동으로 인한 생명 손실로 가족과 이웃의 고통은 해마다 증가했다.

그런데도 해외 송금은 빈곤을 줄이고 가계와 지역사회의 경제적 안정을 가져다주며 장기적으로 자본 생산비율을 증가시키는

---

4 Nepal Migration Report 2020, https://moless.gov.np/wp-content/uploads/2020/03/Migration-Report-2020-English.pdf(검색일: 2020. 9. 25.)

5 Nav Raj Simkhada, *"Innovations in Nepal's Microfinance Sector and Benefits for Asia A Case study of four savings and credit cooperative societies operating in the hills of Nepal"* (Centre for Microfinance and the Foundation for Development Cooperation, 2004), p. 798.

6 최현준, 「카타르, 월드컵 개최 결정 이후 이주노동자 6700명 숨졌다」, 《한겨레》, 2021. 02. 24.

열쇠로 여겨졌다. 특히 네팔같이 신자유주의 이후 공적개발원조(ODA) 기금이 점차 줄어든 상황에서 송금은 내생적 혁신을 일으키기 위한 유일한 동력이 됐다. 경제학자들도 송금이 소비나 주택 구매, 기타 투자에 활용되더라도 다른 상품과 서비스에 대한 수요를 자극해 경제에 긍정적인 영향을 미치게 될 거라고 주장하며[7] 이주노동을 독려했다. 반면 송금에 대한 부정적인 관점도 있었다. 송금이 생산적인 부분에 투자되는 것이 아니라 부동산이나 금과 같은 소비와 비생산적인 부분에 사용되고 송금받는 사람에 대한 의존도를 증가시켜 지속가능한 경제성장에 이바지하지 못한다는 평가이다. 지난 10년간의 내전으로 인해 안정적인 전기 공급과 교통, 통신 등의 기반 시설이 붕괴하여 투자하고 싶어도 투자할 만한 중소산업을 찾지 못한 자금은 생산 부문보다 토지나 주택 구매와 같은 위험이 적은 곳에 투자되고 있다. 이는 곧 지가와 주택 가격을 상승시켜 인플레이션과 임금 인상, 내수 산업의 위축을 초래했고[8] 다시 더 많은 사람을 해외 노동으로 내몰았다.

이주노동자들이 돌아와 머물 수 있는 플랫폼을 만들겠다는 목표 아래 샤말 타파는, 이주노동과 해외 송금이 일정 정도 사회에 이바지하는 바를 인정하면서 이를 다시 내생적 자원으로 환원하겠

---

7 Bhubanesh Pant, "*Remittance Inflows to Nepal: Economic Impact and Policy Options*" (*NRB Economic Review* vol 18, 2006), p. 25.

8 Binita Bhattaral, "*Booming Remittance and Stagnated Economy: Case Analysis of Nepal*" (Prashsan The Nepalese Journal of Public Administration, 2012), p. 150.

다는 목표를 가지고, 사람을 불러 모았다. 한국에서 함께 일을 했던 산업연수생 친구들, 이주노동자 센터에서 만난 형, 이주노동을 다녀왔거나 이주노동자 가족을 둔 친구와 친척 65명이 출자금을 내놓았다. 이주노동으로 더는 존엄성이 짓밟히지 않고, 노동하는 도구로 전락하지 않으며, 이주로 인한 가족의 해체로 고통당하지 않는 사회를 '우리' '다 같이' 만들어야 할 필요성을 누구보다 잘 아는 사람들이었다.

샤말 타파는 이주노동을 떠나는 사람들에게 예비교육을 시행하면서 신용협동조합 운동에 관해 구체적인 구상을 시작했다. 이주노동을 떠나기 전부터 가용 예산이 얼마인지, 금융 서비스를 얼마나 받을 수 있는지, 이주국에서 벌 수 있는 수입은 얼마인지 등을 계산하여 가정 경제의 지출 규모와 예상 가능한 저축액을 미리 책정하고, 이를 바탕으로 화폐를 효율적으로 관리해야 귀환 후 안정적으로 정착할 수 있기 때문이다. 만일 이주노동자들이 신용협동조합에 정기적으로 송금한다면, 이를 재생산 비용으로 삼아 더 많은 산업에 투자하고 이를 통해 고용을 촉진할 뿐만 아니라, 귀환 후에는 저축한 돈에 대출을 추가해 가게나 자영업을 하는 데 도움을 줄 수 있을 것으로 생각했다. 더불어 신용협동조합의 조합원들과 교류하며 사회연결망을 형성하게 된다면 해외 노동으로 인해 단절된 사회 관계를 회복하고 더는 이주노동을 떠나지 않고 정착할 수 있으리라 믿었다.

하지만 재정착을 위한 플랫폼으로서의 신용협동조합은 애초 설립 목표와 달리 귀환한 이주노동자들의 종착역으로 기능하지 못했다. 가족들은 송금을 생활비나 주거비용, 자녀들 사립학교 비용으로 지출하여 송금은 저축으로 이어지지 못했다. 예전에는 5천 루피(약 46,400원)의 월세로 살다가 돈이 들어오면서 1만 루피(약 93,000원)의 좋은 집으로 옮겨가고, 한 달 생활비로 1만 루피를 쓰다가 2만 루피, 3만 루피로, 송금액만큼 소비해 버렸다고 한다. 귀환 후 가족의 커진 소비 규모를 충당할 수 없어지면 다시 해외 노동을 떠났고, 자영업이나 소규모 사업이 자리 잡는 데 걸리는 4-5년의 세월을 견디지 못해 다시 이주노동을 떠나기도 했다. 취약한 사회연결망을 가진 이주노동자 혼자서 그 시간을 버티는 것은 쉬운 일이 아니었다.

반면에 일반인을 대상으로 한 여신 업무는 성공적이었다. 67명에서 시작한 조합원이 2020년, 5천 명을 넘어섰다. 시장 상인들은 은행보다 높은 이자와 마케터(marketer)들의 방문으로 그날그날 번 돈을 편하게 예치시킬 수 있었고, 필요할 때마다 어렵지 않게 대출을 받을 수 있어서 협동조합 이용을 선호했다. 2018년 네팔 정부가 우후죽순으로 생겨난 신용협동조합들을 관리 감독할 수 있도록 법을 개정하고 카트만두의 1,856개 신협을 700개로 통폐합하는 절차를 추진 중인데, 에커타 신용조합은 통폐합 대상에서 제외될 정도의 규모를 갖추었고 타 신용협동조합보다 1-2% 낮은 대출 이자율과 자본금으로 안정적 위치를 확보하고 있다. 네팔 사회에서 약한 사회연결망을 가졌던 귀환 이주노동자에게 있어서 과히 대단한 성과를 거두었다고 볼 수 있다.

마이크로 크레디트 사업의 시작

이주노동자의 송금을 예치해서 귀환 후 재정착을 돕겠다는 계획이 좌절된 에커타는 여성의 자립을 위한 마이크로 크레디트를 강화하는 것으로 사업 방향을 선회했다. 남성들이 이주노동을 떠나자 여성들의 경제 활동 기회가 증가했고, 여성들의 경제 활동 기회와 욕구가 커지면서 마이크로 크레디트를 요구하는 수요도 늘기 시작했다. 하지만 무엇보다 에커타의 주요 관심은 귀환 후 재정착이다. 만일 여성이 마이크로 크레디트로 자영업이나 농업 활동을 하면서 가정 경제를 책임지고 남편의 해외 송금을 저축한다면 목돈을 마련할 수 있으며 남편이 돌아온 후에는 여성이 하는 사업을 함께 하거나 더 투자해서 이주노동을 떠나지 않아도 될 것이라고 기대했다. 신용협동조합과 달리 담보나 신원보증 없이도 쉽게 대출을 받아 경제 활동을 할 수 있는 마이크로 크레디트는 아무런 조건 없이 여성들이 경제 활동을 할 수 있도록 독려한다. 저축, 대출을 중심으로 한 신용협동조합 사업에서 조직화를 중심으로 한 마이크로 크레디트 사업은 그동안 샤말 타파가 해왔던 이주운동 조직화 사업의 연장선이었으며, 그가 꿈꿨던 네팔 사회의 시민 의식과 공동체에 대한 소속감을 키우는 일이었다.

에커타의 마이크로 크레디트는 신용협동조합의 출자금으로 시작하여 2020년 1,200명의 여성이 이용하고 있다. 운영 방식은 그라민 은행[9]같이 구성원들이 채무를 나누어지는 연대 보증 제도이다. 구성원들이 대출금을 잘 갚으며 자립에 성공할 수 있도록 서로 지원하고 협력하도록 이끌고자 하는 것이 마이크로 크레디트의 의도이다. 신자유주의로 인한 무한 경쟁, 능력주의로 소외되고 개인화된 사회 시스템을 공동체로 바꾸기 위한 운동의 일환이라고 할 수 있다.

9 1976년 방글라데시 그라민 은행(Grameen Bank)의 무하마드 유누스(Muhammad Yunus) 총재가 빈민 42명에게 27달러를 빌려주면서 시작한 마이크로 크레디트는 개인 차원에서는 빈곤에서 벗어나고, 국가 차원에서는 수입, 투자 저축을 통해 국가 내에서 순환되는 현금의 흐름을 활성화하여 GDP를 높이는 효과가 있다고 평가받으며 자본주의가 낳은 빈곤 문제를 극복하는 하나의 대안으로 부상했다. 더욱이 2006년 노벨 평화상을 받으며 마이크로 크레디트의 성과가 크게 평가되고 있지만, 마이크로 크레디트 제공을 받은 여성이 이자를 연체할 경우 망신을 주는 다양한 수단이 동원되고, '집요한 협박'이 이뤄지고 있다. 라미아 카림은 『가난을 팝니다』에서 "그라민 은행을 대표로 하는 마이크로파이낸스 기관은 빈민을 상대로 자본주의의 이윤을 확대할 뿐이며 자본주의의 대안은커녕 빈곤의 악순환을 더 가속화하는 역할을 해왔다"고 단언한다. 에커타가 극빈층보다 중간 빈곤층에 대한 지원 비율을 높이는 이유도 바로 대출금 상환 가능성 때문이다. 극빈층의 경우 재생산을 위한 사업에 투자하지 못하고 당장 생존에 필요한 식료품비, 주거비, 의료비 등을 사들이는 데 소비하여 자립을 위한 운동이 오히려 자립을 가로막는 요소로 작용할 수 있기 때문이다. 만일 대출금을 갚지 못한 사람이 늘어나면 다른 구성원들과 갈등과 반목을 일으켜 공동체 운동이 붕괴되는 동시에 마이크로 크레디트 자금을 지원하는 신용협동조합까지 모두 위태로워질 수 있다는 것이 샤말 타파의 설명이다.

에커타에서 처음 마이크로 크레디트를 신청한 사람들은 귀환 후 그가 일한 노동조합 지펀드의 여성 조합원들이다. 여성 건설노동자들은 바구니로 무거운 돌을 운반하고, 망치로 벽돌을 깨고 그것을 다시 이겨 벽돌을 구워내는 일을 하다가 마이크로 크레디트로 소와 말을 구매하여 운반의 수고를 덜었고 후에는 바닥 타일이나 대리석 가공하는 기계를 사들여 노동 생산성과 가치를 향상시켰다. 샤말 타파는 "마이크로 크레디트는 건설노동자들에게 더 나은 수입을 가져다줬을 뿐만 아니라 잦은 근골격계 질환을 감소시켜 노동자 건강까지 개선한 좋은 사례"라고 강조한다. 한국에서 노동자로 일하다 재해를 당한 경험이 있고, 수많은 이주노동자의 부상과 장애, 죽음을 보아온 샤말 타파에게 있어서 마이크로 크레디트 기금이 노동자의 처우를 개선하는 데 사용된 것은 의미 있는 성과 중 하나였다. 그 외 마이크로 크레디트로 대출받은 여성들은 새끼 돼지나 병아리를 구입한 후 길러서 팔거나, 조그만 밭을 빌려 채소를 재배하고 길거리에 노점을 여는 등 다양한 방법으로 경제 자립을 시도했다. 무엇보다 에커타의 목표대로 여성들이 경제 활동을 하고 있으면 이주노동에서 돌아온 남편들이 여성의 일에 합류하여 다시 이주노동을 떠나지 않고 같이 네팔에 머물러 있는 경우가 많았다. 또한 마이크로 크레디트는 여성들에게 많은 기회를 제공하고 변화를 가져오게 했으며 여성의 사회적 위상을 높이고 자신감을 갖게 하는 데 기여했다. 처음엔 쭈뼛쭈뼛 말을 못하던 여성들이 시간이 지나면서 요구 사항과 개선 사항, 사업계획을 구체적으로 세우면서 사업을 이끌어 갔다. 에커타 마이크로 크레디트의 모든 운영자와 참여자가 여성이며, 신용협동조합의 이사장과 12명의 이사 중 8명이 여성이다. 직원의 2/3가 여성인 것도 에커타 협동조합의 특징 중 하나이다.

여성에게 마이크로 크레디트를 제공한다고 해서 당장 자립 역량을 기대하기 어려웠다. 네팔 여성의 2/3가 문해 능력이 없으며 평생 교육이나 건강관리, 직업을 가져본 경험이 없어서 대출을 제공한다고 해서 여성의 경제적 자립으로 이어지는 게 아니다. 에커타가 실시한 마이크로 크레디트 회원에 대한 설문 조사에서도 직업교육과 훈련을 요구한 응답이 가장 많았다. 여성을 위한 교육과 훈련을 제공하는 패키지 프로그램을 마련하여 더 안전하고 수익성 있는 투자를 할 수 있도록 지원해 주어야 할 상황에 직면한 것이다. 그러나 조합원 5천 명 정도의 소규모 신용협동조합에서 이들 여성을 위한 무상교육센터를 세우고 교육을 지원하는 자금을 확보하는 일은 쉬운 일이 아니었다.

아시아 빈곤 여성의 꿈을 잇는 한국 NGO 단체와 에커타와의 만남

샤말 타파는 한국에서 노동조합 활동과 농성을 하면서 형성한 사회자본을 통해 가난한 네팔 여성의 경제적 자립과 가부장적 권력으로부터 자유로운 삶을 지원하고자 하는 한국의 여성 NGO 단체와 만났다. 많은 저개발국가의 NGO들이 사업은 하지 않고 잘 정리된 서류만으로 사업을 포장하는 터라, 한국에서 활동하면서 신뢰가 검증되고 영어를 사용하지 않아도 의사소통이 가능한 귀환 이주활동가 샤말 타파는 한국 NGO에게 좋은 파트너였다.

아시아 여성의 자립을 지원하는 한국 NGO 단체와의 첫 사업은 여성들을 위한 봉제 교육이었다. 거의 모든 국제 NGO 단체들은 저개발국가 여성의 경제적 자립을 위해 봉제 교육을 하고 있는데, 이는 재봉틀 하나만 있으면 여성들이 가게를 차리거나 집에서도 비교적 쉽게 경제적 자립을 이룰 수 있으리라는 기대 때문이다. 봉제 교육은 총 10개월 코스로 6개월의 기본 교육과 4개월의 고급 프로그램이 제공된다. 기본 교육과정에서는 재봉틀 사용법과 다양한 박음질 방법, 지퍼 달기와 같은 기술을 배우고, 고급 과정에서는 옷을 만드는 패턴기술과 재단하는 법을 배운다. 그러나 10개월 배운 기술로 작은 가게를 열거나 취업할 만큼의 기술을 습득하기 어려웠고 기대했던 것만큼 창업에 성공하지 못했다. 계속된 연습과 실무 능력을 갖추어야 하는데 그런 기회를 쉽게 찾기 어려웠다. 이에 에커타는 교육생에게 체계적인 훈련을 제공하기 위해 봉제공장을 설립했다. 교육생들은 전문 기술자의 지도를 받으며 옷 패턴을 만들고 제작하는 방법을 배웠다. 교육생들이 만든 상품은 로컬 상점에 판매하거나 가방이나 코르사주(corsage)와 같은 소품은 한국에서 이주노동자 운동을 하면서 만난 활동가들에게 납품하여 수익을 올렸다. 이런 과정을 통해 기술과 디자인을 향상하여 약 15%

가 창업 중이다. 그러나 인도와 중국으로부터 수입되는 값싼 의류품과 선진국에서 버려진 옷들까지 시장을 점유하고 있어서 주문제작 방식으로 생산되는 에커타의 봉제공장은 경쟁을 견디기 힘들었다. 또한, 동일 사업에 대해 3년간 지원한다는 한국의 NGO 단체의 방침에 의해 봉제 교육은 중단되었고 현재 봉제공장은 7-10명 정도의 여성 노동자들에 의해 운영되고 있다.

봉제 교육에 이어 2015년부터 제과 제빵 교육 과정이 다시 문을 열었다. 관광객이 증가하면서 다양한 국가의 음식점이 문을 열었고, 네팔 전통 음식 대신 빵을 먹는 인구가 증가하면서 네팔에는 식생활의 변화가 일어나기 시작했다. 더욱이 해외 송금으로 가정의 씀씀이가 커져 생일이나 결혼식을 기념하여 케이크를 찾는 수요가 증가하였으나 제과 제빵 기술자가 부족했다. 이런 변화에 따라 봉제 교육은 제빵 교육으로 전환되었고 예상대로 반응이 좋았다. 교육은 총 9개월로 초급 3개월 중급 3개월 과정을 거친 후 성평등 의식 교육을 기반으로 직업훈련 교육 워크숍이 3개월간 진행된다. 교육은 제과 제빵 실습뿐만 아니라 여성의 의식 변화와 역량 강화에 중점을 두고 있으며, 이 프로그램은 한국 NGO 단체가 주관했다. 제빵의 실무 능력과 재료 납품 방법, 재고관리, 회계 정리 등 운영에 필요한 사항을 훈련하기 위해 베이커리를 겸한 카페 2개소를 개점했다. 품질 향상을 위해 네팔의 5성급 호텔 제빵사를 청빙하였으며 한국에서도 제빵사를 파견하여 네팔에서 쉽게 구할 수 있는 재료를 이용해 다양한 메뉴를 개발하였다. 창업을 희망하

'디디 빵 공장 협동조합'에서 빵을 만들고 있는 직원들.

는 사람에게는 베이커리를 개점할 장소, 실내 장식, 메뉴, 가격 책정 등을 자문해 주고 개점 후에는 물품관리, 재고관리, 회계관리, 판매, 서비스관리와 같은 운영 전반에 대한 컨설팅을 제공했다. 그 결과 2020년 베이커리의 취·창업률은 50%에 이르며 이 중 9명이 개인 베이커리를 오픈하는 성과를 거두었다.

관점의 충돌

그러나 교육생 선발 과정에 있어서 한국 NGO 단체와 에커타

간의 견해 차이가 발생했다. 한국 NGO 단체는 가정폭력과 인신매매 피해자들, 미혼모, 한부모 가족과 같이 경제적 사정이 어려운 극빈층 여성을 우선 지원해야 한다고 생각했다. 여성단체에 의뢰하여 쉼터에 거주하거나 상담받는 여성을 추천받아 인터뷰하고 여성이 처한 사회경제적 상황을 고려하여 교육생을 선발했다. 취약계층 여성들에게 교육은 교류하고 협력할 수 있는 사회적 삶의 공간을 갖는 것이고, 취업과 창업이라는 경제적 자립을 꿈꾸며 자존감을 회복하는 일이라고 생각했기 때문이다. 그러나 에커타는 교육이수 후 창업할 경제력이 있는 중위층 여성을 교육해 고용을 창출하는 것이 더 효과적인 일이라고 주장한다. 창업하려면 적어도 1천만원 정도의 자금이 필요한데 빈곤층 여성은 창업 자금을 마련하기어려워 여성 개인의 경제적 자립에는 도움이 되겠지만 고용을 크게 늘리지는 못한다는 견해다. 빈곤 여성의 역량 강화가 먼저냐 일자리 창출이 먼저냐의 대립이었다. 절충 지점을 찾아 빈곤층 여성과 중간층 여성을 반반 선발했지만, 사업 목표와 대상에 뚜렷한 균열이 나타난 지점이다.

한편 창업을 희망하면 총 300만 원을 대출받을 수 있는데 100만원은 한국 NGO 단체가 무상으로 지원하고 200만 원은 마이크로크레디트에서 대출해 준다. 대출금은 창업 1년 후부터 원금과 이자를 조금씩 상환해야 한다. 그러나 한국 NGO 단체는 여성들이 편하게 대출금을 갚을 수 있도록 기간을 연장해 주어야 한다는 의견이다. 자립하는 데 1년이 걸릴 수도 있고 2년이 걸릴 수도 있는데 2년 되는 해부터 원금과 이자 상환을 요구하는 것은 무리이며, 설사 대출금을 못 갚는다고 법 집행을 한다면 그것은 가난한 네팔 여성의 자립을 지원하는 가치에도 맞지 않는 일이라고 반대한다. 못 갚은 대출금은 한국 NGO 단체가 창업 기금으로 투자한 것으로 상쇄할 수 있으니 에커타가 크게 손해 보는 일이 없을 거라는 해석이다. 반면 에커타는 2년 안에 자립할 수 있도록 압박감이 필요하다는 입장이다. 더욱이 네팔에서는 해외 NGO 단체가 주는 돈은 갚지 않아도 된다고 생각하고 있어서 가능한 돈을 갚지 않으려고 하므로 1년 후부터 원금과 이자를 조금씩이라도 상환하게 해야지 길게 말미를 준다면 대출금 상환이 어려워진다고 한다. 더욱이 대출금을 갚지 않아도 된다는 게 선례로 남으면 앞으로 마이크로 크레디트 사업에 큰 지장을 초래할 수 있다는 것이 에커타의 설명이다.

가난한 네팔 여성을 위해 먼 나라에 가서 봉사활동을 하는 한국인 활동가는 따뜻한 연민과 우애의 시선으로 네팔 여성들이 자립할 수 있도록 끝까지 기다리고 지원해야 한다고 생각한다. 주눅 들고 상처받고 무시받아 온 가난한 여성들이 경제적 자립을 위해 교육을 신청하는 것만으로도 엄청난 용기이고 도전이라고 생각하기 때문이다. 네팔과 같이 오랜 기간 지속되어 온 전통적 사회 규범이 강한 사회에서 자신의 권리가 무엇인지 배우고 주장할 수 있게 되는 것 자체가 진정한 자립일 것이다. 반면 현지 활동가는 지속할 수 있도록 이끌고 다그치는 것 자체가 교육이라고 생각한다. 이런 생각은 샤말 타파의 생각은 아니다. 1994년 산업재해 농성에 참여했던 귀환노동자는 '네팔이 변화하려면 경제개혁보다 나태, 무지, 불신과 같은 것이 척결되는 정신개혁이 일어나야 한다'라고 주장하며 네팔 사람들의 무질서와 게으름, 부정직을 질타했다. 샤말 타파 역시 네팔 사람에게 산업사회가 갖는 시간 약속과 약속에 대한 책임, 부지런한 태도가 필요하다고 생각하며 마이크로 크레디트 회원들에게도 그와 같은 실천을 요구하고 있었다.

에커타는 한국 NGO 단체와 공동으로 진행하는 창업지원금 이자율을 5%로 책정했다. 에커타 마이크로 크레디트의 16% 이율로 인해 가난한 여성들이 자립하는 데 어려움을 겪지 않도록 하자는 한국 NGO 단체의 제안으로 특별 대출제도를 마련한 것이다. 한국 NGO는 신용협동조합 이율 12%보다 더 높은 16% 이율을 마이크로 크레디트 여성에게 부과하는 것에 대해 부정적이다. 하지만 에커타는 상업은행, NGO 은행, 개발은행의 이율 17-18%에 비하면 낮은 편이며, 매월 이자와 원금을 갚아 나가기 때문에 실제 금리는 12% 정도라고 설명한다. 만일 금리가 낮을 경우, 사람들이 돈을 은행에 예치하기보다 주택이나 토지 등의 부동산을 매입하는 데 사용하기 때문에 현재 금리는 네팔 현실에 적합한 금리라고 강조한다. 금리는 협동조합 조합원 총회에서 결정되며 마이크로 크레디트 여성들도 협동조합의 조합원으로 총회를 통해 발언하고 의결권을 행사하여 부당하게 이율이 결정된 것은 아니라고 한다.

한국 NGO 단체와 에커타의 협력적 파트너십은 현재 진행형이다. 한국 NGO가 여성의 자립에 중점을 둔다면, 에커타는 좋은 일자리를 마련하는 것을 더 중요하게 여긴다. 한국 NGO의 최우선 과제가 여성의 취·창업이라면 에커타는 더 많은 사람이 고용될 수 있는 사업의 확장이다. 한국 NGO는 '기다림을 통한 역량 강화'를, 에커타는 '책임과 의무를 강조하는 역량 강화'를 주장한다. 노벨 경제학 수상자이자 가난한 나라의 경제를 주로 다루는 앵거스 디턴(Angus Stewart Deaton)은 원조를 이유로 여러 조건을 걸어서 오히려 원조받는 쪽이 스스로 자립할 기회를 제한하는 경우가 많아 원조가 오히려 더 해를 끼칠 때가 있다고 주장하며, 원조 기금이 사용되는 사업을 직접적으로 경험하고 판단할 위치에 있는 사람은 기부자가 아니라 그 수혜국 지역의 사람이 되어야 한다[10]고 강조한다. 앵거스 디턴의 견해는 두 기관의 갈등을 좁혀가는 과정에 있어서 중요한 판단 기준이 될 것이다.

원조를 넘어 협동조합 운동으로

네팔에서는 국제원조가 빈곤을 완화하고 가난한 사람들의 역량을 강화하는 데 상당한 도움이 되지만 자원이 효율적으로 사용되지 않으면 부패가 확산한다는 비판이 있었다. 게다가 많은 기부자는 무능하고 부패한 정부와 손을 잡고 정책을 비효율적으로 운영

---

10 앵거스 디턴, 최윤희, 이현정 옮김, 『위대한 탈출』(한국경제신문, 2015), 326쪽.

하며 시민의 의견을 수렴하기보다는 기부자들의 눈치를 보며 민주주의를 약화시킨다는 것이 네팔의 전 재무부 장관을 지낸 데벤드라 라즈 판디(Devendra Raj Panday)의 평가였다. 시민들 사이에서도 해외 NGO를 바라보는 시각은 부정적이다. 사람들은 해외 NGO의 무료 교육, 무료 지원금을 당연하게 생각하게 되면 향후 사업을 계획하는 데 걸림돌이 될 뿐만 아니라 해외 NGO와 협력하고 있는 현지 단체를 NGO 브로커쯤으로 여기는 경우가 많다. 국제 NGO가 가난한 사람들에게 오히려 의존성을 키워준다는 비판도 적지 않다. 지역 공동체에 뿌리를 내리지 못한 NGO는 해외 NGO의 지원이 중단되면 동시에 모든 사업이 중단되기 때문에 현지 NGO가 얼마나 조직력을 가지고 지역 공동체 사업으로 이끌어 갈 역량이 있느냐는 협력 사업 파트너를 결정하는데 중요한 요소이다. 현지 NGO 역시 파트너십을 갖는 해외 NGO가 일회성의 과시적 사업을 하는 것이 아니라 얼마나 지속가능한 사업을 위한 토대를 구축하느냐도 주된 고려사항이다.

"아주 좋은 사업을 시작해도 오랫동안 유지하지 못하면 소용없어요. 그래서 로드맵 같은 거 만들었어요. 한국에서 지원이 끊겨도 우리가 스스로 잘 운영할 수 있도록 미리 생각하면서 사업을 해야 해요."(샤말 타파의 2020년 인터뷰)

에커타는 봉제 교육 이후 봉제공장 협동조합을, 제과 제빵 교육

'디디 빵 공장 협동조합'에서 운영하는 카페.

이후에는 '디디(네팔어로 언니라는 뜻) 빵 공장 협동조합'을 설립했다. 설립 초기에는 한국 NGO 단체의 지원을 받았지만, 일정 기간이 지난 후부터 독자적으로 운영하고 있다. 특히 베이커리에 대한 기대가 크다. 치즈케이크, 초코케이크, 도넛, 머핀, 화이트 케이크 등, 한국의 여느 빵집과 다르지 않은 메뉴를 선보이며 로컬에서 판매되는 빵보다 맛과 품질에서 우수하다는 평을 받는다. 가격도 서민들이 사 먹을 수 있는 적당한 수준이라고 한다. 코로나19로 온라인으로 주문을 받고 200여 슈퍼마켓에 빵을 납품하고 있다.

에커타 생산협동조합은 코로나19 이후 더욱 바빠졌다. 전 세계를 휩쓴 코로나19도 네팔을 강타했다. 무엇보다 2020년 3월 24일부터 7월 22일까지 4개월간 전국 봉쇄령이 발효되어 인도와 연결된 육상 경계선과 모든 국제선 운항이 중단되고 모든 학교는 휴교하였으며 식료품 가게를 제외한 모든 가게가 문을 닫았다. 세계은행은 관광 산업의 마비와 중국산 원자재 부족, 해외 노동허가 발급이 중단됨으로 인한 해외 송금의 급감으로 네팔 인구의 약 3분의 1이 국제 빈곤선(1.9달러 이하)으로 떨어져 생존에 어려움을 겪을 것이라고 경고했다. 길거리에는 노숙자들이 늘어났고, 식량을 지원받기 위한 사람들의 줄이 길게 늘어섰다. 임금노동자, 소상공업자, 관광 종사자 등 전 산업이 타격을 입었고, 노인, 미혼모, 고아, 장애인 등의 돌봄이 필요한 계층의 삶이 더 취약해졌다. 제과제빵 교육 과정도 중단되고 카페도 문을 열 수 없어서 적자가 누적됐다. 네팔의 가장 큰 축제인 다사인(Dashain) 축제에 맞추어 제작할 옷들은 큰 행사가 취소되면서 주문도 끊겼다. 겨우 자리 잡기 시작한 협동조합에 빨간 불이 켜지자 에커타는 긴급하게 방향을 선회했다. 멈춰 섰던 봉제공장을 완전 가동하여 마스크를 제작하고, 쉬지 않고 빵을 구워냈다. 협동조합에서 만든 마스크와 빵, 음료를 묶어 점심 바구니를 만든 후 코로나로 노숙자가 된 사람들에게 찾아갔다. 점심 바구니를 기다리는 사람들이 많아질수록 협동조합은 더 많은 생산에 들어갔고 더 많은 사람이 고용됐다. 에커타가 여력없는 정부를 대신해 발 빠르게 지원한 것은 한국 NGO 단체의 협력과 신속한 판단이 있었기 때문에 가능했다. 비록 서로 다

에커타 협동조합에서 일하는 직원들.

른 관점과 지향으로 갈등을 겪어 왔지만 위기의 순간에 그간 쌓아온 신뢰가 빛을 발한 것이다.

현재 봉제 협동조합에는 8명의 노동자가 일하고, 제과점에 10명, 신용협동조합 직원 2명을 포함하여 에커타 협동조합에서 일하는 사람은 총 40명이다. 사무국장 샤말 타파는 "적어도 40명은 이주노동하지 않아도 된다"라고 말한다. 샤말 타파가 '이주노동 없이도 행복한 세상'을 그토록 꿈꾸는 이유는 아무리 법과 제도를 보완해도 국민국가의 경계가 더욱 공고해지며 타자에 대한 배제와 적대감이 증가하고 있는 한 이주노동자는 인간이란 존엄성을 갖지 못한 도구적 존재에 불과하기 때문이다. 다목적 협동조합의 다음 목표는 훨씬 더 많은 사람을 고용할 수 있는 농업협동조합을 설립하는 일이다. 가능한 많은 사람이 일할 수 있는 터전을 만들어 자신의 땅에서 땀 흘리며 소박한 행복을 누릴 수 있도록 하는 것이 샤말 타파의 꿈이자 이주노동에 내몰린 수많은 이주노동자의 꿈일 것이다.

에커타의 과제

한국을 떠날 때 모든 삶이 뿌리 뽑힌 것같이 고통스러웠다는 귀환 이주노동자 샤말 타파는 귀환 후 노동조합 운동, 신용협동조합, 다목적 생산협동조합을 통해 좋은 일자리 만드는 데 주력했다. 20대에 돈을 벌기 위해서 한국에 왔던 청년은 억압적 노동 현실을 보고 노동운동가로서 투쟁하며 지냈으며, 귀환 후에는 한국에서 형성한 노동자라는 정체성의 연장으로 이주노동을 떠나는 사람들을 위한 교육과 조직화 운동에 투신했다. 그러나 이주노동을 떠나는 사람들에 대한 보호보다 이주노동하지 않는 사회를 만드는 것이 훨씬 근본적인 문제 해결이라고 생각하게 되었다. 이주노동을 떠나지 않아도 되는 사회, 이주노동을 떠난 사람들이 돌아와서도 재이주를 하지 않아도 되는 사회를 만드는 일, 즉 안정된 일자리를 마련하는 것이다. 개인이 혼자서 일자리를 만드는 것은 어렵지만 여럿이 같이 모인 '우리'가 한다면 가능할 것이라고 믿었다.

거기에 한국 NGO 단체가 '우리'에 힘을 보태 '더 큰 우리'를 만들었다. 노동조합 운동과 농성을 통해 그가 보여준 헌신성과 책임감, 동지들에 대한 이타성은 신뢰와 호혜를 바탕으로 한 사회 자본을 형성한 결정적인 계기가 되었고 귀환 후 한국 NGO에 의해 경제 자본으로 환원될 수 있었다. 어려운 조건에도 불구하고 에커타는 많은 것을 이루어냈다. 그때그때 상황에 맞게 계획을 수정하며 유연하게 대처하였고 장기적 계획과 전망을 두고 하나하나 사업을 확장하고 있다. 고용허가제 제정 당시 이주노동자 상담소들과 시민사회단체가 고용허가제 제정을 촉구하고 있을 때 '노동자의 권리가 온전히 보장되지 않는 고용허가제는 기만'이라며 87일 동안 고용허가제 제정 반대 농성을 할 정도로 급진적인 운동을 이끌었던 그가 귀환 후 바라본 네팔 사회는 거대한 구호나 이념적 원칙보다 먹고 살 수 있는 일자리 자체가 운동이자 투쟁이었다. 그에게 최대 관건은 지속가능한 좋은 일자리이다. 여성의 권리나 소수민족의 권리도 중요하지만 '사람'이 아니라 '노동력'이라는 상품으로만 취급되는 동료 시민들의 이주노동을 막는 것이 네팔 사회에 대한 자신의 책무이며 네팔 사회를 건강하게 만드는 초석이라고 그는 믿고 있다.

창립 15년을 맞는 에커타의 갈 길은 멀다. 민간 금융 자본이 밀려왔을 때 신용협동조합의 생존 가능성 유무와 중국과 인도의 값싼 물품에 비해 봉제공장이 얼마나 재생산 역량을 갖추고 있느냐도 시험대 위에 올랐다. 더 많은 일자리를 만들기 위한 농업협동조합과 축산업협동조합은 또 어떻게 쌓아 올릴지도 미지수다. 한국과 네팔이란 세계를 짊어진 다중적 존재로 네팔 사회에 놓인 과제를 정치 · 경제적으로 어떻게 확장해 나가며 삶 불만의 특이성[11]을 사회화해 나갈지는 지켜볼 일이다.

아울러 이제 이주 정책과 연구는 한국이라는 목적국 안에서 벌어지는 일뿐만 아니라 귀환 이후의 전 과정이 포함되는 연속성의 과정으로 확대되어야 한다. 한국에서 일하다 생긴 만성 질병에 대한 치료와 재활 지원, 재정착을 위한 직업 선택과 취업을 위한 컨설팅 지원, 한국 대사관, 한국 문화원, 한국이 지원하는 공적개발원조(ODA) 사업 파트너로 참여하고 사회적 삶을 확장하는 일, 귀환 이주노동자의 삶에 대한 연구 등 다양한 사업을 모색할 수 있을 것이다.

샤말 타파와 같이 자국에서 빈곤 퇴치와 교육, 해체되는 공동체를 살리기 위한 노력은 네팔, 필리핀, 방글라데시, 미얀마 등 많은 송출국가에서 이뤄지고 있다. 그들이 한국에서 일하면서 만난 노

---

11 안토니오 네그리(2008, 174)는 이주민을 서로 다른 사회문화 · 정치 · 경제적 배경을 가진 복합적이고 다양한 혼성적 존재이며, 동일성으로 환원될 수 없는 다중적 존재로 정치적 사회 불만을 확장해 나가는 확장자이자, 삶 불만의 특이성을 사회화하는 주체라고 설명한다. 이주노동자로 한국에 오기 전 학생, 교사, 은행원, 간호사로 병원에서 근무한 사람 등 다양한 직업군을 가진 네팔 이주활동가들은 브라만과 불가촉천민을 포함한 다양한 신분 계급과 서로 다른 사회문화적 환경을 가지고 살아왔지만 '권리 없는 노동자'라는 특이성을 사회화하고 저항과 투쟁을 통해 이주노동자라는 다중의 영역을 확장해 나간다고 볼 수 있다.

동운동과, 지역사회운동, 여성운동 등은 귀환 후 어떤 삶을 살 것인지와 깊은 연관성을 갖는다. 따라서 이주노동자는 한국 사회에 노동력만을 제공하는 일시적인 도구이자 소모품인 존재가 아니라 한국의 시민사회를 경험하고 공론의 장에 참여하며 잠재적 가능성을 실현할 수 있는 존재로 재인식되어야 한다. 이주자는 자신이 경험한 세계를 바탕으로 구조적 모순과 부정의에 대항하는 적극적 행위자이며 인정 투쟁의 경험을 바탕으로 초국적 운동을 확장해 가는 주체로서 잠재력을 가지고 있다. 이제라도 이주노동자에게 한국의 시민사회를 경험할 수 있는 공론의 장에 초대하는 일을 시작해야 할 것이다.

6장

인류 화합을 위한 실험 도시:
인도 오로빌

이기범

처음 오로빌에 대한 글을 부탁받았을 때 "내가 할 수 있을까?" 라는 생각이 가장 먼저 떠올랐다. "내가 오로빌에 대해 말할 수 있을 만큼 많이 알고 있을까? 이제 겨우 2년 남짓 살고서 함부로 오로빌에 대해 말할 수 있을까?" 싶었던 것이다. 그러나 곧 마음을 바꾸었다. 같은 공동체에서 같은 시간을 살아도 공동체에 대한 생각은 각각 다르다. 과연 누가 공동체를 객관적으로 정의 내릴 수 있을까? 그것은 불가능하다. 공동체는 불변의 고정된 실체가 아니다. 공동체는 살아 움직이며 관찰자와의 관계 안에서 형성되고 변화, 성장하는 유기적 존재다.

공동체와 어떤 경험을 공유했는가에 따라 개인적 평가는 매우 다른 결과를 가져온다. 같은 공간, 같은 시간을 살아도 지난 삶의 경험치나 관점의 차이, 어떤 사건을 경험하는가에 따라 평가가 달라지기 때문이다. 같은 장소, 같은 시간을 살면서 어떤 이는 천국을 경험하기도 하고 어떤 이는 지옥을 경험하기도 한다. 그리고 한 개인 안에서도 1년을 살 때와, 5년을 살 때, 10년을 살 때, 그리고 20년을 살았을 때 공동체를 바라보는 시각이 연륜에 따라 변하는 것을 느낄 수 있다. 공동체에서 살면서 자주 듣게 되는 말 중 하나가 "더 살아봐, 그러면 알게 돼."라는 말이다. 1년을 살았을 때 보이지 않았던 것들이 5년이 지나고 10년을 살아야 볼 수 있는 것들이 있고, 1년을 살았을 때 보이던 것들이 5년을 살고 10년을 살고 나니 타성에 젖어 무감각해지는 것들도 있다.

2007년, 나는 아내와 5살 난 아들, 2살 된 딸과 함께 새로운 여정을 시작했다. 도시의 가로등 불빛에서 아늑함을 느끼던 마흔을 넘어선 나이에 태어나고 자란 서울을 떠난 것이다. 그 후로 지금까지 대구의 한결공동체, 호주 브루더호프 공동체, 단양의 산위의마을 공동체, 영국 브루더호프 공동체, 태백의 예수원 공동체에서 살았고, 지금은 여기 인도 오로빌 공동체에서 살고 있다. 공동체는 설립 목적에 따라 생태공동체, 교육공동체, 노동공동체, 경제공동체, 농업공동체, 그리고 이 모든 것들을 아우르는 생활공동체 등으로 나눌 수 있다. 지금까지 살았던 공동체들은 지금 살고 있는 오로빌 공동체를 제외하고 모두가 기독교 기반의 생활공동체다. 내가 가지고 있던 현실 비판의 근거가 기독교 세계관이라는 개인적 종교에서 출발했기 때문이다. 현대 사회가 당면하고 있는 문제들, 생태 파괴, 실업, 교육, 먹거리, 주거, 양극화, 빈곤 등의 심각성을 고민하면서 이 모든 문제들을 개인 혼자서 풀기에는 한계가 있다고 생각했고 뭔가 다른 해결책을 찾아야만 했다. 이 문제를 함께 풀어낼 수 있는 새로운 질서, 하나님 나라, 새로운 세상에 대한 유토피아적 상상을 생활공동체로 현실화하고 싶었다.

지금까지 장황하게 나의 이야기를 한 이유는 지금부터 시작하는 오로빌 공동체에 대한 이야기가 이러한 경험을 가진 나의 시선으로 바라본 오로빌 이야기라는 것을 전제하고 싶기 때문이다. 그러나 최대한 객관성을 견지하기 위해 오로빌에서 제작한 오로빌 안내 영상 「새벽의 도시(City of Dawn)」를 바탕으로 이야기를 전개하려고 한다.[1] 개인적으로 「새벽의 도시」가 오로빌을 가장 잘 소개하고 있다고 생각한다. 지금까지 한국에 알려진 오로빌에 대한 소개 영상이나 인터넷상에 떠돌아다니는 많은 글은 대부분 잠시 방문한 외부 관찰자들의 시각을 보여준다. 때로는 외부자의 객관적

---

1 「새벽의 도시(City of the Dawn)」는 2010년 크리스 버먼(Chris Buhrman)이 연출하고 마이클 조이스(Michael Joyce)가 제작한 오로빌에 대한 영상이다. 다음 주소에서 작품을 감상할 수 있다. https://www.youtube.com/watch?v=hU40Ba4GXjE&t=4s 한국 자막본 「오로빌 공동체: 새벽의 도시──이상을 말이 아닌 삶으로 살아낸 내부자들의 솔직한 고백」을 확인할 수 있는 URL은 다음과 같다. https://www.youtube.com/watch?v=Z6udJiNF28o&t=493s(검색일: 2021. 2. 10.)

시각이 필요한 경우도 있지만 공동체를 더 깊게 이해하기 위해서는 공동체에서 삶의 문맥(context)을 공유한 내부자의 시각에 좀 더 집중할 필요가 있다. 삶의 문맥을 공유한 사람과 그렇지 않은 사람은 공동체의 텍스트(text)에 대한 이해가 다를 수밖에 없다. 마치 '촛불과 광장'이라는 삶의 문맥을 공유한 이 시대의 사람들이 이해하는 '대통령 탄핵'과 훗날 이 사건을 교과서를 통해 배우게 될 미래 세대가 이해하는 '대통령 탄핵'이 다를 수밖에 없는 것처럼 말이다.

1 오로빌의 시작

「새벽의 도시」는 오로빌 내부자의 시각, 오랜 세월 동안 오로빌에 삶을 헌신한 분들의 증언을 통해 오로빌을 소개하고 있다. 젊은 시절, 문명의 이기를 등지고 풀 한 포기 없는 붉은 사막에 오두막을 짓고 도래할 새로운 세상을 꿈꿨던, 무모하기도 하고 위험하기도 한 시도에 인생을 걸었던 분들의 이야기다. 이들이 꿈꿨던 세상은 어떤 곳이고 오로빌을 통해 세상에 전하려는 메시지는 무엇이었을까?

이 세상 어딘가에는 어떤 국가도 자신의 것이라고 주장할 수 없는 곳이 있어야 합니다. 그곳에서는 진실한 열망과 선한 의지를 가진 사람이라면 누구라도 세계의 시민으로 자유롭게 살아갈 수 있어야 하며 그들은 단 하나의 권위, 즉, 지고(至高)의 진리에 순종할 수 있어야 합니다. (마더, 「꿈」, 1954년 8월)[2]

1968년에 시작된 오로빌은 인도 남부에 있으며 현지인인 인도인을 포함해 현재 60여 개국에서 온 4,500여 명의 사람들이 약 600만 평의 땅에 거주하고 있다. 인도인의 비율이 약 40%로 가장 많으며 그다음이 프랑스, 독일, 이탈리아 순이다.

오로빌은 설립 당시부터 국제도시를 계획했다. 선한 가치를 위해 다양한 인종과 국적을 가진 사람들이 인종과 종교, 국적, 피부색을 초월하여 서로의 다름을 인정하고 함께 사는 삶을 꿈꿨다. 설립자는 미라 알파사(Mira Alfassa)라는 프랑스 여성이다. 그는 인도의 독립운동가이자 시인이요 철학자인 스리 오로빈도(Sri Aurobindo)의 이상을 실현하기 위해 오로빌을 설립했다. 스리 오로빈도는 간디와 동시대 사람으로 영국 유학 후 1908년 폭탄 테러의 주모자로 몰려 영국 당국에 의해 체포되었다. 1년간의 감옥 생활 중에 그는 새로운 영적 경험을 하게 되고 그 경험을 바탕으로 '통합 요가' 운동을 시작한다. 부분적인 수행에 머물렀던 인도 전통적 요가와는 달리 모든 수행을 통합하여 전인적 진보에 이를 수 있다고 주장했다. 즉, 삶을 세속적 삶과 신성한 삶으로 구별하거나 초

2 오로빌 홈페이지 참조. https://auroville.org/contents/197(검색일: 2021. 2. 10)

오로빌에 있는 건축 조형물 마트리만디르.

월하지 않고 먹고, 자고, 일하는 평범한 일상을 통해 삶의 전 영역
에서 신성한 삶에 이르고자 했던 것이다.

그후 오로빈도는 폰디체리라는 도시에 아시람(힌두교도들이 수
행하며 거주하는 곳)을 세우고 그의 사상을 실행하고 가르쳤다. 지
금까지 전통적 요가는 '지금 여기서'라는 현실과 물질의 문제를 회

피하고 명상과 같은 초월적이고 신비로운 영적 세계에 집중해 왔다. 그러나 오로빈도의 아시람에서는 일상적인 모든 분야의 일에 종사하면서 이를 수행의 과정으로 여겼다. 장사를 하는 것, 물건을 만드는 일, 농사를 짓는 일 등, 그밖에 할 수 있는 모든 일을 했다. 이를 통해 일상의 삶을 포용하고 변화시켜 새로운 사회를 만들어 가길 원했다. 프랑스에서 온 미라 알파사는 이러한 오로빈도의 가르침에 동의하고 아시람에 합류하게 된다. 그후 미라 알파사는 '마더(The Mother)'라는 칭호를 갖게 되고 오로빈도의 동역자로서 그의 사상을 현실화하고자 하는 꿈을 꾸게 되는데, 그것이 바로 오늘날의 오로빌이다.

오로빌에서는 매일 이른 아침과 해 질 무렵이면 숲으로 난 오솔길을 따라 산책하는 사람들을 많이 만날 수 있다. 나 또한 산책을 즐겨 한다. 이른 아침에 숲 사이로 난 길을 따라 걸으며 듣는 새들의 지저귐과 나뭇잎 사이로 반짝이는 햇살, 촉촉한 이슬에 젖은 풀들 사이에서 살랑거리는 신선한 바람을 매일 만나는 것은 그 자체로 삶의 큰 기쁨이다. 공동체 전체가 숲으로 이루어진 지금의 오로빌을 보면서 이곳이 전에 풀 한 포기 자라지 않은 불모의 사막이었음을 상상하는 것은 불가능하다.

처음 이곳으로 이주해 온 사람들은 프랑스 사람들이었다. 마더에게 영향을 받은 한 무리의 사람들이 프랑스에서 이곳 인도 오로빌까지 중고차에 짐을 싣고 육로를 따라 이주해 왔다. 그들은 아무것도 없는 이곳에 오두막을 짓고 생활을 시작했다고 한다. 초기 정착자들이 이곳에서 가장 먼저 한 것은 나무를 심는 일이었다. 척박한 모래땅이라 비가 오면 물이 모두 땅속으로 사라져 버려 사람이 살 수 없는 땅이었다. 그런 이곳에 생존의 조건을 만들기 위해 나무를 심었다. 나무를 심어야 물을 가둘 수 있고 물이 있어야 농사를 지을 수 있기 때문이었다. 일 년에 몇 달을 제외하고 30도를 훌쩍 넘는 고온과 끈적끈적한 습도, 타는 듯한 뜨거운 태양과 그늘 한 점 없는 곳에서 나무를 심는 일은 어떠했을까?

　나는 비슷한 경험을 해본 적이 있다. 비록 2주간의 짤막한 경험이었지만 지금 생각해 봐도 쉽지 않은 시간이었다. 오로빌에는 '사다나 포레스트'라는 나무를 심는 커뮤니티가 있다. 4년 전, 가족들과 함께 사다나 포레스트에서 2주간 머물면서 자원봉사를 했다. 사다나 포레스트의 환경은 초창기 오로빌의 상황과 비슷하다. 나무로 얼기설기 엮어 만든, 겨우 비만 피할 수 있는 오두막에서 생활한다. 제대로 된 전기도 상수도 시설도 없다. 오두막에는 전기가 없으니 당연히 전등도 없다. 해가 지면 잠자는 것 말고는 할 수 있는 것이 없다. 상수도가 없어 몸을 씻기 위해서는 중앙에 있는 마중물 펌프에서 물을 길어 양동이로 세면장까지 들고 날라야 한다. 물론 빨래도 같은 방법으로 해야 했다. 식사는 공동으로 하는데 음식 조리는 나무에 불을 지펴서 한다. 문명의 이기와는 전혀 상관없는 원시적 삶의 방식이었다. 마치 몇 백 년의 시간을 거슬러 올라간 기분이었다. 일은 주로 오전에 한다. 오후에는 햇볕이 너무 뜨겁고 더워서 일을 할 수가 없다. 나무를 심는 일은 오로지 육체노동에 의지한다. 땅을 파고 물을 길어 나르는 일에 어떠한 기계도 사용하지 않는다. 오전 6시부터 나무를 심기 시작해서 오전 10시쯤 되면 한 발자국 옮기는 것을 의식해야 할 만큼 온몸에 힘이 빠진다. 이런 경험을 가지고 지금의 오로빌 숲을 바라보면 초창기 오로빌 사람들의 엄청난 노력과 헌신에 경의와 감사를 표하지 않을 수 없다.

2 오로빌의 활동들과 교육

오로빌 안에는 사다나 포레스트와 같이 자신만의 목적을 가지고 활동을 하는 커뮤니티들이 많다. 친환경 농업을 하는 농장 여러 곳이 있고 재생 가능한 대체 에너지를 연구하는 곳, 그림, 음악, 공예, 사진 등의 예술 활동을 하는 곳, 대안적 교육을 추구하는 학교들, 다양한 디자인과 친환경 자재를 연구하는 실험적 건축, 리사이클링과 업사이클링 센터, 옷감부터 종이, 친환경 여성용품을 생산하는 곳, 음식점 등 170여 개의 사회적 기업들이 5,000여 명의 인근 마을 사람들에게 일자리를 제공하고 있다. 이 모든 활동이 오로빌이라는 우산 아래에서 각자의 목표를 향해 나아가고 있다. 오로빌에서는 누구나 실험정신을 가지고 자신이 꿈꾸는 것들을 경험하거나 시도할 수 있는 장이 열려 있다. 세계 각국에서 온 다양한 사람들이 자신이 가지고 있는 기술을 가르치는 강좌도 많다. 처음 오로빌을 방문하는 사람들에게 이런 다양한 활동들은 매력적이다. 이곳에서는 자신이 전에 종사했던 일과는 무관한 일을 시도하는 것이 가능하다. 의사가 농부가 될 수도 있고 컴퓨터 프로그래머가 요리사로 일해 볼 수도 있다. 어떤 일을 새로 시작하는데 학력, 경력, 자격증을 요구하지 않기 때문이다. 열정과 성실함, 배우려는 의지만 있다면 가능하다.

마더는 1968년에 발표한 오로빌 헌장에서 다음과 같이 말했다.

> "오로빌은 평생교육의 장소, 지속적 진보, 영원한 젊음의 장소가 될 것입니다."[3]

그는 오로빌을 새로운 배움의 장소라고 말한다. 배움은 단순히 학교에서만 일어나는 것이 아니다. 오로빌에서 이루어지고 있는 모든 활동을 통해 배움을 성취할 수 있다. 일을 통해 배울 수 있고, 현장에서 더 다양한 지식과 경험이 있는 사람들에게도 배울 수 있으며, 책 읽기를 통한 배움도 가능하다. 이 배움은 졸업장과 자격증을 취득하기 위한 배움, 즉 사회 시스템에 자신을 적응시키기 위한 배움이 아니라 자신을 발견하고 자신 안에 잠재해 있는 능력을 개발하는 것이다. 이러한 배움은 나이와 상관없다. 어린아이부터 노인까지 모든 사람은 배움을 통한 진보와 성장의 가능성을 가지

---

3 오로빌 홈페이지 참조. https://auroville.org/contents/1(검색일: 2021. 2. 10.)

오로빌 학교의 선생님들과 학생들이 수업을 하고 있는 모습.

고 있기 때문이다.

그렇다고 오로빌에 학교가 없는 것은 아니다. 오로빌에는 유치원부터 초, 중, 고등 과정의 학교 여러 곳이 있다. 이 학교들은 '국제교육연구소'라는 기구 아래 소속되어 있으며 오로빌 공동체 구성원들을 위한 학교와 주변 마을 주민을 위한 아웃리치 학교로 나눌 수 있다. 스리 오로빈도 국제교육연구소는 스리 오로빈도와 마더의 "인류의 화합을 위한 교육"이라는 이상을 실현하기 위해 설립된 오로빌 기구로, 인도 정부, 세계교육재단(미국), 스티칭 드 자이어(네덜란드), 그리고 오로빌 내외의 다양한 단체와 개인으로부터 자금을 지원받고 있다. 이 연구소는 오로빌 학교와 아웃리치 학교의 행정적, 재정적 지원뿐만 아니라 모든 교육 프로그램의 개발과 실험을 전체적으로 조율하는 역할을 하고 있다.

오로빌 학교에서는 다양한 국적과 민족, 문화적 배경을 가진 선생님들과 학생들이 어울려 함께 공부하고 있다. 이러한 학교 구성원의 다양성은 학생들이 서로의 다름에 대해 개방적이고 긍정적 경험을 공유할 수 있는 매우 특별한 기회가 된다. 학교는 학생들에게 일반 교과 외에 마더의 이상을 따라 몸과 마음, 감정과 정신의 균형 있는 발전을 통한 자신만의 고유한 잠재력을 발견하도록 교육하고 있다. 선생님들은 일방적인 지침보다는 학생들과의 충분한 교감을 통해 유연한 교육 과정을 유지하려고 노력한다. 특히 고등 과정 중의 하나인 라스트 스쿨(Last School)에서는 각 개인의 학습 역량과 속도가 다르다고 인식하고 각 개인의 학습 역량과 속도에 맞춰 교육 과정을 진행한다. 이를 위해 학교의 구조와 프로그램을 최대한 다양하고 융통성 있게 운영하려고 노력하고 있다. 교사와의 충분한 상담을 통해 학생들은 자신의 학습 목표를 스스로 계획할 수 있다. 교사가 주는 과제는 의무나 강요가 아닌 제안이며 교사는 학생이 학기 초에 세운 계획을 완수할 수 있도록 지속적으로 격려한다.

아웃리치 학교는 오로빌 주변에 거주하는 지역 주민들을 위한 봉사활동으로 시작했다. 처음에는 열악한 생활 환경으로 인한 지역 아이들의 교육적 소외뿐만 아니라 영양 및 위생 상태를 해결하는 활동을 했다. 오로빌 사람들의 헌신적인 노력으로 인해 시간이 흐르면서 그러한 활동이 학교의 형태를 갖추게 된 것이다. 지금은 수백 명의 지역 아이들이 이곳에서 공부하고 있으며 지역 언어인 타밀어와 영어, 수학, 과학 등 필수적 교과목을 비롯해 생활에 필요한 소양 등을 배우고 있다.

3 돈 없는 사회

이 이상적인 곳에서 돈은 더 이상 막강한 힘을 가진 주권자가 아닙니다. 가치가 물질적 부와 사회적 지위보다 훨씬 더 중요합니다. (마더, 「꿈」, 1954년 8월)

자본주의 사회에서 돈은 절대적 지위를 가지고 있다. 꼭 자본주의 사회가 아니라도 돈은 항상 인류에게 막강한 영향력을 행사해 왔다. 성경에서도 예수는 하나님과 맘몬(돈)을 동등한 위치에 놓고 비교한다. 그러나 돈의 절대성을 인정하지 않는다면 우리가 사는 세상을 다른 관점으로 바라볼 수 있는 눈이 열린다.

오로빌은 돈 없는 사회를 실험 중이다. 오로빌에서는 일을 하고 '자기유지금'을 받는다. 자기유지금은 현금으로 지급되지 않고 오로빌 내의 개인 계좌로 이체된다. 그중 일정 부분만 현금으로 인출할 수 있다. 나머지 금액은 식당이라든가, 장을 본다든가 하는 등 오로빌 내 생활에 필요한 곳에 사용할 수 있다. 예를 들면 PTDC라는 곳이 있다. 오로빌 사람들은 이곳에서 대부분의 생필품을 구한

각자 필요한 물건을 가져가는 오로빌의 슈퍼마켓, PTDC.

다. 마치 슈퍼마켓과 같은 곳이다. 그러나 운영 방식이 다르다. 물품은 이익을 붙이지 않고 원가에 제공된다. 매월 초에 개인 계좌에서 약속된 금액이 공제된다. 이용자들은 현금을 지급하고 물건을 구매하는 것이 아니라 한 달 사용금액을 정하고 그 안에서 물건을 가져다 쓰는 방식이다. 물건을 구매한다고 하지 않고 '가져다

쓴다'고 표현한 이유는 가격표가 없기 때문이다. 물품 구입을 결정하는 데 있어서 '가격'보다는 '필요'가 중요하다는 의미다. 자신이 원하는 만큼이 아니라 필요한 만큼 물건을 가져다 쓰는 것이다. 어떤 사람은 약속된 금액보다 더 가져가기도 하고 어떤 사람은 약속한 금액보다 덜 가져가기도 한다. 그렇게 전체적인 균형을 맞추려고 노력한다. 어떤 이들은 이것이 어떻게 가능하냐고 묻는다. 사람은 본능적으로 더 가져가거나 아니면 자신이 약속한 기여금에 맞추려고 하기 때문이다. 현실적으로 보면 쉽지 않다. 실제로 더 가져간 이들은 매달 월말에 더 가져간 만큼의 추가적인 기여금 납부를 제안받는다. 덜 가져간 사람들보다 더 가져간 사람들이 많기 때문이다. 그럼에도 PTDC는 이 실험을 멈추지 않고 있다. 이 실험이 성공하기 위해서는 원하는 것과 필요한 것을 구별하는 것이 필요하다. 지속적인 실험과 끊임없는 자기 성찰을 통해 도달해야 할 영적 통찰력이 필요한 지점이다.

4 공동체와 노동

"이곳에서 노동은 생계를 위해 돈을 버는 행위라기보다는 자신을 표현하고 자신의 가능성과 역량을 개발하는 하나의 방법입니다. 또한, 그것은 전체적으로 볼 때 공동체를 위해 봉사하는 것이며 개인의 삶의 영역에서는 각 개인의 필요를 공급하는 것이 될 것입니다."

(마더, 「꿈」, 1954년 8월)

영성과 물질적 삶 사이의 대립, 이 둘 사이의 구별은 나에겐 무의
미하다. 사실, 일상을 사는 것과 영성을 추구하는 것은 하나이고 높
은 수준의 영성은 육체노동을 통해 표현되어야 한다.(마더, 「목적과
이상」, 1968년 4월 19일)

참된 영성은 신성한 일을 하는 데에 있다. 모두를 위해 일하기를
거부하는 것은 이기심의 표현일 뿐 영성과는 관계가 없다. 오로빌
에서 살기 위해 해야 할 첫 번째 일은 자기중심적 자아에서 벗어나
는 것에 동의하는 것이다.(마더, 「목적과 이상」, 1971년 2월 24일)

오로빌의 구성원이 되기 위해서는 일련의 과정을 거쳐야 한다.
첫 번째가 1년간의 뉴커머(new comer, 신입 구성원) 과정이다. 이 기
간 동안 뉴커머들은 오로빌 공동체를 탐색하며 공동체를 알아가는
시간을 가진다. 뉴커머들에게 노동은 의무이며 일주일에 30시간
이상 노동을 해야 한다. 예외가 있긴 하지만 대부분의 뉴커머들에
게 노동의 대가는 지급되지 않는다. 어디서 어떤 일을 하는가는 본
인의 선택이다. 공동체를 탐색하면서 자신이 할 수 있는 일, 또는 하
고 싶은 일을 찾아야 한다. 이러한 노동에 관한 의무 규정에 대해 일
부 뉴커머들은 불만을 터트리기도 한다. 재정이 넉넉하지 않은 사람
의 경우 1년 동안의 자원봉사가 쉬운 일이 아니기 때문이다. 또한

어떤 이들은 이러한 뉴커머들의 노동 의무 규정을 오로빌 단체들이 자신들의 인력 수급을 위해 남용하고 있다고 말하기도 한다.

이러한 불만에도 불구하고 공동체에 합류하려는 사람은 노동에 대한 새로운 인식이 필요하다. 우리가 기존에 가지고 있던 노동에 대한 인식은 그리 긍정적이지 않다. 노동(勞動)을 한자로 풀어보면 '힘쓸 노(勞)'에 '움직일 동(動)'이다. 다시 말해 힘을 써서 몸을 움직이는 것이 노동이다. 힘든 것을 싫어하고 편한 것을 좋아하는 인간의 본성상 노동은 그리 즐거운 것이 아니다. 가능하면 피하고 싶은 행위이다. 그래서 사람들은 대개 노동으로부터 자유로운 세상을 꿈꾼다. 그리고 실제로 현대 자본주의 사회에서 돈은 이러한 꿈을 현실로 만들 수 있다.

그러나 자본주의 사회가 노동에 대해 감추고 있는 진실이 있다. 과연 어느 누가 노동으로부터 자유로울 수 있을까? 인간은 살아가기 위해 기본적인 의식주를 해결해야 한다. 먹기 위해 음식을 구해야 하고 옷을 만들어 입어야 하고 쉴 수 있는 집을 지어야 한다. 이 모든 행위 자체가 노동이다. 노동으로부터 자유롭다는 것은 이 모든 필수불가결한 것, 즉 먹는 것, 입는 것, 쉴 수 있는 공간이 필요하지 않다는 말은 아닐 것이다. 노동으로부터 자유로워진다는 것은 자신이 감당해야 할 노동을 누군가 대신한다는 의미다. 자본주의 사회에서는 돈이 노동을 대신한다. 이를 좀 다른 시각으로 이해하자면, 돈을 통해 노동이 전가된다고 볼 수 있다. 우리는 돈으로 노동을 구매한다고 생각하지만, 관점을 바꿔보면 그것은 돈을 통해 자신이 해야 할 노동을 누군가에게 '전가'하는 일에 다름 아니다.

요즘 택배 노동자들의 과로사가 이슈가 되고 있다. 더 빠른 배송을 요구하는 소비자들의 욕구를 만족시키기 위해 늦은 밤은 물론 새벽까지 물품 배송을 하다가 과로 때문에 사망하는 안타까운 사고가 종종 일어나고 있다. 일을 그만두고 싶어도 징벌적 계약 조건 때문에 어쩔 수 없이 새벽까지 배송한다고 한다. 이 비극적 상황의 일차적 책임은 고용주에게 있을 것이다. 그러나 더 많은 상품을 팔고자 하는 판매자와 그 상품을 신속하고 편안하게 받고자 하는 구매자 모두 그 책임에서 자유로울 수는 없다. 그러나 우리는 돈을 지불했다는 사실만으로 이 모든 행위가 정당하다고 생각한다.

자본주의 사회에서 노동은 다른 재화와 마찬가지로 수요와 공급이라는 시장의 원리에 의해 그 가치가 결정되고 거래된다. 이러한 노동의 거래 행위는 돈을 매개로 한 정당한 교환 행위라고 생각하기 때문에 노동이 전가된다는 생각을 하기는 쉽지 않다. 그래서 자본주의 사회에서 돈을 통한 노동의 전가는 자연스럽고 익숙하다. 그러나 수요와 공급이라는 시장 원리를 떠나 다른 눈으로 노동을 바라볼 수 없는 걸까?

노동의 전가는 오랜 역사를 가지고 있다. 초기 원시 공동체 사회는 아마도 노동의 전가가 없는 평등한 사회였을 것이다. 그러나 시간이 흐름에 따라 힘 있는 자들이 생기고 힘에 의해 계급이 형성되면서 계급에 의한 노동의 전가가 시작되었다. 계급이 해체된 현대 자본주의 사회에서는 돈이 계급을 대체했을 뿐 달라진 것은 없다.

자신의 노동을 타인에게 전가하게 되면 타인의 노동을 전가받은 사람은 과도한 노동에 시달리게 된다. 과도한 노동은 노역으로 변질되고 노동은 그 진정한 가치를 잃어버린다. 노동이 우리 모두에게 부정적으로 다가오는 이유다.

새로운 공동체를 통해 계급이나 돈이라는 기존의 질서가 더 이상 힘을 쓸 수 없는 새로운 관계가 만들어지면 그제야 우리는 노동의 가치에 눈을 뜨게 된다. 새로운 관계 안에서 노동은 돈으로 사고 팔 수 있는 것이 아니라 자발적 교환을 통해 서로의 필요를 채우는 행위가 된다. 오로빌에서는 노동의 대가로 자기유지금을 받는다. 자기유지금은 제공하는 노동의 종류에 상관없이 모두 동일하다. 이는 수요와 공급이라는 시장 원리에 의해 노동의 가격이 정해지는 자본주의 운영 원리와는 다르다. 자기유지금의 금액이 모두 같다는 것은 경제학적으로 시장의 실패를 언급하지 않더라도 시장이 결정하는 노동의 가격에 대해 의문을 갖는 것이다. 사람이 제공한 노동을 돈으로 환산하지 않겠다는 것이다. 새로운 관계 안에서 노동은 더 이상 돈으로 환산될 수 있는 가치가 아니기에 돈을 통해 노동을 거래할 수 없다. 자발적인 '노동의 교환'이 이루어질 뿐이다. 공동체 구성원들의 필요에 따라 노동을 분담하여 서로에게 필요한 노동을 제공하는 것이다.

그리고 때때로 자발적으로 전가받은 노동을 해야 하는 경우가 생긴다. 노동의 교환 행위에 참여할 수 없는 약자들, 노인, 병자, 어린이들을 위한 노동이다. 그렇기에 새로운 관계 안에서 노동은 서

로의 필요를 채우는 행위요, 서로를 돌보는 행동이며, 서로에게 의
지하는 행동이 되는 것이다. 이러한 노동의 가치에 눈을 뜬다면 공
동체 안에서 노동은 더 이상 피하고 싶은 저주받은 행위가 아닌 기
쁨의 행위가 될 수 있다. 공동체에서 자신의 영성만을 자랑하며 노
동하기를 회피하는 자들에게 수준 높은 영성은 노동을 통해 표현
되어야 한다는 마더의 말은 뼈아픈 일침이 된다.

5 오로빌의 주거 문제

뉴커머가 1년간의 공동체 탐색 기간을 마치고 오로빌에 정착하
기를 결정할 때 가장 큰 걸림돌은 주거 문제다. 내가 살았던 다른
공동체들과는 달리 오로빌에서 주거 문제는 스스로 해결해야 한
다. 오로빌에서 집을 구하기 위해서는 상당한 금액의 기여금을 내
야 한다. 기여금을 내고 집을 갖게 될 경우 집에 대한 소유권을 주
장할 수 없다. 오로빌에서는 부동산에 대한 개인 소유권을 인정하
지 않는다. 오로빌에 있는 모든 부동산은 공동체의 자산이다. 그러
므로 개인은 집에 대한 사용권만을 가진다.

현재 오로빌의 주거 문제는 점점 심각해지고 있다. 오로빌의 인
구가 늘어날수록 집을 지을 수 있는 땅이 부족해지기 때문이다. 전
에는 정원이 있는 단독 주택이 많았지만, 이곳에서 단독 주택을 건
축하는 것은 점점 어려워지고 있다. 그래서인지 요즘 건축되고 있

는 대다수의 집은 3층이나 4층 정도의 공동주택이다. 게다가 지불해야 하는 기여금 또한 가파르게 오르고 있다. 재정적 여유가 없는 사람들이나 젊은이들이 이곳에 정착하기 어려운 이유다. 혹 기여금을 지불할 만큼의 재정적 여유가 있어서 정착을 했더라도 나중에 이곳을 떠나게 될 경우 처음 지불했던 기여금은 돌려받지 못한다. 말 그대로 기여금이기 때문이다. 공동체 초기에는 공동체에서 주거 문제를 해결해 주었다고 한다. 그러나 사람들이 늘어나고 집이 고급화되는 등 개인의 욕구가 커지면서 더 이상 공동체에서 주택 문제를 해결해 줄 수 없게 되었다.

그러나 공동체의 주택 문제를 풀기 위한 시도가 전혀 없는 것은 아니다. 최근에 '휴먼 스케이프(HUMAN SCAPES)'라는 20세부터 40세까지의 젊은이들을 위한 공동주택이 정부의 지원으로 완공되었다. 이 공동주택은 매월 만 5천 원 정도의 저렴한 비용으로 사용할 수 있지만 수요에 비해 공급이 턱없이 부족한 것이 현실이다. 또한 현재 온라인에서도 이 주택 문제와 관련된 주제로 토론이 진행되고 있다. 한 오로빌 구성원이 오로빌 주택 전체를 대상으로 주거 현황을 조사하여 한 사람이 너무 넓은 공간을 점유하는 것을 자제할 수 있도록 제도적 장치를 마련하자고 제안하였다. 그러나 이것 또한 개인의 자유를 중요하게 생각하는 구성원들 안에서 동의를 얻어내기가 쉽지 않아 보인다. 이러한 제안을 제도화하기 위해서는 개인의 희생이 필수적으로 요구되기 때문이다. 주거 문제는 지금의 오로빌이 풀어야 할 가장 큰 숙제 가운데 하나다.

6 공동체의 규칙과 자유로운 오로빌

우리는 사람들이 군대나 경찰, 정해진 규칙이나 법률이 없이 자발적으로 성숙한 의식을 표출할 수 있는 조직을 원합니다.(「새벽의 도시」 중에서)

오로빌은 위계 체계가 없다. 계층에 의한 어떤 지배도 허용하지 않는다. 모두가 자유로운 사회를 꿈꾼다. 오로빌을 찾아오는 이에게 여러 가지 규칙들을 제시하면서 그들을 제약하려 하지 않는다. 개인의 어떠한 새로운 시도나 실험도 자유롭게 할 수 있도록 돕는다. 그렇게 하기 위해 될 수 있는 한 새로운 규정이나 규칙을 만들지 않기 위해 노력한다. 그러므로 오로빌에는 막강한 권한을 가진 지도자도 없다. 그리고 갈등이 발생했을 때 그것을 해결할 근거가 되는 법률이나 규칙도 최소화되어 있다.

오로빌의 의사결정 과정은 수평적이다. 중요한 결정은 모든 주민이 모여서 결정한다. 이러한 오로빌의 의사결정 구조는 큰 장점이자 약점이기도 하다. 의사결정 과정이 개방적이고 투명하게 이루어질 수 있고 이 과정에서 누구도 소외되지 않는다. 반면에 결론에 이르는 과정이 지난하며 비효율적이기도 하다. 오히려 이러한 자유로운 의사결정 과정이 더 많은 갈등을 유발하고, 공동체의 화합을 위협하기도 한다. 자유로운 의사 발언이 서로 다른 의견을 가진 사람들에 대한 비난이 되어 감정적 상처를 남기는 경우도 많다.

또, 의사결정 과정이 모든 구성원들에게 열려 있기는 하지만 현실에서는 참여도가 떨어져, 혈연과 개인적 친분 관계, 또는 이익 관계 등으로 복잡하게 얽혀 있는 사람들의 목소리가 커지는 경우도 있다. 이런 때에는 합리적 결론을 내리는 것이 어렵다.

처음 마더가 오로빌을 설립할 때 어떠한 지침이나 규칙 만드는 것을 원치 않았다고 한다. 사실 공동체의 창립자가 공동체를 규칙의 공백 상태에 놓는 것은 쉽지 않은 선택이며, 매우 드문 일이기도 하다. 보통의 공동체 창립자는 본능적으로 그 공동체가 지향하는 목표를 성취하기 위해 많은 안전장치를 만들어 놓곤 한다. 아무리 동일한 목표와 선한 의지를 가진 사람들이 모인 공동체라 할지라도 살다 보면 예기치 않은 일들이 발생하게 되고, 처음 공동체가 목표로 했던 것과는 전혀 상관없는 일탈 행위가 발생하기 마련이다. 이러한 일들을 막기 위해 공동체에서는 여러 가지 규칙들과 그것을 어겼을 경우의 처벌 규정을 만들기도 한다. 토머스 모어(Thomas More)의 『유토피아(Utopia)』에서도 볼 수 있듯이, 유토피아의 이상적인 사회 모습을 유지하기 위해서는 그 이면에는 혹독하리만큼 강한 처벌 규정이 존재해야 한다. 실례로 내가 경험했던 브루더호프 공동체의 경우 구성원에게 여행 및 거주 이전의 자유가 허락되지 않는다. 멀리 떨어진 가족을 만나거나 여행을 하는 것, 이사를 하는 것은 공동체에서 결정한다. 또한 잘못된 행동을 했을 경우 일정 기간 공동식사나 공동모임 참석을 제한한다. 더 심한 경우는 공동체에서 추방되어 공동체가 다시 허락할 때까지 공동체 외부에서 살아야 한다.

그렇다면 오로빌의 설립자 마더는 왜 다른 공동체의 설립자들처럼 공동체의 효율적 운영을 위해 개인들이 지켜야 할 규칙을 만들지 않았을까? 왜 개인들에게 무한한 자유를 허락했을까?

공동체를 살게 되면 공동체에서 지켜야 할 규칙들을 안내받게 된다. 여러 공동체를 경험하면서, 나는 언젠가부터 규칙뿐만 아니라 그 규칙의 행간을 읽게 되었다. 규칙은 흐트러진 삶을 다잡는 순기능이 있다. 공동생활에서 지켜내야 할 삶의 가치들, 서로가 불편하지 않기 위해 지켜야 할 약속들, 그것들을 지키기 위해 규칙을 만든다. 그 모든 가치와 약속들이 반드시 규칙이 되어야 하는 것은 아니다. 구성원들 안에서 지켜야 할 내용을 자발적으로 지키지 않을 때, 대화로 문제가 해결되지 않을 때, 가치는 규칙의 옷을 입게 된다. 규칙은 자율적으로 지켜야 한다고들 강변하지만, 자율적인 규칙은 사실 규칙으로서의 존재 이유가 없다. 규칙은 강제하기 위해 만드는 것이다. 그래서 규칙은 태생적으로 타율적이다.

타율, 그 안에는 힘의 강제가 있다. 그 힘의 강제로 자신을 묶고 상대방을 묶는다. 규칙의 이면에는 상대방에 대한 불신이 숨어 있다. 상대방과 합리적 소통과 대화를 통해 갈등이 해결되지 않을 거라는 불신, 규칙은 불신이 주는 불안함에서 벗어나려는 하나의 안전장치인 셈이다. 규칙에는 수많은 갈등의 이야기가 담겨 있다. 규칙은 이 갈등의 부산물이다. 갈등이 대화와 소통을 통해 해결되지 않았음을 규칙을 보면서 짐작하게 된다. 그러므로 규칙의 역사는 갈등의 역사다. 조직 안에 규칙이 많을수록 얼마나 많은 갈등이 있었는지, 얼마나 많은 갈등이 원만히 해결되지 않았는지, 미루어 짐작할 수 있다.

아마도 마더는 이것을 염두에 두고 오로빌을 시작한 것은 아닐까? 그래서 오로빌을 시작하면서 어떠한 규칙도 만들려고 하지 않은 것은 아닐까 생각한다. 마더는 오로빌 구성원들이 각자의 내면에 있는 신성한 의식을 통해 새로운 인류로 진화하기를 소망했다. 그러한 새로운 인류에게 타율적이고 강압적인 규칙은 필요하지 않은 것이라고 믿었을 것이다. 흔히 하는 우리말에 '법 없이도 살 사람'이라는 표현이 있다. 오로빌 사람들이 그렇게 되기를 소망했을 것이다.

7 자유와 공동체적 신념 사이에서 줄타기

공동체는 태생적으로 배타성을 전제로 한다. 정도의 차이가 있긴 하지만 배타성을 무시하는 순간 공동체는 존재할 수 없다. 공동체는 그것이 어떠한 형식이든 경계를 만들고 그 경계 안에서 존재할 때야 비로소 공동체로서의 성격을 띠기 때문이다.

경계가 분명하고 배타성이 강한 공동체일수록 공동체의 결속력은 더욱 강해지는 경향을 가진다. 내가 한때 생활했던 대구의 한결 공동체의 경우 외부인의 출입을 철저히 제한하고 있다. 공동체마다 그 정체성과 관련된 특유의 문화를 가지고 있다. 그래서 자신들의 문화적 순수성을 지키기 위해 외부와의 접촉을 될 수 있으면 차단하려고 애쓴다. 내부 문화가 변질될 경우, 공동체의 안정을 해칠수 있다는 위기 의식을 가지고 있기 때문이다. 공동체의 구성원을 선발하는 기준 역시 상당히 까다롭다. 자신들과 일치된 생각을 공유할 수 있는 사람만을 구성원으로 받아들인다. 이질적 구성원으로 인해서 발생할 혼란을 미리 막기 위한 조치인 셈이다. 또 이렇게 강력한 공동체일 경우에 사유재산을 인정하지 않는 경우가 많다. 플라톤이 이상국가에서 말했던 것처럼 사유재산은 갈등의 원인이 될 수 있기 때문이다. 이는 다른 한편으로 공동체 구성원이 쉽게 공동체를 떠날 수 없는 이유가 되기도 한다. 이렇게 결집력이 강한 공동체는 의사결정 구조가 단순하다. 강력한 지도자의 신속한 결정을 통해 공동체에서 발생하는 문제들을 효율적으로 해결할수 있다. 그러므로 배타성이 강한 공동체는 매우 안정적이다.

오로빌은 이런 공동체들과는 달랐다. 처음 오로빌에 왔을 때 오로빌의 구조를 보고 어떻게 이런 공동체가 존재할 수 있는지 의아했다. 오로빌은 개인의 선택과 자유를 최대한 존중한다. 노동이 의무이기는 하지만 아무도 그것을 관리하거나 감독하는 사람은 없다. 집을 제외하고는 사유재산을 충분히 인정해 준다. 그러므로 공동체 내의 빈부 차이도 크다. 공동체라면 의무적으로 참석해야 하는 모임도 없다. 선한 의지를 가진 사람이라면 누구라도 공동체 구성원으로 받을 준비가 되어 있다. 종교, 인종, 국적을 초월한다. 어떠한 배타성도 인정하지 않으려고 한다. 공동체는 외부세계에 열려 있다. 외부와의 경계도 모호하고 외부인과의 접촉도 자유롭다. 모든 것을 개인의 자율성에 맡긴다. 그동안 경험했던 공동체와는 많이 다르다. 그렇기 때문에 오로빌은 많은 문제에 노출되어 있고 불안정하다. 오로빌의 이상(理想)에 감명을 받고 이곳을 방문했던 방문자들이 실망하고 돌아가는 경우도 많다. 오로빌이 지향하는 이상과 현실의 괴리가 너무 크다고 생각하기 때문이다. 이것은 단순히 방문자들만이 느끼는 것은 아니다. 「새벽의 도시」를 보면 오랜 세월 오로빌에 삶을 헌신한 분들의 인터뷰를 통해서도 동일한 고백을 들을 수 있다.

이렇듯 개인의 자유가 보장된다는 것은 생각의 자유, 선택의 자유가 보장된다는 것이다. 오로빌이 국제도시(international township)를 지향한다는 것은 그 다양한 구성원들만큼의 다양한 생각들과 가치관들이 존재한다는 것을 뜻한다. 그 다양한 생각들과 가치관들이 조화를 이루기보다는 서로 충돌하고 대립할 때가 많다. 그러나 오로빌에서는 어느 누구도 절대적 권위를 가지고 이것을 강압적으로 통제하거나 조정할 수 없다. 이것은 공동체의 안정을 위협하는 요인이 되기도 한다.

최대한의 자유를 누리려는 개인과 이루어야 할 이상이 분명한 공동체가 공존할 수 있는 걸까? 개인의 자유와 공동체적 가치는 상호 대립적이다. 개인의 자유가 커지면 커질수록 공동체성은 개인의 이기적인 특성으로 인해 피폐해진다. 개인의 자유가 유발하는 많은 개인적 선택이 결국 공동체의 일치(혹은 통합)를 깨는 방향으로 작동하는 경우가 많기 때문이다. 반면에 공동체적 가치에 방점을 찍게 되면 공동체를 이루는 개인들은 질식하게 된다. 개인이 질식된 공동체는 활력이 사라지고 박제화된다. 자유는 개인적인 가치인 반면에 공동체는 집단적 가치를 내포하고 있다. 어떤 이들은 공동체는 개인 없이 존재할 수 없고 개인은 공동체를 떠나 살수 없기 때문에 이 두 가치가 조화롭게 공존할 수 있다고 말한다. 관념적으로 그것이 불가능한 것은 아니나 현실에서 구체적인 문제가 발생했을 때 이 둘을 조화롭게 다루는 일은 결코 쉬운 일이 아니다. 현실에서는 그 두 가치 사이에서 존재하는 공통적 공간을 찾는 것이 불가능한 경우가 많다. 그래서 공동체는 쉽게 개인의 자유를 존중하는 것을 넘어서 개인적 이기주의에 손을 들어주기도 하고, 때로는 그 반대로 집단적이고 전체주의적인 결정을 내리기도 한다. 공동체를 살면서 깨닫게 되는 것 중 하나가 인간의 판단이 생각보다 그리 합리적이지 않다는 것이다. 인간은 편향적 경향을 갖기 쉽다. 공동체도 마찬가지다. 공동체들이 공동체의 가치와 개인의 자유 사이에서 조화를 추구한다고 말할 때에도, 자유주의적 성향과 전체주의적 성향 사이에서 제대로 된 균형을 잡지 못하는 경우가 많다. 모든 공동체들이 자신들의 출발점으로부터 시작해서 공동체의 가치와 개인적 자유의 조화를 추구하기 위해 열심히 노력하고 있을 뿐이다. 공동체의 가치와 개인적 가치의 조화는 지향점일 뿐 현재에 고정된 불변의 상태는 아니다. 마치 외줄을 타고 가는 곡예사처럼 언제든지 왼쪽이든 오른쪽이든 줄에서 떨어질 위험을 가지고 있다.

이렇게 균형을 잡는다는 것은 완성형이 아니라 과정형이기 때문에, 건강한 공동체가 되기 위해서는 이 딜레마를 잘 다루어야 한다. 개인의 자유는 인간의 본능적 욕구와 관련이 있고 공동체적 가치는 인간이 지닌 신념과 관련이 있다. 본능적 욕구보다 신념을 갖는 것이 우월해 보일 수 있지만 사실 두 가지 다 위험한 요소를 가지고 있다. 우리는 역사적으로 자유라는 이름으로 표현되는 인간의 본능적 욕구를 균형감 있게 다룰 수 있다는 믿음을 실천하는 것이 얼마나 어려운지 자본주의와 공산주의의 대립을 통해 이미 경험한 바가 있다. 자본주의는 인간의 본능적 욕구를 선한 가치로 인정하고 인간은 이러한 욕구를 충족하기 위해 행동한다고 전제한다. 이러한 욕망이 없다면 자본주의의 필수적 요소인 시장은 존재할 수 없기 때문이다. 자본주의는 욕망이라는 강력한 엔진을 탑재하고 공산주의와의 경쟁에서 승리한 것처럼 보인다. 공산주의가 자본주의와의 경쟁에서 패배한 이유는 이러한 욕망을 부정하려 했기 때문이다. 그러나 자본주의가 공산주의와의 경쟁에서 승리했다고 해서 자본주의를 무한 긍정하기는 어렵다. 이미 인류는 심각한 경제적 양극화나 지구적인 환경 위기를 경험하고 있기 때문이다. 그렇다고 신념을 앞세우는 공산주의로 돌아갈 수도 없다. 인간의 욕망이 철저히 통제된 사회의 결과가 어떠한지 인류는 잘 알고 있다.

일반적으로 공동체를 시작하는 사람들은 강한 신념을 지니고 있는 경우가 많다. 강한 신념이 자신을 추동할 강력한 에너지가 되기 때문이다. 만약 그것이 없다면 척박한 환경에서 눈에 보이지 않는 이상을 실현시킬 힘을 가질 수 없다. 그러나 이러한 높은 이상에 대한 강한 신념은 자칫 잘못하면 개인의 자유를 억누르고 독선과 폭력으로 이어지기도 한다. 이상을 실현해 가는 과정에서 그 이상을 따라오지 못하는 사람들에게 비난의 화살을 쏘며 그들을 더이상 자신들과 이상을 함께 실현할 동지가 아닌 걸림돌이라 생각하기 때문이다. 희생한 것이 많을수록, 그리고 신념이 강할수록 이러한 함정에 빠질 위험이 크다. 이것 또한 공동체의 일치를 위협하는 원인이 되기도 한다.

다음은 오로빌에서 오랜 세월 동안 헌신적인 삶을 사셨던 분의 고백이다.

오랜 시간 동안 나는 꽤 좌절해 왔습니다. 저는 이러한 이상들이 현실로 이루어지는 것을 본 적이 없었습니다. 어떤 개인들에게는 볼 수 있었지만, 공동체 생활에서는 볼 수 없었습니다. 우리는 돈의 흐름이 없는 경제를 만들어야 한다고 하지만 우리는 여전히 그것과 매우 거리가 멉니다. 우리는 졸업장을 얻기 위한 것이 아니라 존재의 모든 부분을 통합적으로 발전시키기 위한 교육을 해야 한다고 하지만 우리는 여전히 그것과도 거리가 멉니다. 우리는 모든 사람이 보살핌을 받고, 각자가 일한 대가로 사회가 그들의 필요를 제공해야 한다고 하지만 우리는 아직 멀었습니다. 그리고 오랜 시간

동안 이러한 현실이 저를 실제로 화나게 했습니다. 다른 사람들에게 문제가 있다고 느꼈기 때문에 화가 났어요. 저는 제가 그것을 이루기 위해 어떻게 해야 하는지 잘 안다고 생각했습니다. 저는 이것이 어떻게 이루어져야 하는지에 대해 완벽하게 이해했다고 생각했습니다. 저는 매우 진실했습니다. 그런데 이상을 표현하려고 하면 할수록, 저는 더 화가 났습니다. 진리를 향한 열정이 강할수록 점점 더 배타적이게 되었고 남을 비판하고 비난하려는 경향이 강해졌습니다. 그것은 오랫동안 제가 가지고 있는 문제입니다.(세르게이 브렐린, 「새벽의 도시」 중에서)

오로빌은 자유주의 성향이 강한 공동체다. 오로빌은 개인에 대한 어떠한 제약이나 제재도 거부한다. 그래서 최대한의 자유 안에서 개인의 선택을 존중한다. 그러나 오로빌의 지향은 공동체적이다. 오로빌의 이상은 개인 홀로 이룰 수 있는 것이 아니다. 자유로운 개인들이 자발성을 가지고 스스로 자신의 자유를 제한함으로써 이상적인 공동체를 이루는 꿈을 꾸고 있다. 자유가 전제된 선택이 진정으로 가치 있는 선택이라고 믿는 것이다. 그렇다면 어떻게 자유와 공동체적 가치 사이에서, 그리고 욕망과 신념 사이에서 건강한 균형과 조화를 이루어 낼 수 있을까?

8 글을 마치면서: 오로빌의 영성

저는 오로빌에 오는 사람들이 편안한 삶을 위해 오지 않았으면 좋겠습니다. 오로빌에 온다는 것은 자기 발전을 위한 엄청난 노력을 의미합니다.(마더, 「새벽의 도시」 중에서)

사실 오로빌에 합류하는 사람들의 동기는 다양하다. 여유로운 은퇴 자금을 가지고 편안한 은퇴 생활을 누리려는 사람, 특정한 분야에 관심을 가지고 배우려는 사람, 자녀에게 더 나은 교육 환경을 만들어 주고 싶은 사람, 세상의 문제를 해결할 수 있는 대안을 찾는 사람 등, 오로빌에서는 이 모든 것이 현실적으로 가능하다. 오로빌이 만들어 놓은 자유로운 풍토는 이 모든 것을 가능하게 만들었다. 그러나 오로빌 사람들이 오로빌이 제공한 자유를 자신의 욕망을 충족시키는 데 만족하고 더 이상의 것을 추구하지 않는다면 오로빌의 꿈은 말 그대로 꿈으로 끝날 것이다.

이에 대해 오로빌에서 오랫동안 교사로 일했던 딥티(Deepti)라는 분은 '오로빌의 기원과 영성'이라는 강의에서 이렇게 말했다.

"우리가 분명히 명심해야 할 것이 있습니다. 우리는 은퇴 후의 편안한 삶을 위해 이곳에 오지 않았습니다. 우리는 누군가를 변화시키기 위해 이곳에 오지 않았습니다. 우리는 세상을 고치기 위해 이곳에 오지 않았습니다. 우리는 우리 자신을 위해 이곳에 왔습니다. 이곳은 의식의 성장을 실험하는 곳입니다. 절대적으로 이 세상에 존재하는 모든 문제는 우리 자신과 관련되어 있습니다. 만약 당신이 세상은 뭔가 잘못되었다고 생각한다면 우리는 자신에게 눈을 돌리고 자신의 문제를 해결해야 합니다. 지구상에 존재하는 조건을 바꾸려는 시도는 의식의 변화 없이는 불가능합니다. 우리는 이곳에서 진정한 자신을 발견해야 합니다. 출생 이력, 학력, 가족, 직업, 사회경제적 위치가 당신을 정의하지 못합니다. 그러한 것은 당신을 둘러싸고 있는 환경이지 당신 자신은 아닙니다. 당신은 이것들로부터 벗어나서 진정한 자신을 발견해야 합니다. 그리고 자신 안에 있는 신성한 존재를 인식해야 합니다."('오로빌의 기원과 영성' 강의 중)[4]

딥티의 지적은 굉장히 예리하고 날카롭다. 오로빌은 자신의 의식 상태를 실험할 수 있는 장소이다. 오로빌은 사회를 바꾸거나 다른 사람을 바꾸기 위한 곳이 아니다. 사회를 바꾸는 것은 자신으로부터 시작해야 한다고 말하고 있다. 세상의 모든 문제는 자기 자신과 긴밀하게 연결되어 있다는 것을 깨달아야 한다. 우리는 스스로를 객관화하는 데 익숙하다. 현재의 문제를 자신과 연관하여 생각하지 못하고 제3자의 입장에서 바라보고 해결책을 이야기하는 것이 자연스럽다. 세상은 모두 연결되어 있다는 의식이 없기 때문이다. 우리의 작은 행동 하나가 네트워크로 촘촘하게 연결된 세상에

5 https://www.youtube.com/watch?v=XT_ajh7ReCg&t=1032s (검색일: 2021. 2. 10.)

서는 어떻게든 서로에게 영향을 주게 되어 있다. 공동체가 해체된 현대 사회에서는 원자화(原子化)된 개인이 그 영향을 인식하기 어려울 뿐이다. 사람들이 영성을 이야기하지만 온전한 영성의 기본은 자기 자신을 온전히 자각할 수 있는 능력을 키우는 것으로 시작해야 한다. 이것의 다른 표현은 자기성찰이다.

이 땅에서의 신성한 삶이라는 우리 앞에 놓인 이상은 오직 우리의 전인적인 영적 변화와 급진적이고 근본적인 변화, 우리가 가지고 있는 본성의 진화 또는 혁명에 의해서만 가능합니다.(스리 오로빈도, 「새벽의 도시」 중에서)

오로빌은 이 새로운 생활방식이 만들어지고 있는 곳입니다. 이곳은 인류가 내면의 영적 힘을 통해 세상의 변화를 시작하는 가속적 진화의 중심입니다.(마더, 「새벽의 도시」 중에서)

지금 이 땅에서 벌어지고 있는 비극적인 상황을 인식하는 사람이라면 누구나 유토피아적 상상을 하게 된다. 그러나 그러한 이상 사회의 실현은 사회과학적 설계를 통해 정밀하게 고안된 사회 체제나 인간의 강인한 신념, 합리적 이성만을 의지해서 이루어질 수 없다는 것이 오로빌의 생각이다. 이미 인류는 공산주의 실험을 통해 이를 경험했고 자본주의를 통해 인간의 탐욕이 얼마나 인류의 생존을 위협하고 있는지를 경험하고 있다.

스리 오로빈도와 마더가 지속적으로 강조하는 신성한 삶, 신성한 의식, 인간의 진보는 이와 관련이 있다. 마더가 이야기했듯이 이는 엄청난 노력이 요구된다. 오로빌은 개인들에게 허락된 자유를 기반으로 이 신성한 삶과 의식, 새로운 인류로의 진화를 촉구한다. 온 인류가 인종과 문화, 국적과 피부색과 상관없이 조화를 이루며 사는 것은 신념과 이성을 뛰어넘는 그 이상의 것이 필요하다. 처벌과 제재가 아닌 자유로운 상태에서 끊임없는 자기 성찰과 욕망의 절제 과정에서 만나게 될 초월적 존재의 도움이 필요하다. 새로운 존재로의 변화, 태도의 부분적 수정이나 변화가 아닌 인간 본성의 근본적이고 급진적인 변화는 아직 인류가 경험해 보지 못한 새로운 도전이다. 오로빌은 이 위태롭고 불가능해 보이는 도전을 하고 있다.

7장

사람이 위로가 되는 공동체의 힘:
반티에이 쁘리업 장애인기술학교

류진희

1980년대에 크메르 루즈의 학살을 피해 탈출한 난민들을 위해 예수회 난민 봉사단(JRS, Jesuit Refugee Service)이 캄보디아–태국 국경 지역에서 처음 활동을 시작했다. 이후, 지뢰 사고로 신체적 장애를 갖게 된 가난하고 소외된 이들을 위해 1991년도에 캄보디아 수도 프놈펜 인근인 깐달 주에 장애인직업기술훈련센터 '반티에이 쁘리업'을 설립하였다.

반티에이 쁘리업은 장애와 가난으로 인해 정규 교육을 받을 수 없는 캄보디아의 젊은이들에게 직업기술 교육과 기숙사 생활을 무상으로 지원했다. 장애 학생들은 이곳에서 직업기술 습득을 통한 경제적 자립뿐 아니라, 자신의 가치와 존엄성을 자각하며 이웃과 더불어 살아갈 수 있도록 배웠다.

하지만 안타깝게도 설립 30주년이 되는 2019년 12월을 마지막으로 반티에이 쁘리업은 문을 닫았다. 현재는 예수회 한국관구의 책임하에 캄보디아 예수회 봉사단(JSC, Jesuit Service Cambodia)[1]이라는 이름으로 반티에이 쁘리업의 정신을 이어 다양한 활동을 펼치고 있다.

2019년 마지막 해에는 농업반, 기계 수리반, 핸드폰 수리반, 미용반, 봉제반, 특수 교육반(발달장애)이 운영되고 있었다. 매년 100여명의 신입생들이 들어왔고 그중 30% 정도는 문맹이었다. 그들이 글쓰기와 수학 공부를 시작할 수 있도록 도와주는 문해 수업도 열렸다. 학기는 1월부터 12월까지 진행되는데, 핸드폰 수리반은 6개월, 특수 교육반은 2년 과정이고 나머지 과정은 1년을 공부한다. 정식 과목 외에도 원하는 학생은 주말에 이발 수업을 받을 수 있었다. 종종 의료팀들이나 예술치료팀들이 방문하여 학생들과 함께 프로그램을 진행하기도 했다. 양호실과 물리치료실이 있으며 TV를 볼 수 있는 작은 강당도 있다. 인권교육과 성교육 외에 소풍과 홈커밍데이 등 다양한 프로그램들이 있다. 세계 장애인의 날 캠페

---

1 캄보디아 예수회 봉사단(JSC, Jesuit Service Cambodia)은 캄보디아의 가난한 사람들, 장애가 있는 사람들, 사회적으로 소외된 이들에게 교육과 기본 생계를 지원하기 위해 1994년 공식 출범한 국제 NGO이다. JSC는 반티에이 쁘리업 운영 외에도 메따까루나 일반 사업(지역을 지원하는 사업)과 특수 사업(생태 보존, 출판, 자비의 빛 센터, 앙스눌 지역개발)을 진행하고 있다.

인에도 참여하고 명절엔 함께 절(寺)에도 간다.

반티에이 쁘리업의 특징 중 하나는 아웃리치 팀이 있다는 것이다. 대부분의 경우 아웃리치 팀이 직접 집을 방문하고 학생을 선발한다. 집안 사정이 너무 좋지 않은 경우엔 쌀이나 집수리 같은 직접적인 도움을 주기도 한다. 아웃리치 팀은 학생 선발뿐 아니라 졸업생 지원 역시 진행한다. 졸업 후 학생들의 집이나 직장을 방문하고, 도움이 필요한지, 재교육이 필요한지 등을 체크하는 것이다. 아웃리치 팀은 학생들의 입학 전과 후를 모두 챙긴다.

학교 내에는 몇 개의 프로덕션[2]이 있다. 농업 프로덕션, 조각 프로덕션과 봉제 프로덕션, 지역개발, 메콩 휠체어 등이다. 농업, 조각과 봉제 프로덕션은 졸업생들의 취업 창출을 위한 것이었고 지역개발팀은 학교 주변의 작은 마을들의 자치를 돕는 역할을 해왔다. 메콩 휠체어는 캄보디아 지형에 맞는 휠체어를 개발하고 생산해서 전국에 있는 장애인들에게 휠체어를 보급했다.

반티에이 쁘리업은 크메르어(캄보디아 언어)로 '비둘기 센터'라는 뜻이다. 학교가 있는 곳은 실제 크메르 루즈 때 통신부대(비둘기 부대)가 있던 군부대였다. 전쟁 이후 시멘트 벽만 남아 있던 건물을 수리해서 학교 건물로 쓰기 시작했다. 비둘기는 통신부대의 도구였지만 평화의 상징이기도 했다. 그래서 우리는 비둘기 센터라

---

2 반티에이 쁘리업의 프로덕션은 졸업들의 사회생활에 발판이 되고자 기획되었다. 장애인의 취업이 쉽지 않은 상황에서 실질적인 실습의 기회와 창업 자금을 모을 수 있는 기회를 주고자 했다.

는 이름보다 평화센터(Peace Center)라고 불렀다.

전쟁으로 장애를 입은 사람들의 대부분은 지뢰 피해자들이었다. 전쟁 당시 수많은 지뢰들이 캄보디아 전역에 설치되었고 아직까지도 지뢰 해체 작업을 해오고 있으며 근래에도 종종 논밭이나 강가에 떠내려 온 지뢰나 포탄이 발견되었다는 소식을 듣는다. 내전의 또 다른 아픔이란, 같은 나라 사람들끼리의 싸움이었던 탓에 전쟁이 끝난 후에도 적이었던 사람들과 이웃으로 살아야 하는 경우가 빈번하다는 것이다. 전쟁은 끝났지만 사람들 사이의 상처들은 그대로 남아 있었다. 학교 초창기에 한 학생이 수류탄을 들고 학교로 들어와 사람들을 해치려고 하다가 예수회 수사 한 분이 사망하는 사건이 있었다. 젊은 수사는 사람들을 대피시키고 몸으로 수류탄을 막으셨다. 그 사건으로 학교의 학생들과 직원들, 수도자들 모두 충격을 받았고, 전쟁은 사람의 몸뿐 아니라 마음도 병들게 했다는 걸 깨달았다. 이후 단순히 기술을 가르치는 학교가 아닌 마음의 상처를 치유하고 화해하며 장애를 이겨 나갈 힘을 주는 공동체로서의 학교를 만들기 위해 노력했다.

0 여행의 시작

다니던 회사를 그만두면서 캄보디아 여행을 계획했다. 잘 알고 지내던 사진가가 캄보디아에서 장기 체류 중이었다. 2009년 당시

만 해도 나는 캄보디아가 어디에 있는지도 잘 몰랐다. 영화 「킬링 필드」(1985)에서 보았던 살벌한(?) 역사가 펼쳐졌던 곳이라는 사실 외엔 아는 것이 없었다. 캄보디아에 도착한 다음날, 사진가는 친한 신부님이 계신다는 장애인기술학교에 나를 데리고 갔다. 그곳이 반티에이 쁘리업이었다. 마침 그곳에서 봉제 프로덕션을 준비 중이라고 했다. 봉제 제품 개발과 판매를 통해 수익을 만들어 일자리를 창출하려는 계획이었다.

장애인의 사회 진출이 쉽지 않은 상황에서 장애 여성의 취업은 더더욱 힘든 일이라는 것을 공정무역 패션디자인 회사에서 일하면서 잘 알고 있었다. 특히 봉제 일은 아시아 빈곤 국가의 여성들이 할 수 있는 거의 유일한 일이었다. 나는 여행 중에 잠시 들러 작은 도움이라도 되었으면 하는 가벼운 마음으로 반티에이 쁘리업에 갔다. 학교에 들어섰을 때 붉은 흙길 위에 작은 나무집들이 줄지어 있고 집 앞에는 학생들이 나와 운동을 하거나 벤치에 앉아 수다를 떨며 즐겁게 인사를 건넸다. 하나같이 밝은 얼굴의 사람들에게서 나는 그들의 장애를 알아보지 못했다.

그곳에 일주일 정도 머물며 봉제 프로덕션 준비를 돕기로 했다. 처음 간 봉제 프로덕션은 나무집의 작업실이었다. 낡은 재봉틀 몇 개와 더 낡은 수동 재봉틀 몇 대, 광목천, 녹슨 가위, 그리고 두 명의 졸업생이 앉아 있었다. 가장 큰 문제는 작업장의 상태가 아니라 언어였다. 나는 크메르어를 전혀 몰랐고 그들은 영어를 전혀 몰랐다. 필요한 것들은 신부님을 통해 구하고 도움을 받았지만 작업장에서 일하는 내내 통역을 해줄 사람은 없었다. 두 명의 졸업생과는 보디랭귀지와 눈짓 그리고 시범을 보이며 작업실을 꾸미고 필요한 것들을 만들어 갔다. 우선 재단과 다림질을 할 수 있는 작업대를 만들고 천을 깨끗이 보관할 수 있는 선반을 짜고 고장 난 재봉기들을 수리하고 새 재단 가위와 다리미 등을 구매했다. 그렇게 봉제 프로덕션이 어느 정도 꾸며졌을 때 나는 반티에이 쁘리업에서 한 달이라는 시간을 보내고 있었다. 나의 비자는 한 달짜리 여행 비자였다. 이제 그만 떠날 것인지, 더 머물며 일을 마무리할 것인지 결정을 해야 했다.

나는 돌아가는 비행기 표를 버리고 비자 연장을 위해 베트남에 다녀왔다. 한 달 안에 봉제 프로덕션을 준비하는 것은 불가능했다. 그렇게 나는 반티에이 쁘리업에서 3개월에 가까운 기간을 보냈다. 3개월 동안 일만 한 것은 아니었다. 학교엔 100여 명의 학생들이 수업을 들으며 함께 생활하고 있었고, 나 역시 학교 행사에도 참여하고 장애인 학생들과 일상을 함께했다.

연말이라 졸업식이 다가오고 있었다. 12월 졸업식을 꼭 보고 갔으면 좋겠다고 신부님이 말씀하셨다. 졸업식을 보면 장애인 학생들이 반티에이 쁘리업에서 어떻게 살았는지 알 수 있을 거라고 하셨다. 졸업식은 마을 잔치와 같았다. 새벽부터 돼지와 닭을 잡고 음식 준비가 시작되었다. 선생님들뿐 아니라 학교 직원들, 프로덕션 직원들, 마을 사람들까지 모두 함께 학생들을 위한 졸업식을 준비했다. 오전에 졸업장 수여식을 하고 오후엔 운동회, 저녁엔 졸업

반티에이 쁘리업 장애인기술학교 졸업식 사진

파티를 했다.

졸업파티에는 선생님들이 학생들의 식사 수발을 들었다. 100여
명의 학생들이 앉아 있는 테이블 사이로 선생님들이 직접 준비한
음식을 나르고 서빙을 하면서 학생들 한 명 한 명과 인사를 했다.
학생들의 식사가 끝나고 나서야 선생님들과 직원들이 식사를 했
다. 그것은 오랜 시간 지켜온 졸업식의 전통이라고 했다. 모두 식
사가 끝나면 그때부터 댄스타임이 시작되었다. 모두들 눈치 보지
않고 즐겁게 춤을 추었다. 졸업식 날은 시종일관 즐거웠고 웃음이
끊이지 않았다.

다음날 새벽 4시, 학생들이 짐을 챙겨 집으로 돌아가기 위해 나오고 있었다. 집이 먼 친구들은 서둘러 버스를 타야 했다. 학교에 남아 있던 선생님들이 떠나는 학생들을 배웅했다. 1년간 함께 생활한 친구들은 선생님을 껴안고 울기도 하고 애써 웃으며 이별을 하기도 했다. 그렇게 100여 명의 학생들을 일일이 배웅하고 나면 아침 7시쯤 되었다. 학생들이 모두 떠난 학교 마당에 서서 나는 한참을 울었던 것 같다. 그 눈물의 의미는 슬픔도 기쁨도 아니었다. 사회의 잣대로는 부러워할 것이 하나도 없는 가난하고 소외된 사람들에게 '위로'를 받은 것 같았다.

졸업식 이후 나는 한국으로 돌아왔다. 한국의 일상은 여전히 바쁘게 돌아가고 있었다. 일 때문에 자주 가던 압구정동의 쇼윈도를 보며 내가 변했다는 것을 깨달았다. 부러워하고 때론 주눅이 들기도 했던 화려한 쇼윈도의 불빛이 순간 더 이상 부럽지 않다는 생각이 들었기 때문이었다. 나는 마치 영화 「잃어버린 지평선」(1937)에서 '샹그리라'에 다녀온 로버트처럼 그곳으로 돌아가야 한다고 생각했다. 한국에 돌아온 후 4개월 만에 한국 생활을 정리하고 캄보디아에 계신 신부님에게 이메일을 썼다. 반티에이 쁘리업으로 돌아가겠다고.

1 반티에이 쁘리업이라는 공동체

반티에이 쁘리업은 작은 마을의 모양을 하고 있다. 학생들의 집들이 학교 건물을 중심으로 둘러 모여 있다. 작은 공동체들이 모여 큰 공동체를 이루며 살고 있었다.

매년 100여 명 안팎의 장애인들이 학생으로 들어온다. 학생들은 모두 성인(18세-40세 이하)이다. 그들은 열두 개의 나무집에 나뉘어 10명 정도씩 함께 살게 된다. 집마다 집 선생님이 있으며 집 선생님은 그들과 함께 살며 생활 전반을 돌본다. 학생 집 외에 남녀 직원 숙소가 두 채 있으며 수도자, 활동가들이 사는 집이 두 채가 있다. 그 외에 학교 건물과 사무실, 프로덕션 등 단층 건물이 여러 채 있다. 학교 내에 거주하는 사람은 150명 내외이다.

학생들을 십여 채의 집에 나눌 때에는 장애의 정도를 고려하여 골고루 배치한다. 예를 들면 휠체어 탄 학생들이 한 집에 몰리지 않게 한다. 그리고 휠체어를 탔다고 해서 모두 1층 집에 살게 하지 않는다. 휠체어를 탔어도 내려서 계단을 오를 수 있는 학생들은 2층 집에 살게 했다. 어느 부분에 장애가 있느냐에 따라 불편한 부분을 고려하여 10여 명의 학생들이 서로 도울 수 있는 팀으로 구성했다.

학교 선생님들 중 다수는 반티에이 쁘리업 출신이다. 그래서 학생들의 상황을 누구보다도 잘 이해하고 있었다. 어느 날, 한 선생님은 열심히 공부하던 학생이 마음을 못 잡고 방황하는 게 보였다

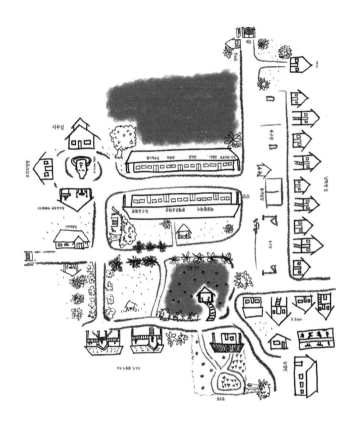

필자가 그린 반티에이 쁘리업 마을.

고 한다. 집 선생님이 학생과 이야기해 보니 집안에 안 좋은 일이 있었다는 것이다. 학교에서 열심히 공부해서 돌아가면 가족을 부양하려고 했는데 가족에게 안 좋은 일이 생겨서 학교를 당장 그만두고 돌아가 돈을 벌어야 하는 상황이었다. 회의 끝에 학생을 집에

반티에이 쁘리업 장애인기술학교의 모습.

다녀오게 하고 선생님이 가족을 직접 만나 이 학생이 열심히 기술을 공부하고 있으니 어렵겠지만 졸업을 하면 더 좋은 곳에서 일할 수 있다고 설득하여 끝까지 학교에서 공부를 마치게 하기도 했다.

수도자와 활동가 공동체는 두 집으로 나뉘어 생활했다. 점심은 직원들과 함께 먹었다. 주말에는 공동체원들이 직접 식사를 준비했다. 활동가들은 업무시간 외의 시간들은 자연스럽게 학생들과 보내게 된다. 퇴근 후 학생들과 운동을 하거나 나무 밑에 앉아 수다를 떤다. 종종 학생들의 공동체에 초대되어 함께 밥을 먹기도 한다.

숙소 안에서는 방에 있어도 사생활이라는 것이 불가능했다. 얇

은 나무판으로 지어진 집이라 방음이 잘 되지 않아 옆방 전화 통화
는 물론 혼잣말까지 다 들리는 환경이었다. 하지만 방문만 열면 커
다란 나무들이 자라는 마당이 있고 1년 내내 꽃들이 만발했다. 아
침마다 닭의 울음소리에 깨고 풀벌레 소리에 잠들었다. 밤하늘의
수많은 별과 대낮같이 밝은 보름달을 볼 수 있는 곳이었다. 개인
생활이 필요할 때는 주말에 시내에 나가 혼자만의 시간을 보내기
도 했다.

반티에이 쁘리업은 현지인 중심의 공동체였다. 학교의 중요한
일들은 현지 선생님이 함께 결정했다. 모든 결정은 학생들을 위한
결정이어야 했다. 활동가뿐 아니라 수도자들 또한 캄보디아 사람
들을 돕는 역할을 할 뿐 주도하지 않도록 노력했다. 처음 반티에이
쁘리업에 오는 활동가들이나 수도자들에게 요구되는 조건 중 가장
중요한 것은 현지인을 존중하는 것이었다.

'주도하지 않고 돕는 것', '현지인을 존중하는 것'은 나를 드러내
려는 일이 아니라 타인을 이해하려는 노력이었다. 앞에서 끌고 가
는 것이 아니라 뒤에서 밀어주는 역할을 하길 원했다. 하지만 일을
시작하는 초창기에는 그 말을 잘 이해하지 못했다. 어쩌면 작고 미
묘한 입장의 차이일 수도 있지만 시간이 지나고 나니 이것이 반티
에이 쁘리업이 오랜 시간 장애인들을 도울 수 있는 힘이 되었다는
생각이 들었다.

2 공동체의 목표

대부분의 학생들은 어려서부터, 또는 장애를 입게 된 순간부터 사회에서 떨어져 나갔다. 장애는 부끄러운 일이었고 할 수 있는 것이 없는 무능한 사람으로 취급되었다. 가족들에게도 외면당하면 마을에서도 소외되었다. 집에서만 지내는 경우가 많았고 학교를 마치는 경우는 거의 없었다. 그렇게 마을에서 소외되던 장애인들이 낯선 곳에 와서 공동체 생활을 한다는 것 또한 쉬운 일은 아니었다. 타인에게 받아들여지는 경험을 하지 못한 학생들이 공동체를 이루며 학교 생활을 한다는 것은 모험에 가까운 일이다. 내가 공동체에 받아들여지려면 나도 타인을 받아들여야 한다는 걸 깨달아야 했다.

그래서 개학 초기에는 학교에 사건 사고가 많은 편이다. 한집에 배정된 10여 명의 학생들은 함께 밥을 해 먹고 잠도 같이 자면서 식구처럼 살게 된다. 한집에 사는 친구랑 다투기도 하고 공부를 따라가기 힘들다며 집에 가고 싶다며 고집을 부리기도 한다. 그리고 장애의 정도에 따라 할 수 있는 일들이 다르기 때문에 공동체 내에서 누군가는 일을 더 하게 되고, 그런 불만들이 쌓여 싸움이 되기도 한다. 가족이 보고 싶다며 학교를 무단이탈하거나 교내에서 술을 마시는 등, 학교의 규칙들을 어기는 경우도 많았다. 같이 사는 학생과 싸움이 크게 붙어서 한 명을 집으로 돌려보내는 경우도 있었다.

그래서 학기 초에는 자잘한 이벤트를 많이 만들었다. 주말에 마당에서 다 같이 모여 영화를 보거나 외부 손님들을 집에 초대하거나 매주 집별로 근처 절에 소풍을 가기도 했다. 학생들을 충분히 바쁘게 만드는 것이다. 바쁘면 집 생각도 덜 나고 학생들과도 금방 친해졌다. 그렇게 정신없이 친구들을 사귀고 공부를 하다 보면 어느새 7, 8월 중반을 넘기고 있다. 그쯤이면 학생들은 이미 가족 같은 사이가 되어 있다. 저녁을 먹고 집 앞에 삼삼오오 모여 모자란 공부를 서로 가르치는 모습을 쉽게 볼 수 있었다.

반티에이 쁘리업은 기술을 배우는 것이 첫 번째가 아니었다. 첫 번째는 공동체 생활이었다. 공동체 생활은 자신의 역할이 주어지고 작은 일이든 큰일이든 책임감을 가지고 해야 했다. 식사를 위해 매일 시장에 가거나 음식을 하는 일, 빨래를 하거나 텃밭을 가꾸는 일이 모든 학생들에게 주어졌다. 이런 평범하고 일상적인 일을 해본 적이 없는 학생들이 많았다. 심한 경우 집 밖을 나가보지 못한 학생도 있었다.

학생들은 평범한 일상을 살아가며 자신도 남들과 다르지 않다는 걸 알게 된다. 다리가 없어도 시장에 가고 손이 없어도 음식을 만들 수 있다. 하지 못하는 것이 아니라 할 수 있는 기회가 없었다.

학교에 거주하는 사람들의 90% 이상이 장애를 가지고 있었고 아무도 장애에 대해 비난하거나 불편한 시선을 보내지 않았다. 남학생들이 여가 시간에 배구를 주로 많이 하는데 이들의 배구시합을 보고 있으면 신체장애라는 생각이 전혀 들지 않는다. 팔이 하나 없거나 다리가 하나 없어도 멋지게 스파이크를 날린다. 배구를 하지 못하면 볼 게임(땅 위에서 쇠공으로 하는 게임)을 하면 되었다. 모두 다 잘할 필요는 없었다. 내가 할 수 있는 것을 즐겁게 할 수 있다는 것을 깨달으면 자신의 부족함으로 괴로워하는 일이 줄어들었다. 자신이 할 수 있는 일들을 찾으면 되었다. 자신의 부족함을 인지하고 인정하고 나면 오히려 할 수 있는 일들이 많아졌다.

졸업식이 가까워질수록 공동체는 단단해지고 따뜻해진다. 학생들이 졸업할 때쯤 어떤 점이 학교 생활 중 가장 좋았는지 물어보면 학생들은 '친구'가 생긴 것이라는 대답을 가장 많이 한다. 친구라는 존재는 또 다른 자아와 같다. 반티에이 쁘리업의 학생들은 누구보다 치열하게 살았고 아픔이 많은 사람들이지만 그 상처를 치유하는 것은 '내 옆에 있어주는 사람'이라는 진리를 깨달은 사람들이었다.

학기가 끝나갈수록 학생들은 사회생활에 대한 두려움과 설렘을 가지고 있다. 그래서 9월이나 10월쯤 '홈커밍데이'라는 행사를 연다. 학교에서 졸업한 선배들을 50여 명 초대하고 그들의 사회생활 이야기를 듣는 시간을 가진다. 1박 2일 동안 다양한 프로그램을 진행한다. 선후배의 만남은 선배들에게는 선배로서의 자긍심과 학교에 대한 애정을 확인하게 하고 후배들에게는 선배들이 나아간 길을 보며 자신의 길을 찾고 학교에 대한 소속감을 더욱 크게 느끼게 되는 계기가 된다. 선후배 모두가 반티에이 쁘리업이라는 연대 안에 들어와 있다고 느끼게 된다.

수도자 공동체의 목표는 '가난한 사람들과 함께'하는 것이다. 수도자들은 선교사였고 그들에게 선교는 가난한 사람들 곁에 있는 것이었다. 그 신념을 잘 실천하고 있는 곳이 반티에이 쁘리업이었다.

캄보디아의 절기에는 스님들을 불러 행사를 하곤 했다. 학교 안에는 신성시하는 커다란 나무가 있었고 때때로 그 나무 아래에 향을 피웠다. 아무도 서로의 신을 강요하지 않았다. 하지만 나에게는 어느 교회나 절보다 종교적인 장소로 느껴졌다. 매일 기적 같은 일상이 펼쳐지는 곳이었기 때문이다.

활동가들은 다양한 이유로 이곳에 머물렀다. 이유는 모두 다르나 기대하는 부분은 대부분 위로나 쉼(정신적인)이 필요한 사람들이었다. 나 또한 다르지 않았다. 이곳에 처음 여행을 오고, 일주일이던 일정이 세 달이 되면서, 나는 이곳에서 살아보고 싶다는 생각을 했다. 어떠한 사명감이나 종교의 힘이 아니라 반티에이 쁘리업 학생들의 생활을 보면서 자연스럽게 생긴 감정이었다. 나보다 가진 것이 없어 보이는 사람들에게서 행복이라는 낯선 단어가 떠올랐다. 행복한 사람들 곁에서 살아보고 싶었다. 행복한 사람들 곁에서 위로받고 싶었다.

3 변화를 받아들이려면 기존의 것을 버려야 한다

어느 공동체에 들어간다는 것은 용기가 필요한 일이다. 그 용기란 내가 가진 것을 내려놓아야 하는 일이었다.

한국 생활을 정리하는 것은 그리 어렵지 않았다. 하지만 낯선 환경에 놓이기에는 이미 고정관념이 많은 나이였고 원래의 '나'라고 생각하는 '나'를 많이 내려놓아야 했다. 생활 방식부터 일하는 방식까지 모두 바꿔야 했다.

아무래도 문화가 다르기 때문에 일을 하면서 서로 오해하기도 하고 실수를 하기도 했다. 서로가 생각하는 '기준'이라는 것이 다른 경우가 많아 일을 하면서 부딪히는 일이 많았다. 봉제의 경우 제품의 생산 공정이나 품질에 대한 기준이 너무나 달랐고 그 간격을 줄이는 것은 불가능한 일일 때도 많았다. 외국어로 소통해야 하는 한계도 분명히 있었지만 언어를 떠나 생활, 문화의 차이에서 오는 간격을 좁히는 것은 불가능했다.

한국과 캄보디아가 다른 만큼 우리도 서로 달랐다. 직원들의 경우 자신의 방식을 강요하는 나를 이해할 수 없었고, 나는 합리적인 방법을 제시하는데 따라오지 못한다고 생각하기도 했다. 하지만 주도권은 나에게 있지 않았다. 이곳은 캄보디아였고 나는 이방인에 불과했다. 그들을 바꾸려고 했던 자신이 어리석었다는 것을 깨닫게 되자 이해하기보다는 존중을 하려고 노력했다. 그들의 방식을 존중하고 기다렸다. 일은 더디게 진행되었지만 나는 새로운 작업의 방향들을 찾기 시작했다. 나의 방식이 아니라 함께 할 수 있는 방식을 찾으려고 했다. 일을 잘하는 것은 중요했지만 더 중요한 것은 함께 일하는 것이었다.

봉제 프로덕션 직원들은 모두 반티에이 쁘리업의 봉제반 출신이었고 재봉을 잘하는 친구들이었다. 휠체어를 탄 친구는 팔꿈치

재봉을 하고 있는 봉제 프로덕션 직원들.

로 누르며 작업할 수 있게 개조된 재봉틀을 썼다. 한번은 손바느질
할 일이 있었다. 작업장의 한 직원에게 손바느질을 시켜두고 한참
을 나갔다 돌아왔을 때 그 직원은 손바느질을 끝내지 못한 상태였
다. 왜 아직도 못했냐고 물으니 자신이 손이 느리고 바느질이 예쁘
게 되지 않아 다시 만들고 있다고 했다. 나는 그제야 그 친구의 손
을 보았다. 태어날 때부터 한쪽 손이 조막손이었다. 한 손이 잘라
나간 것처럼 뭉뚝하게 되어 있었다. 그 직원은 이미 나와 1년을 함
께 일한 친구였다. 나는 장애의 정도를 따지지 않고 일을 시켰다.
봉제 일의 특성상 어려운 과정들이 종종 있지만 자신이 못하는 부

분은 서로 도우며 일하게 했다. 조막손의 그 친구는 아무 생각 없이 일을 시킨 나를 탓하지 않고 자신도 탓하지 않았다.

그저 손가락이 있는 손으로 바늘을 잡고 조막손으로 원단을 잡으며 힘겹게 손바느질을 해나가고 있었다. 나는 아차 싶었지만 그 친구에게 바느질을 멈추게 할 수 없었다. 결국 그 친구는 의연하게 손바느질을 끝마쳤다. 비록 느리고 바느질도 예쁘지 않았지만 나는 그 친구의 손바느질을 한참 바라보았다. 그리고 기분이 좋았다.

때로는 세상의 편리함은 포기하고 합리적인 결정과는 조금 다른 결정들을 내려야 했다. 다른 언어를 쓰는 대상과의 일은 오해하기 일쑤였고 실수의 연속이었다. 처음 반티에이 쁘리업 생활을 시작했을 때 나는 그들의 말을 몰랐고 문맹이었다. 캄보디아 말을 못하는 나는 혼자서 어디를 갈 수도 없었고 누군가의 도움 없이는 무엇을 살 수도 없었다. 어린아이마냥 누군가의 도움을 요청해야만 했다. 나의 부족함을 인정해야만 도움을 받을 수 있다는 걸 알게 되고 나니 누군가에게 도움을 주는 일도 편해졌다.

4 평범한 일상의 소중함

1월에 입학하는 신입생들은 낯선 환경에 적응하는 데 어려움을 느낀다. 가족이 아닌 사람들과 한집에서 함께 자고 함께 밥을 해 먹는 일이 쉬울 리 없다. 게다가 공부까지 하려면 다들 힘들어 한다. 그래서 초반에 집으로 돌아가는 학생들이 종종 발생한다. 이때 집 선생님들은 학생의 학교 생활과 공동체 생활에 어떤 어려움이 있는지 파악하고 돕는다. 집집마다 10여 명의 학생들이 함께 생활하게 되는데 학생들 사이 문제들은 공동체원들인 학생들과 집 선생님, 그리고 남학생과 여학생을 나누어 총괄하는 학생 담당 선생님들이 함께 의논한다.

한 번은 지적 장애가 있어 보이는 A학생을 많은 학생들이 불편해했다. 밥을 먹거나 이야기를 할 때 침을 많이 흘렸고 공동체원들이 하는 청소나 음식 만들기도 잘 따라오지 못하던 학생이었다. 학생들 사이에 불만이 나오기 시작했고 집 선생님 회의에 A학생의 문제가 의제로 올라왔다. 여러 이야기가 오가는 끝에 이 학생을 집으로 돌려보내지 않기로 결정했다. 선생님은 이 학생은 수업도 잘 따라오지 못하는 수준이지만 집으로 돌아가면 다시 사람들에게 외면당하며 방치되어 살게 될 것이라고 했다. A학생이 1년간 학교에서 기술을 제대로 배우지 못하더라도 사람들과 함께 지내는 법을 배우고 배려받는 경험을 하는 것, 그것으로 충분하다는 것이었다. 시간이 흐르고 놀리는 학생들에게 항상 웃음을 보이는 그 친구를 다른 학생들도 좋아하게 되었다. 여전히 부족한 것투성이이지만 어느 자리에서나 웃음을 주는 친구를 학생들은 받아 주었다. 학교를 무사히 졸업한 A학생은 학교의 정원사로 취직했다.

학생들은 세 끼를 직접 만들어 먹었다. 나무를 때서 밥을 짓고 시장도 직접 보았다. 대부분의 장애인 학생들은 집에서 이런 일상

바다 소풍을 간 반티에이 쁘리업 공동체.

을 경험해 보지 못한 경우가 많았다. 장애를 가지고 있다고 아무것
도 가르치지 않는 것이다. 특히나 시장을 다녀오는 경험은 휠체어
를 탄 학생들에겐 즐거운 일과였다. 이동의 불편함과 사람들의 시
선을 견디는 것이 쉽지 않았기 때문에 숨어 살다시피 한 경우가 대

부분이었다. 직접 시장을 보고 음식을 하는, 너무나 당연한 일상조차 주어지지 않았던 사람들은 반티에이 쁘리업에서 일상을 찾는 체험을 한다. 휠체어를 타고 시장에 가고, 한 손이 없어도 음식을 잘 만들 수 있다는 걸 알게 된다.

학생들은 매일 방과 후 배구와 볼 게임, 농구 등을 하며 시간을 보낸다. 저녁식사 후에는 부족한 공부도 복습하고 마당에 나와 북을 치며 노래를 부르기도 했다. 명절 전야에는 늦도록 춤을 추고 놀기도 한다. 캄보디아는 명절에 절에 가거나 파티 때 춤을 추며 노는데 이런 경험조차 못한 경우가 많았다.

1년에 한 번 100여 명의 학생들과 선생님들 모두 함께 바다로 소풍을 간다. 장애인 학생들 중 대부분은 바다를 한 번도 본 적이 없는 경우가 많았다. 가난해서 차비가 없었고 장애가 있어 멀리 이동하기가 쉽지 않았다. 학교에서 바다까지 5시간 남짓 걸린다. 관광버스를 대절하고 새벽부터 출발해서 아침 10시쯤 바다에 도착했다. 멀미로 녹초가 된 학생들은 바다를 처음 보는 순간 모든 것을 잊고 아이처럼 기뻐했다. 누군가에게는 평범한 일이 누군가에게는 모험이 되기도 한다. 그 순간을 함께 한다는 것은 눈앞에 기적을 보는 것처럼 놀랍고 행복한 경험이었다.

5 수도자와 활동가의 공동체, 그리고 공유하기

일주일에 한 번, 매주 화요일에 공동체 모임(gathering)이 열린다. 수도자들, 활동가들이 저녁 식사 전에 모두 모여 함께 미사를 보고, 간단한 스낵과 맥주를 마시며 이야기를 나눈다. 식사 후 나눔인 '셰어링(sharing)'은 나를 공유하고 남의 이야기를 듣는 시간이다.

셰어링은 모두가 둘러앉아 한 사람씩 자신의 일상을 나누는 것이다. 이번 주에 어떤 일이 있었는지, 개인적인 체험이나 느낌, 공유하고 싶은 주제, 하고 싶은 이야기를 하면 된다. 물론 개인적으로 하기 싫을 때나 멤버가 너무 많을 때는 하고 싶은 사람만 하기도 하지만 웬만하면 간단한 내용이라도 자신의 일상을 공유하게 한다. 가끔은 그것 자체가 스트레스가 되기도 했다. 자신의 상황 또는 상태에 대해 솔직하게 이야기하는 것이 쉽지 않을 때가 있다.

하지만 자신의 상태를 공유하는 것을 반복하고 훈련이 되고 나니 셰어링이 공동체 생활에 많은 영향을 주고 있다는 것을 깨달았다. 일의 상황이나 개인적인 상태를 공유하는 것은 공동체 생활에 꼭 필요한 일이라고 생각한다. 상대의 일상을 들으면서 같은 상황에서 다르게 받아들이거나 다른 느낌을 가질 수 있다는 것을 깨닫게 되면 상대를 이해하기 쉬워지기도 한다. 또한 함께 살지만 같은 일을 하지 않는 공동체원들의 이야기를 듣는 것은 공동체원으로서 한 울타리 안에 있음을 느끼게 해준다. 이것은 이해받고 이해하는 용서의 순간이 되기도 하고 자신의 생활을 돌아보는 시간이 되기도 한다.

셰어링은 상담이나 토론이 아니다. 오롯이 이야기하고 듣는 시간이다. 자신의 이야기를 오롯이 들어주는 경험, 나 자신을 그대로 드러내어도 괜찮다는 경험은 사람들에게 용기와 위로를 주는 것 같다. 단, 셰어링은 솔직해야 하며 신뢰가 있어야 한다.

6 공동체 안에서의 나

공동체 생활이 오래되어 가면서 공동체원들은 서서히 자신의 자리(역할)를 잡게 되었고 안정감을 가지게 되었다. 그러나 공동체 생활이 안정적이 되었다는 것은 또 다른 문제를 만들어 내었다. 반티에이 쁘리업은 외부 방문객들이 연간 1000명 이상이고 단순한 방문이 아니라 단기 봉사라는 명목으로 짧게는 일주일, 길게는 한두 달 정도 지내러 오는 사람들이 종종 있었다. 다양한 경로로, 다양한 이유로 이곳에 오는 사람들을 단순히 환영하는 것만으로는 부족했다. 일주일, 한 달씩 있는 사람들에게 이곳 생활의 룰을 알려주고 머무는 동안 할 일을 찾아주는 것이 쉬운 일이 아니었다.

대부분의 사람들은 자신이 이곳에서 무언가 도움을 주리라는 희망(?)을 가지고 온다. 이곳은 가난하고 장애를 가진 사람들이 모여 사는 곳이니 자신이 도울 것이 분명히 있다고 생각하고 봉사하는 마음으로 오는 경우가 대부분이다. 그 좋은 마음을 챙겨 주기에 공동체원들은 자기 일로 바빴다. 때때로 그들을 돌봐야 하는 상황이 생기기도 했다. 단기 활동가들의 성향 혹은 상태에 따라 공동체원들이 너무 영향을 받게 되어 일상이 흔들리자 공동체원들의 불만이 생겨났다. 소속감이 강해지자 외부에서 들어오는 긴장들이 싫어지고 회피하고 싶어지기도 했다. 공동체가 주는 안정감을 유지하고 싶어지면서 새로 온 사람에 대한 경계심이 생기기도 한다. 또는 반대로 때가 되면 떠나가는 사람들과의 반복되는 이별로 힘들어하기도 한다.

자신이 환영받을 거라는 착각으로 이곳에 와서 실망하는 경우도 보았다. 자신은 좋은 조건들을 버리고 이곳에 헌신하려고 왔는데 이곳에서 환영받지 못했다고 이야기하는 사람도 있었다. 그런 사람들의 경우 자신이 이곳에 온 이유를 정확하게 모르거나 또는 진짜 이유를 포장하려는 경우였다. 자신이 이 공동체에 적응하지 못하는 이유를 다른 사람들 탓으로 돌리기도 했다. 자신이 인정받고 있지 않다고 느끼며 불안해하기도 했다.

활동가들은 일로 자신을 증명하려고 했다. 일을 잘해야 공동체에서 인정받을 수 있고 그 인정이란 공동체에 필요한 사람이 되는 것이다. 하지만 우리에게 필요한 것은 '인정'이 아니라 '신뢰'였다는 것을 깨달았다. 반티에이 쁘리업 공동체는 나를 위한 공동체가 아니라 공동체를 위한 나를 찾아가는 과정 안에 있었다. 장애인 학생들이나 활동가들 모두 마찬가지였다. 자신을 드러내는 일이 아니라 함께할 수 있는 일을 찾아야 했다.

7 공동체의 힘

우리가 생각하는 보통의 삶을 살 수 없었던 사람들에게서 위로와 위안을 받는다는 건 단순히 그들과의 비교우위에서 오는 것이 아니라 그들이 가진 삶의 태도를 보며 일상이라는 것이 얼마나 대단한지 알게 되는 일이었다.

어느 날, 마당 농구 코트에서 휠체어 탄 학생들이 농구를 하는 것을 보게 되었다. 농구 코트라고 해야 시멘트 바닥에 농구 골대뿐이지만 다들 신이 나서 소리를 지르며 열심히 달리고 있었다. 시합이 끝난 후 보니 모두 휠체어를 타는 학생들이 아니고 일부는 다른 장애를 가진 학생들이었다. 휠체어를 타는 학생들과 함께 농구를 하기 위해 휠체어를 빌려 탄 것이었다. 평소에 휠체어를 탄 학생들은 농구 경기에 잘 끼지 못했다. 하지만 누군가 휠체어를 함께 타고 하자고 제안했고 이후 휠체어 농구는 학생들의 새로운 운동이 되었다. 자신보다 더 어려운 친구의 눈높이를 맞춰주는 것은 자신을 희생하는 일이 아니라 새로운 눈을 가지게 되는 계기가 되기도 한다.

반티에이 쁘리업은 단순히 기술을 가르쳐 직업을 갖게 하는 학교의 의미를 넘어, 상처받은 사람들에게 위로와 위안을 주는 집

(home)의 역할을 해왔다. 소외된 사람들에게 친구가 되어주고 가족이 되어주는 것이었다. '함께'라는 것은 '치유'의 힘이 있다고 믿는다.

많은 사람들이 반티에이 쁘리업을 거쳐 지나갔다. 나처럼 여행을 왔다가 머물던 사람도 있고, 무언가를 찾아 떠나온 사람도 있었으며, 가난한 이들에게 나눌 것을 준비하고 온 사람도 있었다. 하지만 우리는 모두 타인이었고 이방인이었다. 반티에이 쁘리업은 이방인을 환영하고 받아줄 수 있는 건강한 공동체였고 어떠한 문제도 함께 해결하려고 노력했다. 완벽해지려는 것이 아니라 함께여서 가능한 것들을 만들어 내는 공동체였다. 그것은 어떤 한 사람의 힘이 아니며 반티에이 쁘리업을 거쳐간 많은 사람들의 애정이 쌓여 만들어낸 힘이라고 생각한다. 반티에이 쁘리업은 많은 사람들에게 공동체가 가진 힘을 나눠 주었다.

누구에게나 완벽한 공동체는 없다. 지나가는 사람들, 또는 머무는 사람들이 자연스럽게 유기적으로 영향을 받으며 자기 자신을 성장시켜 나갈 때 비로소 공동체 역시 건강한 공동체가 되어 성장하게 된다고 믿는다. 어느 공동체든 갈등과 용서, 이해 없이 받아들여질 수 없다. 사춘기 없이 어른이 되는 경우가 없듯이 모두가 겪어야 하는 과정이 있다. 모두가 내 맘 같지 않음을 인정하고 사람들 사이에서의 갈등을 자연스럽게 받아내야 한다. 신뢰가 생겨나는 순간 진정한 공동체의 시작이 될 수 있다. 그 신뢰는 인간에 대한 애정이며 우리가 다르지 않다는 믿음이다.

8 끝에 서서

2019년 12월 19일 졸업식을 마지막으로 반티에이 쁘리업은 문을 닫았다. 1년여 동안 고민한 끝에 내린 결정이었다. 학교의 부지는 캄보디아 정부가 무상으로 대여해 준 땅이었다. 캄보디아 정부와 협의하에 땅을 무상으로 빌려 장애인 기술학교를 시작했다. 처음엔 군 막사로 쓰던 실제 군대의 버려진 건물에서 시작해 하나하나 학생들의 집과 농장, 사무실 등의 건물들을 지어 나갔다. 그렇게 시작된 학교는 30여 년 동안 자리를 잡고 수많은 장애인들에게 희망을 전했다.

2019년 어느 날, 캄보디아 정부는 이 땅에서 본인들이 장애 관련 시설을 하겠다고 하며 학교 이전을 제안했다. 정부의 계획은 불분명했고 정확한 비전을 제시하지 못했다. 정부의 계획서를 본 후 JSC와 반티에이 쁘리업의 직원들은 여러 번 회의를 거치며 이전이 아닌 폐교를 결정했다.

몇 년 전부터 신체 장애인이 줄어들고 있었고, 전쟁 피해(지뢰)보다는 교통사고 같은 물리적 사고에 의해 장애를 입는 경우가 늘면서 장애인의 교육 수준이나 장애인에 대한 사회적 인식도 조금은 변화하고 있었다. 매년 신입생들이 줄었을 뿐만 아니라, 장애인의 취업, 창업의 방법이 다양해지면서 변화를 맞춰 가는 것이 쉽지 않은 것도 사실이었다. 캄보디아의 급속한 변화 속에서 반티에이 쁘리업은 하고 있던 일의 끝맺음을 해야 할 때라고 판단했다.

폐교를 결정하자 캄보디아 정부는 학기 중에 학교를 닫으려 했고 학교 부지에 바로 공사를 시작하고 싶어 했다. 2019년 12월 졸업식이 끝나기도 전에 일부 시설을 부수고 흙을 다지는 작업을 시작하자, 급하게 다시 협상해서 졸업식 이후로 공사를 미루기도 했다. 졸업식 이후 학교는 빠르게 해체되었고 건물을 부순 자리에는 새 건물들이 지어지기 시작했다. 정부에서 장애인 관련 시설을 만들겠다고 나섰으나 계획은 껍데기뿐이고 결국엔 비싼 값에 땅을 팔 것이라는 소문도 들렸다. 30년간 장애인들을 위해 일한 반티에 이 쁘리업을 그냥 쫓아낼 수는 없었을 것이다. 그들에게도 명분은 필요하지 않았을까.

30년간 학교였던 땅은 그사이 꽤 비싼 땅이 되어 있었다. 프놈펜의 도시화는 외곽으로 확장되고 있었고 이미 도심의 빈민들은 쫓겨난 지 오래였다. 아파트에 밀려 쫓겨나던 서울의 달동네처럼, 프놈펜의 개발로 강가나 호수에 살던 가난한 사람들은 살 곳을 잃었다. 외국의 자본은 캄보디아의 땅을 사들이고 공장이나 호텔 등을 짓는 데 많은 투자를 하고 있다. 공장들이 생겨나고 도시로 젊은 사람들이 몰려들면서 도시엔 새로운 빈민이 발생하고 시골엔 노인들과 아이들만 남아 있다. 최근 도시에 사는 서민들은 대출을 받아 땅을 사기 시작했다. 도시의 땅값은 끝없이 오르는 중이다. 개발 붐이던 한국의 1970, 1980년대와 하나도 다르지 않았다. 아침 출근 길엔 여공들을 빼곡히 싣고 달리는 트럭을 쉽게 볼 수 있다.

그렇게 커져 가던 도시는 학교 주변까지 변화시켰다. 10년 전 학교 주변은 사방이 논이었고 옆에 작은 마을이 전부였다. 지금은 공장들과 집들, 상가들까지 가득 차고 찻길을 오가는 차량의 양도 몇 배는 늘었다. 땅값은 10배 이상 비싸졌다.

반티에이 쁘리업을 떠나 한국으로 돌아온 지 3년이 되어간다. 떠난 이후에도 매년 겨울에 한두 달씩 방문하여 봉제 프로덕션에서 일도 하고 학생들과 놀기도 하면서 지냈다. 반티에이 쁘리업이 학생들에게 집이 되어 준 것처럼 나에게 반티에이 쁘리업은 항상 돌아가고 싶은 집이 되었다.

반티에이 쁘리업에서 살았던 시간은 나를 성장하게 했다. '어떻게 살아야 하는가'라는 근본적인 질문은 나를 둘러싼 환경을 탓하는 것이 아니라 오롯이 나를 향해 던지는 질문이라는 것을 깨달았다. 인간으로서 주어진 삶을 어떻게 대해야 하는지 그들을 통해 조금이나마 알게 되었다.

코로나 시대를 지나며, 일상이라는 평범함이 우리 삶을 지탱해 주고 있다는 걸 깨달았다. 어느 때보다 회복과 치유가 필요한 사람들에게 반티에이 쁘리업이 보여준 '사람이 위로가 되는 공동체의 힘'이 지금의 우리에게도 희망이 되어 전해지길 바란다.

8장

쉼과 성찰의 퀘이커 공동체 학교: 미국 펜들힐

정지석

1 월링포드 숲속의 퀘이커 공동체 학교

펜들힐(Pendle Hill)은 미국 펜실베이니아 주 필라델피아 근교 월링포드(Wallingford)라는 작은 숲속 마을에 있는 퀘이커 공동체다. 이곳에서는 퀘이커리즘을 체험하고 공부하는 교육 프로그램이 운영되고, 선생과 학생을 비롯하여 그곳에 머무는 사람들은 함께 먹고 일하며, 매일 아침 함께 기도하는 공동체 생활을 한다.

펜들힐 공동체는 영성과 교육, 평화와 쉼, 공동체적 생활을 체험할 수 있는 곳이다. 마을 속에 존재하면서 마을 사람들과 함께 어울리는 개방적인 공동체다. 종교와 이념, 인종, 성별, 성적 지향, 국

펜들힐 공동체의 입구.

적 등에 상관없이 모두 평등하게 대하며 사회적 약자와 소수자의 인권이 존중된다. 펜들힐은 사회정의와 평화운동을 지향하며 생태계 친화적 공동체다. 펜들힐 공동체는 교육 프로그램을 하는 학교, 노동과 영적 수행을 하는 수도원, 심신을 쉬는 휴양관, 세 영역을 모두 포괄한 공동체라고 할 수 있다. 이사회가 공동체의 운영을 총괄하며, 상근 직원과 가족들이 상주하면서 공동체의 유지와 관리, 프로그램 실행 및 재정 모금 등의 활동을 한다.

펜들힐 공동체의 이름인 '펜들힐'은 영국 북서부 랭카셔 지방에 있는 산 이름이다. 17세기 중반 퀘이커리즘 운동의 창시자 조지 폭스(George Fox)가 이 산을 넘어오던 중 진리의 각성을 한 곳으로 퀘이커들에게는 의미 있는 이름이며 장소이다. 1930년 미국 퀘이커들은 퀘이커 평화운동가를 위한 쉼과 회복, 영적 재충전을 위한 영성과 평화교육 센터를 시작하면서 초기 퀘이커리즘의 영적 각성의 장소였던 펜들힐의 이름을 붙였다. 그때부터 오늘날까지 미국의 펜들힐 공동체는 미국 퀘이커뿐만 아니라 국적과 종교를 초월하여 모든 사람에게 열려 있는 공동체로서 존속해왔으며, 퀘이커리즘과 평화를 공부하고 공동체 생활을 체험하는 교육 공동체의 역할을 하고 있다. 최근에는 미국 퀘이커들의 쉼과 재충전, 생명 평화 실천과 영성을 결합한 프로그램을 진행하고 있다.

나는 2000년과 2010년에 각각 일 년씩 펜들힐에 머물렀다. 펜들힐에 처음 갔던 2000년에는 퀘이커 평화운동을 주제로 박사학위 논문을 쓰면서 머물렀고, 2010년에는 아내와 두 딸과 함께 펜들힐에 머물면서 공동체 생활을 체험했다. 논문을 쓰면서 지낼 때는 펜들힐 공동체 생활을 제대로 할 수 없었으나, 두 번째 머물렀던 기간에는 펜들힐 공동체 생활에 적극적으로 참여하고 경험하는 시간을 가졌다. 이 경험을 바탕으로 나는 펜들힐 공동체에 관한 글을 썼고, 한국에 돌아와 『퀘이커리즘으로의 초대—펜들힐 일기』[1]라는 책을 출판했다.

펜들힐에 두 번째 머물렀던 2010년은 펜들힐 창립 80주년이었

---

1 정지석, 『퀘이커리즘으로의 초대—펜들힐 일기』(대한기독교서회, 2014).

다. 이때 나는 미국 퀘이커로서 저명한 평화운동가이자 저술가인 파커 팔머(Parker J. Palmer)의 80주년 기념 강연을 들었다. 팔머는 개인 내면의 영적 체험으로부터 나오는 사회 변혁 지향의 평화운 동을 강조했다. 그의 이력과 펜들힐과의 인연은 특별했다. 그는 사회학을 공부했던 학자로서 1970년대 펜들힐에서 학생 신분으로 공부했고, 퀘이커리즘에 기반한 공동체 생활을 체험한 후 펜들힐에 계속 남아 가르쳤다. 80주년 기념 강연에서 그는 자신의 경험을 바탕으로 펜들힐 공동체의 현재적 의미를 증언했다. 펜들힐 공동체는 모든 사람에게 '안전하게 쉴 수 있는 공간'이며, '용서가 계속 일어나는 곳(continuing forgiveness)'이다. 펜들힐에 오기 전 지치고 죄책감에 시달렸던 그는 펜들힐에서 지내는 동안 마음의 안정을 회복했고 새로운 삶을 시작할 수 있었다고 말했다. 안전한 공동체, 잘못이 용서되는 공동체로서 펜들힐의 현재적 존재 의미는 크다. 파커 팔머는 영성과 사회운동, 교육과 변혁의 정치에 관한 저술 활동을 하고 있으며, 미국의 많은 사회운동가들에게 영감을 주고 있다. 그 역시 펜들힐 공동체의 경험을 통해 새로운 사회운동가로서 전환했다. 나는 팔머의 이야기를 들으며 펜들힐 공동체 안에서 역동적으로 일어나는 변화의 힘을 느꼈다. 팔머의 책은 한국어로 여러 권이 번역되어 있다.[2]

---

2 헨리 프렌치, 유영복 · 임순교 옮김, 『파커 팔머와 함께하는 40일간의 여행』 (대서, 2012); 파커 파머, 김찬호 옮김, 『비통한 자들을 위한 정치학』(글항아리, 2012).

2020년은 펜들힐 창립 90주년이 되는 해였다. 90주년을 기념하면서 펜들힐 공동체가 내건 슬로건은 "우리 삶을 변화시킴으로써 이 세상 속에서 정의로운 평화를 창조하자(To create peace with justice in the world by transforming lives)"였다. 이 슬로건은 2012년 설정한 펜들힐의 비전 선언인데 90주년에도 계속 이어지고 있다. 펜들힐 공동체는 개인 삶의 변화와 세계의 변화를 불가분리하게 추구하는 공동체이다.

펜들힐 공동체는 세상과 거리를 두면서 공동체 구성원들끼리만 살아가는 폐쇄적·고립적 은둔 공동체가 아니다. 퀘이커리즘을 바탕으로 한 종교적 영성 공동체를 지향하면서 동시에 세계의 정의와 평화운동에 참여하여 실천하는 공동체이다. 이웃 마을 사람들은 펜들힐에 자유로이 드나들 수 있으며 합창단 활동과 강좌 프로그램에 참여한다.

펜들힐은 약 2만여 평 되는 크기의 숲속에 아름다운 정원과 기숙사, 도서관과 교실, 예배 모임실, 사무실, 공동 식당, 목공과 도예실, 스태프 하우스를 포함한 십여 개의 건물과 주택으로 형성되어 있다. 공동체 안에는 일하는 사람들과 가족 약 20여 명이 상주하며, 학생과 프로그램 참가자, 투숙객들 30여 명이 거주한다.

2 펜들힐 공동체의 정신 퀘이커리즘

펜들힐 공동체의 종교적 바탕은 퀘이커리즘(Quakerism)이다. 퀘이커리즘은 영국의 종교개혁 운동이었던 청교도 혁명의 급진 개혁주의로부터 나왔다. 초기 퀘이커리즘 운동에 참여했던 사람들은 대부분 진리를 구하는 사람들(Seekers)이었는데, 이 구도자들은 철저한 종교개혁과 함께 가난한 사람들을 위한 사회경제적 개혁운동에 참여했다. 종교개혁과 사회개혁은 초기 퀘이커 운동의 중심 주제였다. 초기 퀘이커리즘 운동은 민중 속으로 널리 퍼졌다. 퀘이커리즘 운동의 창시자 조지 폭스는 구두 수선공 출신의 구도자였다.

퀘이커리즘이란 흔들리는 사람이란 뜻의 '퀘이커(Quaker)'에서 나온 것이다. 진리의 구도자들은 하나님 체험을 빛의 체험으로 고백했고, 모든 사람 안에는 내면의 빛(Inner Light)이 있다고 믿었다. 인간 내면에 있는 빛은 물리적 빛과는 다른 영적 체험의 빛을 의미하며, 이 내면의 빛의 체험을 영성(Spirituality)이라 한다. 영적 체험을 하는 순간 구도자들은 몸을 부르르 떨었다. 이런 모습을 보며 사람들은 이들을 '퀘이커(떠는 사람)'라 불렀고, 퀘이커들 사이에서도 통용되어 오늘에 이르렀다.

퀘이커란 말이 통용되기 전에 이들은 자신을 진리의 구도자들(Seekers of Truth) 또는 빛의 자녀들(Children of Light)이라 불렀다. 퀘이커리즘의 공식 이름은 종교 친우회(Religious Society of Friends)이다. 퀘이커리즘은 전통적인 기독교의 제도와 교리를 거부하면서 하나님과의 직접 만남을 중시한다. 성례전 예배 대신 무형식의 침묵 예배를 드리며, 교회라는 말 대신 모임의 집(Meeting house)이라는 말을 사용한다.

영국에서 일어난 퀘이커리즘 운동은 17세기 후반, 미국으로 전파되었고 영국 퀘이커였던 윌리엄 펜(William Penn)의 뛰어난 정치 지도력에 힘입어 미국 펜실베이니아에서 번성했다. 당시 미국은 영국의 식민지였다. 영국 왕 찰스 2세는 윌리엄 펜의 아버지로부터 진 빚을 아들에게 미국 식민지 땅으로 갚았는데 그 땅이 지금의 펜실베이니아(Pennsylvania) 주다. 17세기 후반 윌리엄 펜은 펜실베이니아에서 퀘이커리즘의 핵심 정신인 신앙의 자유와 종교적 관용, 인간 평등과 평화를 실현하는 '거룩한 실험(Holy Experiment)' 정치를 시도했다.[3] 이 덕분에 유럽에서 신앙의 자유를 추구하며 박해를 받던 소종파 기독교인들은 펜실베이니아로 이주했다. 지금도 펜실베이니아 주에는 아미쉬(Amish)를 비롯한 다양한 종파들이 자리하고 있다. 백인들에게 살육 당하던 아메리카 선주민, 즉 인디언들은 평화의 땅 펜실베이니아로 모여들었다. 퀘이커리즘 안에서 노예제는 불법으로 취급되었다. 미국 독립선언을 한 도시이며 1790년에서 1980년까지 미국의 수도였던 필라델피아(Philadelphia)는 '형제 사랑의 도시(City of brotherly love)'를 의미하는 퀘이커 도시였다.

---

3   John Punshon, *Portrait in Grey: A Short history of the Quakers*(London: Quaker Home Service, 1984), pp. 97-101.

퀘이커리즘은 미국 사회에서 신앙의 자유, 인간 평등과 평화의 진보적 전통을 형성했다.

월리엄 펜의 거룩한 정치 실험은 퀘이커들이 펜실베이니아 주에서 통치권을 내려놓은 미국 독립전쟁(1775년)까지 이어졌다. 월리엄 펜 시대 이후 다양한 백인 집단이 펜실베이니아로 이주해 들어오면서 퀘이커리즘의 이상 정치는 쇠퇴해 갔으나, 퀘이커들이 주정부의 통치권을 내려놓게 된 결정적인 계기는 전쟁을 거부하는 퀘이커 평화 신조 때문이다. 독립전쟁의 상황에서 펜실베이니아의 퀘이커 통치권자들은 전쟁 참가를 거부하고, 통치의 자리에서 물러나는 것을 선택했다. 이로써 퀘이커리즘을 세속 정치 사회에서 실천했던 월리엄 펜의 거룩한 정치의 실험은 막을 내렸다. 지금도 필라델피아 시청 앞에는 월리엄 펜의 동상이 높이 세워져 있다. 필라델피아 시민들은 월리엄 펜의 거룩한 이상을 영원히 기린다는 의미로 시청 건물을 비롯한 시내 건물 높이를 월리엄 펜의 동상보다 더 높게 하지 말 것을 약속했다. 그러나 지금 수많은 고층 건물 속에 파묻혀 있는 월리엄 펜의 동상은 퀘이커리즘의 거룩한 이상이 더 이상 미국 사회에서 계승되고 있지 않음을 상징적으로 보여준다.

미국 사회에서 퀘이커리즘은 조용하고 지성적인 기독교, 평화의 종교로 인정받고 있다. 필라델피아 시청 앞에는 퀘이커 평화운동 기관인 미국 퀘이커 봉사 위원회(AFSC, American Friends Service Committee)가 있다. AFSC는 1차 세계전쟁을 거치면서 미국 퀘이커들이 세계평화운동을 위해 설립한 기관이며, 1947년 노벨평화상을 수상했다. 펜들힐은 필라델피아 근교에 자리잡고 AFSC와 협력하며 평화교육과 영성 프로그램을 실행한다.

3 세계평화운동의 목적을 가진 공동체

미국 펜들힐 공동체는 세계 평화의 증진을 목적으로 삼고 1930년 시작했다. 제1차 세계전쟁(1914-1918)을 겪은 후 미국의 젊은 퀘이커들은 평화의 열정과 신앙을 실천하기 위해 전 세계 분쟁 지역으로 퍼져 나가 평화운동을 활발하게 전개했다. 그러나 평화는 그들의 바람만큼 눈에 띄게 진보하거나 쉽게 실현되는 일이 아니었다. 1년, 2년, 시간이 지나면서 젊은 퀘이커 평화운동가들은 지치고 낙심하여 현장을 떠나기 시작했다. 퀘이커리즘의 주요 신앙인 평화 신앙과 실천이 위기에 처해진 상황이었다. 미국 퀘이커 지도자들은 퀘이커 평화 운동가들을 위한 쉼과 재충전의 필요성을 느꼈고, 수년간의 논의와 준비 끝에 펜들힐 공동체를 시작했다. 펜들힐에서 퀘이커 평화운동가들은 지친 심신을 쉬게 하고 자신의 실천 경험을 성찰하면서 재충전의 시간을 가질 수 있었다.

퀘이커리즘은 평화를 믿음의 요체로 삼고 실천한다. 평화를 위반하는 행위를 하는 사람은 퀘이커에서 제명될 정도로 퀘이커리즘은 평화를 중시했다. 예컨대 퀘이커로서 전쟁에 참여하는 경우 제명되었다. 17세기 퀘이커리즘 운동이 시작하여 19세기까지 전쟁 불참의 평화 원칙은 엄격하게 지켜졌으나, 20세기 들어와 퀘이커 평화운동은 단순히 전쟁 불참을 넘어 평화 건설이라는 적극적 행동으로 전개되었다.

퀘이커리즘은 평화주의(Pacifism) 신앙을 신봉한다. 이것은 어떤 이유와 목적을 위해서일지라도 전쟁을 반대하고, 전쟁 참여를 거부하는 신념이다. 이런 입장은 가톨릭교회와 개신교회 등 기독교 대다수가 추구하는 정당한 전쟁론(Just War Theory)과는 다른 입장이다. 정당한 전쟁론은 이유와 수단과 목적에서 정당성을 갖는 전쟁이라면 신앙의 이름으로 지지할 수 있다는 기독교 전쟁 윤리이다. 그러나 퀘이커리즘은 모든 전쟁을 반대하고, 참여를 거부한다.

퀘이커리즘이 평화주의 신앙을 고수하는 이유는 '모든 사람 안에는 하나님의 그것(that of God in everyone)'이 있다는 믿음 때문이다. 이 믿음은 모든 인간 생명은 성스럽고 평등하다는 인권 의식을 낳았고, 그런 까닭에 인간 생명을 살상하는 전쟁 참여는 불가능하며 허용될 수 없는 것이다. 퀘이커리즘은 '악을 악으로 갚지 마라', '적을 사랑하라', '보복하지 마라'는 예수의 산상수훈을 그대로 실천하고 따르는 삶을 추구한다. 모든 사람 안에는 하나님이 임재한다는 영성과 예수 그리스도의 산상수훈을 따르는 믿음은 퀘이커리즘의 핵심 신앙이고, 이를 삶에서 실천하는 것이 평화운동이다. 퀘이커리즘은 신앙과 실천의 일치를 중시한다.

19세기 말까지 퀘이커들은 전쟁에 참여하지 않고 물리적 폭력을 사용하는 일은 피했다. 아주 소극적인 전쟁과 폭력 거부 행위를 해오던 퀘이커들은 20세기 초에 이르러 전쟁을 사전에 예방하는 평화운동에 눈을 떴다. 이 각성은 퀘이커리즘의 현대 평화운동을 출발시켰다. 20세기 퀘이커들은 전쟁의 원인이 되는 사회 불의와 가난을 제거하는 사회개혁운동을 평화 실천 운동으로 전개했다. 소극적 평화신앙이 적극적 평화운동으로 발전한 것이다. 현대 세계평화운동에서 퀘이커들의 역할은 여전히 지대하다. 세계 곳곳마다 전쟁이 일어난 곳에는 퀘이커 평화운동가들이 있다.

펜들힐에서 퀘이커 평화운동가들은 재충전의 시간을 가지면서 쉰다. 쉰다는 것은 아무것도 하지 않는 육체적 활동의 중단을 의미하지 않는다. 몸과 마음의 쉼은 그간의 활동을 성찰하는 시간이며 새로운 에너지를 재충전하는 것을 의미한다. 그것은 새로운 출발을 준비하는 과정이다. 펜들힐에서는 이를 위한 프로그램이 기획되고 실행됐다. 침묵과 기도, 대화와 경청, 멘토링, 강좌, 노동, 조용한 숲속 산책길, 유기농 식사 등은 펜들힐 공동체에서 제공하는 쉼과 회복의 환경과 프로그램이다. 펜들힐은 세계 분쟁 지역에서 일하는 평화운동가들에게 쉼과 재충전의 기회를 제공하여 평화운동에 활력을 불어넣고자 설립된 '목적을 가진 공동체'이다.

펜들힐은 전쟁 시기에 전쟁 거부 평화운동가들을 위한 훈련과 지원활동을 하기도 했다. 퀘이커 양심적 전쟁 거부자들은 평화봉사 활동을 위한 예비교육을 펜들힐에서 받았다. 퀘이커들은 세계제1차, 2차 대전에서 신앙 양심에 따른 전쟁 참여 거부 운동을 전개했고, 전쟁으로 고통을 겪는 사람들을 돕는 평화봉사 활동에 적극적으로 나섰다. 2차 세계 대전 동안 퀘이커 양심적 전쟁거부자들은 정신병원이나 전쟁 부상자들을 치료하는 병원에서 봉사하거나, 집 짓기 봉사활동을 했다. 이들의 양심적 전쟁 거부와 대안적 평화봉사 활동은 베트남 전쟁 시기 반전 평화운동으로 이어졌고, 미국의 강제 징병제도를 모병제로 바꾸는 성과를 낳았다.

전쟁이 끝난 후에도 퀘이커들은 전쟁의 근본적 원인을 제거하기 위한 활동으로 군비 축소, 사회정의 실현, 가난 해결, 차별 금지 운동 등을 활발하게 전개했다. 20세기 후반 핵무기 철폐 운동은 퀘이커 평화운동의 주요한 과제였다. 간디의 비폭력 운동은 사회 불의를 제거하기 위해 일하는 퀘이커들에게 영감을 제공했고, 퀘이커들은 사회변혁 운동으로서 적극적 비폭력 행동(Active Nonviolent Action)을 전개했다. 비폭력 운동은 일반 대중들에게 폭력 앞에서 아무것도 하지 않는 수동적이고 무기력한 운동인 것처럼 이해되었지만 인도의 간디는 영국 제국주의의 폭력에 맞서는 비폭력 행동을 통해 인도의 독립을 실현함으로써 비폭력 운동의 힘을 증명했다. 퀘이커들은 간디의 비폭력 행동에서 사회를 변혁시킬 수 있는 적극적인 평화 행동을 배웠다. 비폭력 행동은 폭력을 안 쓰는 데 주안점이 있는 것이 아니라, 폭력적 방식이 아닌 다양한 방식으로 사회악과 폭력을 변혁하는 평화적 행동이다. 2차 세계전쟁 이후 펜들힐은 비폭력 행동을 배우고 훈련하는 교육 프로그램을 진행해

오고 있다.

퀘이커 평화운동은 평화교육을 보다 전문화시키고 체계적으로 발전시키는 데 기여했다. 핵무기의 출현을 맞이하면서 퀘이커들은 보다 체계적인 평화운동의 필요성을 느꼈고, 평화교육 운동을 활발하게 전개했다. 영국과 미국의 퀘이커 대학에는 평화학 강좌가 설치됐고, 국가간 분쟁과 사회적 갈등을 평화적으로 해결하는 갈등 해결 방법론 교육이 진행됐다. 영국 퀘이커들은 브래포드 대학(University of Bradford)에 평화학과 설립을 주도하고 지원했다. 현재 브래포드대학 평화학과는 석·박사 과정을 운영하고 있다. 펜들힐의 교육 과정에는 평화와 영성, 비폭력 행동, 갈등 해결방법론 워크숍이 들어있다. 1999년 크리스마스 저녁, 나는 펜들힐에서 남북한 평화를 위해 일하는 미국 퀘이커 평화운동가들을 만났다. 그들은 갈등 해결 교육을 한국 시민사회에 소개하려는 계획을 밝혔다. 그리고 수년 동안 한국 시민단체 실무자들을 대상으로 갈등 해결 방법론 교육을 실행했다. 지금 한국 사회에서 활발하게 전개되고 있는 갈등 해결 교육과 운동은 퀘이커 평화운동가들의 공헌이다.

펜들힐은 신진 평화운동가를 육성하는 일에도 관심을 갖는다. 펜들힐에서 생활하다 보면 사람들은 자연스럽게 생활 속 평화를 체험한다. 펜들힐에서 평화교육 프로그램을 체험하는 것도 중요하지만 공동체적 삶의 체험을 통해 자연스럽게 일어나는 '평화적 삶으로의 전환'은 퀘이커들이 궁극적으로 추구하는 것이다. 평화운동가는 공동체적 삶의 경험 속에서 육성된다. 사실 평화운동가가 별도로 존재하는 것은 아니다. 펜들힐 공동체의 기본 정신을 이루고 있는 퀘이커리즘은 '모든 사람 안에는 평화운동가가 될 수 있는 잠재력이 있다'는 믿음 체계이다. 신진 평화운동가의 탄생은 모든 사람 안에 있는 평화적 잠재성을 발견하는데서 시작된다. 펜들힐 공동체는 모든 사람들이 어느 자리에서 어떤 일을 하든지, 평화를 사랑하고 평화로운 삶을 추구하며, 세계 평화에 기여하는 시민이 되기를 바란다. 이런 '평화 시민'이 '신진 평화운동가'이다. 평화 시민 가운데 평화적 각성을 더욱 깊이하고 전 생애를 평화운동에 전념하는 '전적 평화운동가'가 출현한다. 그것은 개인의 자발적인 선택이다. 전적 평화운동가, 말하자면 직업적 평화운동가의 활동을 퀘이커들은 물질적으로 지원하고 돕는다. 이와 같은 협력과 지원의 실천을 펜들힐 공동체는 '협력의 동지애'라고 부르며 추구한다. 펜들힐 공동체는 개인의 자발적이고 자유로운 선택을 존중하는 바탕에서 평화운동가를 육성하는 목적을 가진 평화교육 공동체이다.

4 평화교육과 영성 공동체

평화운동을 증진하는 교육 프로그램은 처음부터 펜들힐의 주요 목표였다. 미국 퀘이커들은 펜들힐 공동체를 설립하고 시작할 때 영국의 퀘이커 헨리 호드킨(Henry Hodgkin)을 초대 학장으로 초청했다. 호드킨은 펜들힐을 평화교육 공동체로 발전시킨다는 목표를 갖고 네 가지 공동체 비전을 제시했다. 편안한 안식처, 예언자의 학교, 사상의 실험실, 협력의 동지애. 이 네 가지 비전은 현재까지 펜들힐 공동체의 기본 정신을 이루고 있다.

첫째, 편안한 안식처로서의 펜들힐은 지치고 상처받은 평화운동가들에게 쉼과 회복을 제공한다. 퀘이커 평화운동가들은 펜들힐에서 육신의 쉼과 마음의 평화를 회복한다. 호드킨은 심신의 쉼과 회복은 영혼의 깊은 침묵으로부터 얻어지는 것이라 믿었다. 지금도 펜들힐에서는 하루를 시작하는 아침에 공동체 사람들이 함께 모여 침묵하는 시간을 갖고 있다. 이 침묵 모임에는 종교적 구별 없이 모든 사람들이 참여할 수 있다.

둘째, 펜들힐은 예언자들의 학교이다. 퀘이커리즘에서 예언자는 앞날을 점치는 점술가가 아니라, 사회정의와 평화, 평등 정신으로 불의한 사회를 개혁하는 사람을 의미한다. 예컨대 미국 노예 시절 퀘이커 예언자 존 울만(John Woolman)은 퀘이커리즘의 인간 평등 정신을 실천하고자 흑인 노예 해방운동을 전개했다. 호드킨은 펜들힐을 사회정의와 평화를 위해 일하는 예언자를 육성하는 학교로 발전시키려고 했다. 그런 까닭에 펜들힐의 교육 프로그램은 대학이나 직업학교 같은 제도권 학교와는 다른 내용으로 짜여졌다. 예를 들면, 2010년 내가 펜들힐에 있을 때 설치됐던 강좌 제목은 '비폭력운동과 사회변혁', '사랑하는 공동체와 진짜 민주주의', 'UN

(위) 펜들힐 공동체의 생명 예식. (아래) 펜들힐에서의 점심 식사.

개혁'이었다. 일반 대학강의 제목과는 다른 새로운 것이었다. 강의실 분위기도 새로웠다. 가르치고 배우는 선생과 학생 구분 없이 서로의 경험과 지식을 나누는 대화 방식으로 진행됐다. 과정을 이수하면 펜들힐 공동체가 발행하는 수료증이 수여됐다.

셋째, 펜들힐은 모든 사상이 자유로이 토론되고, 다양한 실천이 모색되는 사상의 실험실과 같은 곳이다. 호드킨은 펜들힐이 종교의 차별 없이 모든 종교인 또는 비종교인이 자유롭게 드나들고, 다양한 이념을 토론하고 실천을 모색할 수 있는 안전한 사상의 실험실 같은 공간이어야 한다고 믿었다. 펜들힐에서 일하는 실무자와 학생은 다양한 종교인들이고 비종교인들도 있다. 이와 같은 사상적, 종교적 개방성과 관용 정신은 지금까지 펜들힐 공동체 정신으로 이어지고 있다.

넷째, 펜들힐은 공동체 생활을 하면서 협력의 동지애를 기르는 학교이다. 동료들은 함께 일하고 공부하고 기도한다. 내가 두 차례 지내면서 체험한 펜들힐 공동체는 일하는 사람들 간의 상하 관계, 선생과 학생의 위계 관계가 없는, 서로 품위와 예의를 지키며 성실하게 대하는 공동체였다. 개인의 개성이 존중되면서도, 함께 일하고 기도하는 협력의 정신과 공동체 정신이 이심전심으로 통했다. 펜들힐에서 개인과 공동체는 둘이 아니라 하나이다. 이와 같은 협력의 동지애는 평화운동에서 재정적·정신적 지지와 협력으로 표현된다.

펜들힐의 교육 과정은 1년 3학기 과정으로, 가을학기(9월-12월),

겨울학기(1월-3월), 봄학기(4월-6월)로 운영되었다. 한 학기 기간은 12주였다. 이 교육 과정은 내가 펜들힐에 있었던 2010년까지 진행되었지만, 최근에는 온라인 과정과 한 달 정도의 펜들힐 숙박 과정으로 교체되었다. 이것이 잠정적인 결정인지 아니면 영구적인 결정인지 알 수 없지만 외국인은 예전처럼 학생 신분으로 장기간 체류를 하는 것은 불가능하다. 펜들힐 공동체를 체험하기를 원하는 사람은 일주일에서 한 달 기간 프로그램에 참여하거나, 단순 투숙자로 머물러야 한다.

5 한국의 펜들힐 사람들: 함석헌과 후배들

펜들힐 공동체는 한국 사회에 거의 알려지지 않은 곳이다. 공동체에 관심을 갖고 있는 사람들에게도 잘 알려지지 않았고, 세계 공동체를 소개하는 한국 언론에서도 다루지 않았다. 퀘이커리즘이 종교개혁운동에서 나온 기독교 소종파임에도 불구하고 대다수 한국 기독교인은 퀘이커리즘을 이상한 종교로 알고 있다.

펜들힐이 우리나라에 처음 알려진 것은 1962년 함석헌(1901-1989) 선생이 방문하면서부터였다. 한국에서 퀘이커리즘은 함석헌 선생의 이름과 함께 알려지게 되었다 해도 과언이 아닐 것이다. 함석헌 선생은 20세기 후반, 한국 민주주의와 인권, 남북한 평화통일 운동을 이끌었던 평화사상가였다. 그의 저서 『뜻으로 본 한국역사』

는 20세기 후반기를 살았던 한국의 많은 지식인에게 깊은 영향을 미쳤다.[4] 그는 퀘이커리즘을 평화의 종교로 믿었고, 1962년 가을, 펜들힐에서 한 학기를 머물면서 공부했다. 그리고 이어서 1963년 봄학기 퀘이커리즘의 본산지인 영국 퀘이커리즘 대학원 우드브룩(Woodbrook)에서 공부했다. 함석헌 선생은 퀘이커리즘을 학문적으로 공부하려면 영국의 우드부룩을 가고, 퀘이커 공동체를 체험하려면 펜들힐을 가는 것이 좋다고 평가했다. 그는 펜들힐을 특히 좋아했고 그후로도 두 번 더 펜들힐을 찾아가 머물렀고, 그의 뒤를 따라 한국 사람들의 발걸음이 펜들힐로 이어졌다.

함석헌 선생은 퀘이커리즘의 평화신앙과 실천에 감동했다. 영국의 퀘이커 평화위원회와 AFSC는 2차 세계대전 중에 전쟁에 반대하고, 적과 아군을 구별하지 않고 인도주의적 평화 구호 활동을 함으로써 1947년 노벨평화상을 공동 수상했다. 함석헌 선생은 국가들의 전쟁을 반대하는 평화주의 신앙을 실천한 퀘이커들의 소식을 접하면서 감동했다. 퀘이커 평화운동은 한국 전쟁을 계기로 한국에서도 전개되었다. 미국 퀘이커 평화봉사팀은 1953년 전란에 파괴된 한국에 와서 의료와 평화 구호활동을 했다. 이때 함석헌 선생은 퀘이커들을 처음 만났고, 그 후에 펜들힐로 연결되었다.

함석헌 선생은 펜들힐에서 퀘이커리즘 공동체를 체험했다. 그는

---

4 이에 관해서는 김성수, 『함석헌 평전』(도서출판 삼인, 2001)과 정지석, 「한국 기독교 평화윤리의 연구: 기독교 평화주의와 함석헌의 평화사상」《기독교 사회윤리》11, 2006), 207-236쪽 참고.

1940년대 초, 그리고 1950년대 한국에서 교육, 노동, 기도를 주축으로 하는 평화교육 공동체를 시도했던 경험을 가지고 있었고, 공동체 운동의 의지가 계속 있었기에 펜들힐 공동체에 대한 관심이 남달랐다. '펜들힐 공동체를 불사르라'는 함석헌 선생의 메시지는 지금도 펜들힐 역사 속에 의미 있는 예언자적 메시지로 기록되어 있다. 2010년 펜들힐에서 1년간 머물렀던 나는 펜들힐 공동체의 80년 역사를 정리하고 있던 퀘이커리즘 역사학자 더글라스 그윈(Douglas Gwyn)으로부터 함석헌의 메시지에 대한 이야기를 들었다. 1967년 펜들힐에 두 번째 머물렀던 함석헌 선생은 펜들힐 공동체를 떠나면서 펜들힐을 불사르라고 성냥을 선물했다고 한다. 함석헌의 메시지는 당시 30여 년을 지나오면서 제도화되어 가던 펜들힐 공동체에게 영적 · 정신적 도전으로 받아들여졌다. 더글라스 그윈은 함석헌의 이야기를 펜들힐 80년 역사에 기록했다.

펜들힐에서 함석헌을 만났던 미국 퀘이커들은 함석헌 선생을 한국의 영적 지도자로서 존경했다. 그 증거가 펜들힐 예배 모임실에 걸려 있는 함석헌의 사진이다. 1999년 9월 펜들힐에 처음 도착했던 날, 나는 하얀 한복을 입고 바닥에 무릎 꿇고 앉은 함석헌 선생의 사진을 펜들힐의 예배실에서 발견했다. 그것은 펜들힐을 방문하고 머물렀던 함석헌에 대한 미국 퀘이커들의 존경심의 표현이다. 퀘이커들은 세계 퀘이커대회에 함석헌을 한국의 퀘이커 대표로 초청하곤 했다. 함석헌 선생도 퀘이커들과 교제를 나눴고, 세계 평화를 위해 기도하고 일하는 퀘이커 평화운동에서 깊은 영감을 받았다. 함석헌 선생은 펜들힐에서 20세기 미국 퀘이커 성자로 불리는 하워드 브린턴(Howard Brinton, 1884-1973)을 만났고, 그의 저서 『퀘이커 300년』⁵을 한국어로 번역 출판했다. 영국과 미국 퀘이커들은 1970년대 함석헌의 민주화 운동을 지원했고, 그가 감옥에 갇혔을 때 국제적인 석방 운동을 전개했다. 노벨평화상을 수상한 AFSC는 함석헌 선생을 노벨평화상 후보로 추천했다.

함석헌 선생은 펜들힐 같은 영성과 교육, 공동체적 생활이 함께 어우러진 공동체가 한국 사회에 필요하다고 믿었다. 펜들힐을 다녀온 한국 사람들 역시 한국의 펜들힐 공동체를 만드는 꿈을 꿨다. 그러나 아직 펜들힐 같은 공동체는 없다. 2000년대 들어서 공동체 운동에 관심을 가진 한국인들이 해마다 펜들힐을 찾아갔다. 이들 가운데는 한국에 돌아와 퀘이커리즘 모임을 시작한 사람도 있고, 사회적 갈등 해결 운동을 하는 사람도 있으며, 영성 훈련 모임을 시작한 사람도 있다. 이런 움직임들은 앞으로 우리 사회에서 펜들힐 같은 공간과 프로그램을 가진 공동체로 발전해 갈 것이다.

한국 사회에서 펜들힐 공동체 같은 공동체 운동이 일어난다면 몇 가지 점에서 매우 의미 있는 기여가 될 것이다. 첫째, 남북한의 분열과 갈등을 극복하고 평화의 공동체 형성을 목표로 일할 피스메이커 교육운동에서 펜들힐은 공동체형 평화학교로서 좋은 모델이다. 철

---

5 Howard Brinton, *Friends for 300 Years* (New York: Haper & Brothers, 1953), 함석헌 옮김, 『퀘이커 300년』(한길사, 1993).

원 국경선평화학교는 그 대표적 사례이다.

둘째, 시민사회 운동가들이 쉼과 재충전을 할 수 있는 공동체의 필요성이다. 시민운동가들이 자신의 사회운동 경험을 성찰하는 공간과 시간을 가질 때 시민운동은 진보하고 한국 시민사회는 건강하게 발전할 수 있다. 쉼을 통해 마음의 평화를 회복하는 일은 먹는 일에서부터 일하고 기도하고 공부하는 심신의 전체적 체험에서 이뤄진다. 지난 90여 년 동안 안전하고 편안한 자연 환경, 좋은 만남과 대화를 위한 쉼과 재충전 프로그램을 진행해 온 펜들힐은 좋은 모델이다.

셋째, 펜들힐 공동체는 사회적 소수자와 약자의 차별 없이 모든 사람을 평등하게 환영한다. 급격한 경제 성장 속에서 인간의 존엄을 경시해 온 한국 사회에는 인권 감수성을 가진 평화 영성 공동체로서 펜들힐 같은 공동체가 필요하다.

넷째, 펜들힐 공동체는 단순하고 소박한 삶, 자연과 조화로운 삶을 추구한다. 이런 공동체적 삶의 경험은 사치와 소비를 권장하는 자본주의적 삶을 반성하고, 생태적 회심의 기회가 될 수 있다. 일반 시민들에게 생명 존중의 삶으로 방향 전환을 체험할 수 있는 공동체가 필요하다.

다섯째, 특정 목적을 가진 공동체는 사회로부터 분리되어 폐쇄된 공동체를 지향하는 경향이 있다. 그러나 펜들힐 공동체는 개방적인 태도로 존재하면서 사회 문제에도 민감하게 대응한다. 그리고 사회 변혁 운동에 적극적으로 참여한다. 한국 사회는 점점 종교적, 이념적 장벽이 높아지고 사회적 분열과 갈등 현상이 심각해지고 있다. 상호 차이를 존중하고, 사회적 참여와 평화로운 변화를 추구하는 평화 영성 교육 공동체로서의 펜들힐은 한국 사회에서 요청되는 공동체 모델이다.

6 한국 펜들힐 공동체 실험: 철원 국경선평화학교

나는 2010년 펜들힐에서 머무르는 동안 국경선평화학교(BPS: Border Peace School) 운동의 비전을 얻었다. 나는 남북 분단 상황에 처한 우리나라에 펜들힐 같은 공동체 평화학교가 필요하다고 생각했고, 2013년 3월 1일 남북 분단 마을 철원에서 국경선평화학교 운동을 시작하여 오늘에 이르렀다. 미국의 펜들힐이 필라델피아에서 기차로 1시간 정도 떨어진 곳에 위치해 있다면 철원 국경선평화학교는 서울에서 기차로 2시간 정도 거리에 위치해 있다. 펜들힐처럼 국경선평화학교도 평화교육 공동체이다. 다만 다른 점은 국경선평화학교는 남북한 평화를 위해 일하는 피스메이커를 육성하는 구체적인 목표를 갖고 있다는 점이다.

남북한 평화 건설 운동은 현재진행형의 과제이면서 동시에 긴 안목에서 준비하고 계획해야 하는 우리 사회 공동체의 목표이다. 한국 사회는 이 목표를 추진해 나갈 평화운동가들을 육성해야 한다. 남북한 민족 공동체의 평화운동가는 남북한을 정의롭고 화해

된 하나의 공동체로 건설하는 총체적인 '평화 사회 기획자(Peace Society Designer)'로 일해 나갈 사람들이다. 우리는 이 일을 실천할 사람을 피스메이커(Peacemakers)라고 부른다.

국경선평화학교는 공부, 기도, 노동을 공동체 교육의 기본 정신으로 삼고 있다. 이 점은 펜들힐의 교육 정신과 일치한다. 분단과 갈등 상황을 변혁하고 남북평화운동을 이끌어 갈 평화운동가(피스메이커)는 공부하고 기도하며 노동하는 공동체 생활을 한다. 공부는 남북한 평화 건설 운동에 요구되는 피스메이커 교육 커리큘럼을 바탕으로 일반 과정(1년)과 전문가 과정(2년)으로 진행된다. 1년 교육 과정은 3학기(가을학기, 겨울학기, 봄학기)이다. 일반 과정을 마치면 피스메이커 수료증이 수여되며, 전적 평화운동가로 일하고자 하는 사람은 2년 기간의 전문가 과정을 더 밟는다. 전문가 과정에서는 실천 현장 경험을 쌓고, 평생동안 함께 협력하며 일할 동지애를 쌓는 시간을 갖는다. 이 점에서 국경선평화학교는 펜들힐 경험을 참고하면서 우리 상황에 적합한 길을 모색하고 있다.

나는 펜들힐에서 1년 과정을 수료하면서 이제 사귈 만하게 되었는데 헤어진다는 아쉬운 느낌을 가진 적이 있다. 남북한 평화운동가는 평생동안 함께 일하며 협력하는 동지애를 필요로 한다. 이런 점에서 2년동안 집중적으로 실천과 경험을 함께하는 전문가 과정을 설치한 것이다. 교육 과정은 지금도 계속 실험 중이다.

평화운동의 동지애를 형성하는 길로서 우리는 함께 일하고 기도하는 일을 중시한다. 매일 오전에는 함께 모여 침묵 기도 시간을 가지며, 오후에는 소이산을 오르는 평화기도순례를 한다. 소이산은 비무장지대(DMZ) 옆에 위치하여 비무장지대를 사이에 두고 갈라져 있는 남북한 땅을 한눈에 바라볼 수 있는 산이다. 매주 수요일은 공동체의 일을 하며, 봄부터 가을까지는 아침에 유기 농사를 한다. 국경선평화학교 피스메이커들은 남북한 평화운동, 청소년 평화통일교육, DMZ 평화순례, 남북 국경마을의 평화마을 운동가, 인도주의 구호활동가, 국제평화운동가등 다양한 영역에서 일하게 될 것이다.

국경선평화학교는 DMZ 분단 현장 교육 프로그램으로서 청소년과 시민 평화교육 프로그램을 실행하고 있다. 이것은 남북 평화통일 운동을 시민운동으로 확산시키고, 미래 세대들을 교육하는 활동이다. 교육 기간은 하루, 1박 2일, 2박 3일 등 단기 방문 과정으로, DMZ 현장 체험을 중심으로 진행된다. 시민들을 위한 "DMZ 시민 평화순례" 프로그램과 청소년들을 위한 "DMZ 분단 현장에서 배우는 체험과 참여의 평화통일 교육" 프로그램이 대표적이다.[6]

국경선평화학교의 구체적인 실천 내용은 펜들힐 교육 프로그램과 다르지만 지향하는 공동체 정신과 평화운동가(피스메이커) 육성이라는 근본 목표는 비슷하다. 국경선평화학교는 펜들힐과 같은 공동체 공간을 갖추고 있지 않다. 그러나 점차 평화운동가들이 쉬

6 국경선평화학교에 대한 상세한 정보는 www.borderpeaceschool.or.kr을 참조.

고 재충전할 수 있는 편안하고 안전한 공간으로 발전하려는 비전을 갖고 있으며, 이 점에서 펜들힐 공동체는 좋은 모델이 되고 있다. 미국 펜들힐과 협력 관계를 맺을 계획이다.

9장

폐산업 시설 위에 세워진 해방된 삶: 유럽의 예술/노동공동체

박신의

폐산업 시설의 문화적 활용

한국 사회에서 폐산업 시설을 문화적으로 활용하는 일이 본격화된 것은 2000년대 들어서였다. 쉽게 떠올릴 수 있는 사례로는 2004년에 KTX가 개통되면서 폐쇄된 서울역사가 있다. 폐쇄 후 이를 어떻게 활용할 것인지에 대한 오랜 논의를 거쳐 2011년에 지금의 '문화역서울284'로 재탄생된 것이다. 284는 옛 서울역의 사적 번호로 유산적 의미를 상징하는 것이기도 하다. 같은 시기에 당인리 발전소 활용에 대한 논의도 뜨거웠는데, 당시 가장 많이 거론되던 비교사례는 영국 런던의 테이트 모던(Tate Modern, 2000년 개관)

미술관이었다. 테이트 모던은 당인리와 같은 뱅크사이드(Bankside) 화력발전소를 활용한 케이스였고, 한국도 이에 비견할 만한 사례를 만들어보자는 의도였을 터다.

서울역사의 경우도 프랑스 파리의 오르세 역을 개조해 1986년 개관한 '오르세 미술관(Musée d'Orsay)'이 비교 사례로 언급되었다. 물론 지금의 '문화역서울284'와 비교하면 비슷한 구석도 없지만, 당시로서는 폐산업 시설을 문화 공간으로 전환하면서 공간의 역사성과 장소성을 살린다는 정책 과제가 새로운 시도였고, 국내 사례에서는 당위성을 찾기 어려웠던 상황에서 해외 유수 사례를 근거로 제시할 수밖에 없었으리라 추측된다. 돌이켜보면, 독일의 라인 강 지류인 엠셔 강(Emscher) 주변의 탄광과 철강 공장들이 세계적인 생태 관광의 명소로 거듭난 엠셔파크(Emscher Park) 프로젝트도 자주 거론되었던 사례였다. 그러면서 폐산업 시설의 문화적 활용이 도시 재생이라는 명분과 함께 하나의 트렌드처럼 한국 사회에서 회자되었다.

이처럼 정부가 주도하여 활용하는 경우와 달리, 예술가나 기획자들이 자연발생적으로 폐산업 시설에 파고드는 사례도 있다. 소규모 공장 밀집 지역인 문래동이 쇠락하면서 빈 공간이 생겨나자, 2004년부터 예술가들이 임대료 부담이 적은 이곳으로 흘러 들어온 것이다. 점차로 숫자가 늘어 가면서 작업실만이 아니라 예술 단체 사무실과 작은 규모의 갤러리, 공방도 이곳에서 자리를 잡아갔다. 예술가들은 지역의 공장과 어우러지면서 거리에서 축제도 하고, 멋진 벽화를 그려 발길을 멈추게 만들며, 공장이 쉬는 주말에는 공장에서 노동자를 대상으로 한 사진전도 열었다. 일종의 예술공동체와 같은 맥락에서 지역사회와 소통하고 함께 어우러지면서 지역의 재생을 자연스럽게 이루어 낸 것이다.

기능이 정지된 공장, 폐허로 남게 된 산업 시설들은 대체로 도시 재개발 구도에서 철거 대상이 되고 만다. 물론 유산적 가치를 갖는 경우는 보존을 위해 다른 용도로 전환하여 활용하지만 그렇게 되는 경우는 매우 드물다. 후기산업사회로 들어서면서 산업구조가 바뀌고, 그 결과 공장과 발전소, 광산, 역사, 각종 상업건물 등이 문을 닫게 된다. 하지만 문제는 그로 인해 지역이 황폐화된다는 데 있다. 대부분 철거되더라도 철거 결정과 시행까지 오랜 시간이 걸리고, 결과적으로 장기간 폐허의 상태로 방치되기 때문이다. 그렇다고 해서 그 공간은 그대로 철거될 만큼 사소한 것이 결코 아니다. 그곳은 수많은 노동자와 사용자들이 오랜 시간 머물고 일하며, 자신과 동료의 삶을 이어간 시간이 축적된 기억의 공간이자 산업사의 증거물이다. 그런 관점에서 보면 폐산업 시설은 그 자체로 유산으로서의 의미를 가진다.

이처럼 폐산업 시설은 산업사회의 역사적 흔적이자 도시적 삶을 증언하는 지표라 할 수 있다. 그런 공간이 폐허로 방치될 때, 그리고 재개발로 철거될 위기에 처할 때 과감히 개입하여 이를 문화적으로 활용하면서 기억을 살려내고 보존하려는 주체들이 있었다. 특히 1960년대 말 유럽에서 일었던 진보운동의 지지자들에 의해 주도된 1970년대 초반의 사례들은 반문화운동과 반자본주의적 이념을 구현한 매우 놀라운 경우라 하겠다. 그들은 폐산업 시설을 불법 점거(스콰트, Squat)로 침입해 장악하고, 새로운 문화운동의 거점으로서 혹은 무정부주의적 예술공동체로서 폐허를 살려갔다.

놀라운 것은 그렇게 시작한 공간이 지금까지도 지속되고 있다는 점이다. 공간의 주인들은 폐허로 방치된 공간을 창의적으로 살려내면서 그 역량을 인정받아 지방 정부로부터 사용권을 얻어내거나, 지방 정부가 부지를 매입함에 따라 철거의 위기를 극복하고 자치 운영을 해가도록 여건을 만들어 가면서 지금까지 존속해 온 것이다. 대부분 공동체적 방식의 운영을 취하면서 그 자체로 새로운 삶과 경제, 문화를 꿈꾸고 실천한다는 점에서 일종의 작은 공화국으로도 간주된다. 한국 사회에서는 거의 상상도 할 수 없다는 점에서, 유럽의 사례들은 지금 이 시점에서 봐도 여전히 놀랍고 충분히 매력적이다.

유럽의 폐산업 시설을 활용한 문화 공간의 이념

유럽에서 폐산업 시설을 문화적으로 활용하게 된 역사는 이제 50년을 넘어섰다. 유럽은 영국을 중심으로 산업혁명을 이룬 지역인 만큼, 산업구조가 바뀌어 가던 1960년대 말부터 문을 닫는 산업 시설들이 급증하기 시작했다. 이런 상황에서 1960년대 영국에서는 산업유산이라는 용어가 탄생하였고, 1973년 첫 번째 산업고고학 회의를 개최하면서 산업 시설의 유산적 가치를 주장하였다. 그 결과 영국의 아이언 브리지(Iron-Bridge)가 1986년에 유네스코 세계 문화유산으로 지정되기에 이르렀다. 추후 회의는 국제산업유산보존위원회(TICCIH, The International Committee for the Conservation of the Industrial Heritage)로 재탄생하면서 산업 시설의 정의와 활용을 위한 가이드라인을 제시하고 있다.

이에 따라 폐산업 시설은 유산적 가치를 갖는 것으로 인식되었으나, 1960년대 말이나 1970년대 초반에는 그러한 인식이 충분히 확산된 것은 아니었다. 그런 가운데 지역별로 방치되는 큰 규모의 폐산업 시설을 예술가와 노동자, 지역 주민들이 점거하면서 일종의 지역문화공동체를 구성하는 형태가 점차로 늘어갔다. 산업유산이라는 말은 좋지만, 실제로 유산으로 지정되기 위해서는 건축적 가치와 과학적 가치, 역사와 기술적 가치 등을 보유해야 하는 등 조건이 까다로워 많은 폐산업 시설이 철거되기 일쑤였다. 그래서 공간을 필요로 하는 사람들이, 그리고 산업을 일구어 온 주체와 지역사회의 기억을 유산적 가치로 판단한 사람들이 나선 것이다.

특별히 프랑스에서는 이러한 공간을 문화 폐공간(friches culturelles) 혹은 애칭처럼 그냥 '프리쉬'라 부른다. 프리쉬(friche)는 '황무지'라는 뜻으로 보통 황폐화된 공간이나 상태를 말하는데, 이를 다시 문화 공간으로 살려냈다는 점에서 명칭을 부여했다. 프랑스의 사회학자이자 연극인인 필립 헨리(Philippe Henry)는 전 유럽적 현상에 대해 1970-1980년대와 1990년대, 그리고 2000년 이후 등의 세 단계로 나누어 분석한 바 있다. 다만 이러한 역사적 흐름에 비해 문화 폐공간에 대한 정책적, 학문적 연구는 1990년대 말부터 주어졌으며, 같은 맥락에서 정부가 적극적으로 폐산업 시설을 활용한 것도 같은 시기라고 설명한다. 따라서 1970-1980년대에는 주로 민간인이 주도하였는데, 예술가들로서는 작업실이나 연습실을 사용할 권리를 주장한 결과지만, 실제로는 활용을 통한 보존의 필요성과 이를 위해 지역 주민과 협업 내지는 연대를 펼치면서 공간의 지역성과 장소성, 역사성에 대한 예술적 성찰과 실천을 보여준 것임을 강조하고 있다.

그런 점에서 유럽 전역의 문화 공간에는 각각의 지역이나 도시의 역사와 산업적 구조의 특수성을 갖고 매우 다양한 사연과 이야기들이 담겨 있다. 또 공간 자체가 주는 개방성과 '비정형성'은 자유롭고도 실험적인 예술을 시도하기에 충분히 매력적이었고, 이는 공동체 형성 초반에 대체로 연극이나 음악, 서커스 등의 공연 단체들이 활동을 주도하는 일반적인 이유가 되기도 했다. 그리고 이는 다시 '상호문화주의적 접근'으로 대변되면서 '문화의 민주화'에 따른 고급 문화 영역에서의 전문 예술을 지칭하는 좁은 개념의 문화가 아니라, 이종문화의 차이를 있는 그대로 이해하면서 문화 간 충돌과 변증법적 결합까지를 포괄하는 넓은 개념의 문화 개념을 취하게 된 것이다.

이에 따라 유럽의 폐산업 시설 활용 문화 공간은 도시 재생과 맞물린 '커뮤니티 회복'에 실질적인 역할과 기능을 갖는다고 할 수 있다. 커뮤니티 회복은 공간 자체의 공동체적 운영 방식을 말하면서 동시에 지속가능한 운영을 통한 지역사회 복원의 의미를 충족시킨다. 대부분 이러한 공간은 자유공동체 형식으로 운영되며, 때로는 자체 에너지 수급을 이루어 내고 생태적 경작이나 제품을 개발하여 판매함으로써 경제적 자립의 근거를 갖고 있기도 하다. 그런 점에서 이들은 일찍이 상호관계 속에서 서로의 도움을 주고받게 되는 '사회적 경제' 혹은 '연대적 경제' 개념을 실천한 것으로 볼 수 있다. 실제로 사회적 경제 개념은 공동체 이념을 가동시키는 원동력이라는 점에서 매우 흥미로운 쟁점으로 간주된다.

또한 공간에서 운영하는 프로그램의 영향력을 고려할 수 있는데, 이는 곧 문화민주주의 이념과 참여 방식을 통해 지역 주민들의 행동 양식에 변화를 가져오게 된 경우를 말한다. 기본적으로는 공간 자체가 지역사회와 개방적인 관계를 형성하면서 지역 주민의 예술 체험과 향유 방식이 달라진 것과 직결된다. 예술 향유는 극장이나 미술관에서처럼 완결된 작품을 관람객으로서 감상하는 것이 아니라, 이곳에 거주하면서 연습하고 제작하는 예술가들의 작업 전반을 보고 함께할 수 있다는 점에서 다르다. 예술가들과의 대화와 교류, 각종 정보의 공유만이 아니라 축제적 분위기 속에서 정서적으로 공감대의 수준을 높일 수 있기 때문이다. 이에 따라 주민들에게 문화 공간은 산업 시설에 대한 기억과 함께 예술과 삶을 구분하는 공간이 아니라, 그것의 연속성과 지속성을 부여하는 공간이 되는 셈이다.

이러한 효과와 관련하여 프랑스의 사회학자 파브리스 라펜 (Fabrice Raffin)은 폐산업 시설 활용 문화 공간, 즉 프리쉬가 지역 주민에게 기존 사회질서와 제도적 논리에 대한 하나의 저항과 자유 의지의 표현으로 비춰진다고 진단한 바 있다. 개방적인 문화 공간은 사람들과의 만남과 교류를 주선하고, 이를 통해 개인주의적 삶을 영위하게 만드는 도시적 삶의 양식에서 자기 존재 의식을 회복시켜 주며, 예술가들의 활동에 대해 자신도 한 부분이 될 수 있다는 자신감을 갖게 함으로써 도시에 시적 매력과 힘을 만들어준다는 것이다.

실제로 부르쥬(Bourges)에 있는 '앙트르포(Antre-Peaux)'의 입구에는 "나는 경쟁과 경합을 부추기는 이 사회가 무섭다. 당신에게 승자가 되라고 말하는 이 사회. 그러나 과연 패자를 양산하는 승자의 사회라는 것이 무슨 의미가 있겠는가?"라는 팻말이 붙어 있다고 한다. 그런 의미에서 도심의 폐산업 시설 활용 문화 공간은 도시 속의 '숨통'이고, 성찰을 위한 '빈터'이며, 사고와 행동에서 변화를 수반하는 또 다른 의미의 '정치적 공간'이 될 수 있다는 것이다. 동시에 일종의 '매개 공간'으로서 대중들에게 도시와 자신의 삶, 폐산업 시설이 말해 주는 장소성과 역사성과의 관계, 개인과 집단 혹은 사회와의 관계를 연결해 주고 경험을 고유하게 만들며, 궁극에는 지역 사회에 대한 일체감과 연대감을 갖게 하는 계기로 작용한다. 도시를 재생한다는 것의 의미는 일차적으로 버려진 공간에 생명을 불어넣는 데 있지만, 오히려 지역의 주민들이 그곳을 통해 다양한 문화와 성찰의 계기를 획득하고 내용을 채워 간다는 점에서 더 큰 의미가 있다.

이러한 이념적 배경을 전제로 지금부터 실제 유럽의 사례를 살펴보도록 하겠다. 국가별로 대표적인 공간을 하나씩 볼 것이되, 1970년대를 중심으로 문을 연 순서로 소개하고자 한다.

프랑스 파리의 태양극단과 카르투슈리 극장촌

프랑스 파리 동쪽 근교의 뱅센 숲(Bois de Vincennes)에는 '태양극단(Le Théâtre du Soleil)'을 비롯한 프랑스를 대표하는 극단들이 모여 있다. 1970년부터 1973년까지 '카르투슈리(Cartoucherie)'라 불리는 옛 탄약통제조소를 점거하면서 자리를 잡은 것이다. 이곳은 1874년에 군사적 목적으로 건립된 일종의 공원형 단지로서, 화약을 만들고 카트리지를 조립하는 폭약 공장과 군수물자 보관소를 포함하고 있었다. 그러나 알제리 전쟁(1954-1962)을 치르면서 군과 경찰청은 이곳을 알제리 사람을 포함한 북아프리카인 분리 캠프로 전환하였다. 그리고 전쟁 후에 시설의 기능이 정지하자 버려졌고, 오랜 기간 폐허로 남아 있었던 것이다.

1964년에 창립된 태양극단의 대표 아리안 누슈킨(Ariane Mnouchkine)은 연습실과 사무 공간을 찾던 중 이곳을 발견하였고,

카르투슈리 극장촌 입구 전경.

1970년 여름에 단원들을 이끌고 이 숲으로 들어왔다. 파리 시의 정
식 허가를 받지 않은 상태에서 직접 건물을 수리하고, 무너진 담을
세우며 온갖 쓰레기와 덩굴을 치우면서 연습실과 공연장을 만들어
갔다. 결국 그해 12월 26일에 첫 공연을 개최하게 되었다. 전기도
들어오지 않고 화장실도 없었으며 온방 시설도 구비되지 않은 상
태였지만, 사람들은 이 신비로운 숲속의 극장을 기꺼이 찾아 주었
다. 이 관객들은 어두운 공원의 나무들 사이로 더듬거리며 오다가
진흙창에 발이 빠지는 일도 마다하지 않았다고 한다. 누슈킨은
관객에게 뜨거운 수프를 끓여 건넸고, 그들과 함께 먹고 몸을 녹

였다.

이렇게 시작한 극장촌에 연이어 네 개의 극단이 합류하였다. 1938년 창립한 템페스트 극단(Théâtre de la Tempête)이 1971년에 들어왔고, 1972년에는 테아트르 레페 드 브와(Théâtre de l'Epée de Bois, 목검 극단)와 쇼드롱 아틀리에(Atelier du Chaudron)가, 그리고 1973년에는 아쿠아리움 극단(Théâtre de l'Aquarium)이 들어왔다. 이들 극단은 모두 당시 68혁명 정신에 고무되어 새로운 연극을 실천하며, 궁극적으로 시민과 노동자, 이주민의 삶과 정치적 현실에 개입하는 전위예술의 흐름을 만들어 갔다. 극단은 노동자들의 파업현장을 돌며 공연하고 거리로 나서는 연극을 실험하면서, 전통적인 연극 관람과 같이 잘 만들어진 무대를 놓고 품위 있게 관람하는 것이 아니라 창고를 개조한 무대에서, 그리고 야외 공원에서 배우와 축제를 즐기는 방식을 제공하였다.

이처럼 다섯 개의 극단이 모여 극장촌을 이루면서 공동체 형식으로 자치 운영을 도모하게 되었다. 이들은 각자의 예술적 특성과 활동 방식에 따라 운영하되, 새로운 연극예술을 추구하고, 연극인이라는 직업 외의 다른 경제 활동을 하지 않으며, 공적 기관의 지위를 갖지 않는다는 원칙을 고수하였다. 또한 태양극단의 경우 '공동 분배', '공동 창조', '공동 운영'의 모토에 따라 단원 간에 월급을 똑같이 나누었다. 몇몇 단원들은 아예 공원에서 거주하면서 생활하기도 하고, 모두가 아이를 돌보았다. 극장촌의 사람들은 어떠한 공적 지원도 받지 않는 상태에서 점진적으로 공원 전체를 정비해 가면서 안정적인 환경을 일구어냈다.

하지만 파리 시는 이들의 거주를 임시적인 것으로 간주하고, 따로 재개발계획을 세웠다. 1960년대 말 '카르투슈리' 옆에 조성된 플로랄 공원(Parc Floral de Paris)에 이어 올림픽 수영장을 조성하려 했으나 실패했고, 1974년부터는 해병대 캠프로 활용하는 계획을 세웠다가 여의치 않게 되면서 1978년에 중단되었다. 이런 우여곡절을 겪다가 결국 극장촌의 활동과 존재가 사회적으로 알려지고, 이용자들의 긍정적인 평가가 이루어지자 1985년에 결국 파리시는 극장촌과 정식으로 임대계약을 체결했다. 그리고 그 이후 파리 시는 인프라 조성을 위한 지원을 하게 되었고, 극단들은 지금까지 월세를 내면서 공간을 사용하고 있다.

'카르투슈리'는 사실 아리안 누슈킨의 이름과 그대로 일치한다. 그녀의 공동체 정신은 평생을 지켜온 이상주의 이념이라 할 수 있고, 그 물리적 징표가 바로 카르투슈리라 볼 수 있기 때문이다. 게다가 그녀는 예술의 정치적 힘을 보여주면서 동시에 상호문화주의(interculturalisme)를 통해 진정한 국제주의 공동체 이념을 실천해 간 인물로도 정평이 나 있다. 누슈킨에게 상호문화주의는 서구의 사실주의적 연극을 탈피하기 위한 새로운 형식 실험과 외래의 문화적 전통과 차이에 대해 의식적으로 만나는 방식으로 기능한다. 이러한 경향은 1970년대 유럽과 미국의 새로운 아방가르드로서 상호문화주의 연극이 확산되던 시기를 만들었다.

1939년생인 그녀는 아직도 건재하여 작품 활동을 지속함과 동시에 주요 시위 현장에도 빠짐없이 나서고 있다. 그녀가 보여주는 투사다운 면모는 철저히 현실에 발을 딛고 서서, 예술의 힘을 믿는 여신의 모습일 것이라는 생각을 한 적이 있다. 어둡고 길도 없는 숲속을 찾아오는 관객에게 식사를 제공했던 그 모습이 그랬다. 그녀는 1970년 12월 첫 공연을 회상하면서 "내가 관객에게 식사를 제공한 것은 하나의 아이디어가 아니라 필연이었다. 좋은 식사가 그들을 연극만큼이나 행복하게 만들어줄 것이라 생각했다. 1789년 프랑스대혁명 때는 광장이 필요했다. 하지만 우리에게는 농구장 크기의 공간이면 충분했다."고 말한 바 있다. 나는 2015년 여름에 이곳을 방문해 그녀를 만났다. 그녀의 첫마디는 밥 먹고 가라는 것이었다. 나는 단원들과 함께 아시아식 식단으로 준비된 식사를 했다. 그들의 일원으로 말이다.

덴마크 코펜하겐의 크리스티아니아

프리타운 크리스티아니아(Fristaden Christiania)는 나에게 오랫동안 의문의 대상이었다. 어떻게 이런 일이 가능할까 하는 생각을 가졌다. 무려 12만여 평에 해당하는 넓은 영토를 1971년에 스쾃터들과 실업자, 히피족, 예술가들이 점거하면서 곧장 자치구로 선언한 사실이 그렇지만, 아나키스트 공동체로 불리면서 지금까지 존속한다는 사실도 그렇다. 운하를 끼고 있는 버려진 군사 시설에 들어간

이들은, 거주 공간이 필요하거나 경쟁 사회에서 뒤처진 사람들과 함께 새로운 공동체를 실험하려는 무모한(?) 신념으로 무장한 사람들이었다. 그래서 처음부터 자립을 목표로 자치 운영을 실천한다는 원칙을 분명히 했다. 스스로 집을 짓고, 자가 발전기를 설치하며, 공중목욕탕을 만들고, 연극 공연장과 요가 센터를 건립하면서 안착한 것이다.

당시 크리스티아니아 사건을 취재한 신문에서는 이곳의 목적을 '모든 개인이 공동체의 복지에 책임을 지는 자치 사회를 만드는 것이며, 경제적으로 자급자족함에 따라 심리적, 육체적 궁핍을 피할 수 있다는 신념을 보여주는 것'이라고 적고 있다. 그 신념은 이성애 중심의 자본주의 질서에 편입되기 어려웠던 동성애자와 자유로운 영혼을 가진 자들을 지켜낸다는 것으로도 드러났다. 다만 '스토너(stoner)'라 불리는 마약 중독자의 수용은 논란의 소지를 제공했다. 그럼에도 그들이 폭력과 범죄를 저지르지 않는 한, 수용한다는 입장을 분명히 했다. 바로 그 점 때문에 덴마크 사람들은 이곳을 성공적인 사회적 실험으로 여기고 있다. 지금은 천 명이 넘는 거주자가 살고, 50여 명의 아이들이 태어났으며, 50여 개의 예술단체들이 이곳에서 작업하며 다양한 창작과 문화 활동을 펼치고 있다.

자립을 위한 경제 활동으로는 자체적으로 운영하는 레스토랑과 카페, 공방과 숍, 연극과 요가 등의 다양한 문화 프로그램이 있고, 발명품 생산을 포함하는 제조업이 있는데 그중 세계적으로 유명한 '크리스티아니아 바이크'를 들 수 있다. 북유럽을 방문하면 어느

크리스티아니아 입구.

나라 할 것 없이 앞에 작은 마차 같은 박스를 달고 달리는 자전거를 볼 수 있다. 아이들만이 아니라 어른들도 타고 다니며, 물건도 싣고 다니는 모습은 정말 인상적이다. 이 수레용 자전거를 발명한 사람이 바로 크리스티아니아 주민이다. 그는 차 없는 마을에서 아이들을 이동시키기 위해 이 자전거를 만들었는데, 결국 세계적인 제조 산업을 일구게 되었다. 1978년 대장간을 만들고, 수많은 실험과 연구를 거쳐 1984년에 첫 제작을 하게 된다. 지금도 크리스티아니아 안에 작은 공장이 있고, 대량생산을 위한 공장은 다른 지역에 소재한다.

자유도시의 자치 운영을 위한 규율로 몇 가지 금지 사항을 적시하고 있다. 일체의 폭력과 무기를 금지하고, 중독성이 강한 마약과 자동차를 금지한다. 그 외에는 각자 알아서 판단하고 자유롭게 살아갈 수 있다. 마을에 필요한 의사결정이 있을 경우, 모두가 참석하는 공동회의(communal meetings)를 통해 결정하되 전원 합의제가 원칙이다. 공동회의는 크리스티아니아의 제반 문제를 상의하는 최고 기구와 같다. 마을의 임대료, 마을을 개발하는 사업 발의와 계획, 그리고 정부에 대응하기 위한 다양한 사안을 다루게 된다. 이에 반해 일상적인 의사소통은 지역 자치회의를 통해 진행한다. 그리고 이들은 공동체를 상징하는 깃발과 화폐도 독자적으로 만들어 사용해 왔으며, 비공식 국가(國歌)도 만들어 불렀다.

모든 주민들은 자신이 원하는 땅에 집을 지을 수 있다. 다만 자신이 원하는 기간 동안 살 수 있지만, 이를 팔 수는 없다. 소유권을 주장할 수 없는 것이다. 나는 2019년 여름에 이곳을 방문했고, 우연히 알게 된 예술가의 안내로 주택단지를 둘러본 적이 있다. 그는 자신이 선택한 땅을 안내하면서 앞으로 2년 계획으로 손수 집을 지을 것이라 설명했다. 대부분의 집이 그렇게 지어져 각자의 디자인과 취향의 다채로움을 볼 수 있는 기쁨이 있었다. 연 150만 명의 방문객을 맞이하는 이곳의 번잡함과는 별개로 주택단지는 상대적으로 평온하고 조용했다.

하지만 크리스티아니아는 여전히 '불법'이었다. 무엇보다도 마을 한복판에 있는 푸셔 거리(Pusher Street)는 대마초를 판매하는 장소이다. 주민들은 중독성 강한 마약은 금지하는 대신 대마초를 합법화하는 것을 선택했지만, 늘 갈등과 마찰의 불씨를 안고 있었다. 실제로 2005년 푸셔 가의 폭력 조직 간 싸움으로 주민이 총격에 사망하는 사건이 발생했다. 주민들은 푸셔 가 사람들이 평화롭게 지낸다면 허용한다는 입장이었지만, 마약 시장의 복잡한 이해관계가 결국 사고를 낸 것이다. 덴마크 정부는 사실 대마초를 법으로 금지하고 있는데도 불구하고, 오랜 세월을 관대하게 봐준 것이 신기하다. 그럼에도 경찰이 마약 거래를 중단하려 대규모 진입을 시도한 적도 있으며, 2016년에 다시 푸셔 가에 총격 사건이 벌어졌다.

게다가 2001년 보수주의 진영 총리가 선출되면서 정치적 충돌을 맞게 되었다. 2006년 이들에게 부과된 대안적 공동체의 특별한 지위가 상실되고, 2007년 5월 19일에는 부분 철거가 감행되어 격렬한 저항이 이어졌다. 결국 덴마크 대법원은 이곳을 최종적으로 '불법' 판결을 내리게 되었고, 공동체는 이 땅을 시장 가격 이하로 매입하라는 제안을 한 정부와 협상 끝에 재단을 설립하였다. 그리고 2012년 7월에 첫 비용 지불을 하면서 공식적으로 법적 토지 소유자가 되었다. 이러한 결과에는 주민만이 아니라 코펜하겐 시민의 지지가 한몫을 하였다. 시민들이 주민과 뭉쳐 강제 철거를 막았고, "크리스티아니아 사람들이 자신의 방식대로 살게 하라"는 여론이 큰 역할을 한 것이다.

2019년 CNN은 이 자유도시를 심도 있게 다룬 바 있다. 역사적 흐름과 기본 정신을 재평가하면서도 현재 처한 상황을 분석한 것이다. 핵심은 크리스티아니아가 무단 점거의 지위(?)에서 합법화되면서 문제가 복잡해졌다는 것이었다. 다시 말하면 관광객이 불어나면서(실제 이곳은 덴마크의 4대 명소 가운데 하나이다) 개발에 대한 내적 요구가 증대하고, 결과적으로는 주민의 임대료 상승으로 이어졌다. 재단은 새로운 사업 공간을 마련하고, 기존 군부대 기반 시설과 역사적 건물의 보수와 재건을 충당하기 위해 크리스티아니아 임대료를 인상했다. 하지만 외부 세력의 진입으로 상업화를 초래하는 젠트리피케이션(gentrification)과는 다른 맥락일 것이다. 다만 오버투어리즘(over-tourism)의 차원에서 사람들이 자유정신과 히피, 자치경영을 배우려 하기보다는 셀카와 인스타그램을 위해 방문하는 것은 아닌가 하는 우려가 앞서는 상황이다.

스페인 바르셀로나의 노바리스 시민문화센터

아테네우 포풀라르 노바리스(L'Ateneu Popular 9 Barris)는 유럽의 여러 사례 가운데서도 매우 독특한 경우라 할 수 있다. 지역 주민이 공해 산업인 천연 콘크리트 공장을 점거하고 그곳에서 스스로 기획한 축제를 개최하며, 폐쇄된 이후 예술가와 합심하여 문화센터로 운영하게 된 전 과정이 그야말로 급진적인 투쟁의 역사로 남아 있기 때문이다. 더욱이 1970년대 중후반 프랑코 독재 정권이 마감하고 새로운 민주주의가 자리 잡기 시작한 시기에 이루어졌다는 점에서 스페인 민주화와 관련해서도 기념비적인 사건으로 간주되고 있다. 1977년 문화센터로 자리 잡아 지금까지 운영을 지속하고 있는 이곳은, 지역 주민의 정치적 투쟁으로 이루어낸 지역문화공동체라는 점에서 문화운동의 주요 사례로 평가된다.

문화센터가 있는 노바리스 지역은 바르셀로나가 공식적으로 분할한 10개 지구 중 하나로서 가장 서민적인 동네로 손꼽히며, 특히 안달루시아 지방에서 일자리를 찾아온 이주자들이 주민의 대다수를 구성하는 곳이다. 카탈루냐 자치지방인 바르셀로나 시는 이 지역에 오랫동안 개발을 늦추었으며, 그 결과 이주민들은 스스로 벽돌로 집을 짓고 자치적으로 삶을 꾸려왔다고 한다. 프랑코 정권하에 주도된 경제개발정책으로 인해 주민들의 문화적 혜택이 박탈됨은 물론이고 지역사회가 후퇴하는 것을 방관하는 상태가 지속되었다. 게다가 국가 폭력이 두려워 아무도 이에 대해 불만을 제기할 수도 없었던 상황이었다. 하지만 1960년대에 주민들은 수돗물을 공급받기 위해 투쟁했고, 1970년대에는 공해로부터 환경을 보호함과 동시에 지역 주민이 사용할 수 있는 문화센터 건립을 요구했는데, 바로 이 공간이 그런 와중에 만들어진 것이다.

주민의 행동은 1977년 문화센터가 자리 잡게 된 천연 아스팔트 제조공장을 점거하면서 시작되었다. 아스팔트 공장이 주거지에 근접하고 있어 주민들은 공장 이전을 건립 전부터 줄곧 요구해 왔다. 그러나 시는 고작 소음과 공해를 걸러줄 필터 설치로 넘어가려고 하였고, 이에 주민들은 결국 공장을 폐쇄하기로 결정한 것이다. 실

노바리스 지역 주민들의 투쟁 ⓒ L'Ateneu Popular 9 Barris

제로 그 공장에서 일하는 주민도 있었지만, 그들은 공장 입구를 봉쇄하고 내부 시설을 파손하는 등의 과격한 점거를 벌였다. 그리고 공장을 봉쇄한 가운데 주민들 스스로가 30시간 동안의 축제를 조직하고 개최하였다. 결국 시 정부는 공장 폐쇄를 선언하였고 어떠한 용도 변경도 없음을 천명하였다. 그러나 주민과 예술가 단체는 이 결정에 따르지 않고 또다시 공장을 점거하면서 실질적으로 11년을 불법 운영하게 된 것이다.

이 사건은 당시 대대적인 언론과 여론의 반향을 얻어냈고, 그 여파로 어떤 사람도 처벌을 받지 않았으며, 결과적으로는 공장을 세운 것 자체가 불법이라는 법원의 결정이 내려졌다. 공장 점거가 가능했던 배경에는 커뮤니티 복원을 목표로 한 '노바리스 이웃협회'(Neighborhood Association of Nou Barris)가 주도하는 지역운동이 힘을 실어줬던 것으로 기록된다. 여기에는 아마추어 예술가와 도시 운동가, 일반 주민 등 여러 성격의 사람들이 참여하였다고 한다. 이들은 문화센터의 성격을 복수성(plurality)과 자주관리(self-management)로 제안하였고, 그 주요 역할로서 '사회를 변화시키는 문화'에 대해 토론하고 논쟁하면서 자신들만의 고유한 프로그램을 개발함으로써 지역사회 문제를 개선해 갔다.

1979년 최초의 민주적 선거를 치른 바르셀로나 시는 문화의 지방 분권 실현과 주민 참여 문화 활동을 주도하기 위한 새로운 유형의 시민센터를 구상하고 있었는데, 그 모델로 아테네우를 주목하였다. 하지만 연대와 사회적 정의, 참여를 모토로 하는 아테네우의 비제도적 성격을 그대로 수용하는 일이 쉽지 않았다. 그럼에도 주민들은 다양한 주민 참여 활동과 성과를 통해 시와의 대화를 지속해 갔고, 그 일환으로 1983년에서 1984년까지 매주 수요일 모임을 통해 아테네우의 운영 방식과 성격 규정, 프로그램 개발을 위한 주민 대토론회를 개최하였다. 결국 바르셀로나 시는 아테네우를 인정하면서 1984년에 리노베이션 예산을 배정하기에 이른다. 비록 예산 집행은 1991년으로 늦춰지기는 하였지만, 이로써 아테네우의 존재는 공식화된 것이다.

3년간의 리노베이션을 끝내고 1993년 재개관을 맞이하면서 아테네우 예술 활동의 중심은 서커스 예술이 되었다. 이는 1983년부터 센터 내에 곡예 아틀리에와 서커스 그네 연습실, 외바퀴 자전거 연습실들이 존재한 것과 무관하지 않다. 특히 1991년 '카탈루냐 서커스 협회'가 탄생하면서 아테네우의 서커스는, 예술적 측면만이 아니라 사회 및 문화교육의 맥락에서 실행되는 사회적 서커스(Social Circus) 프로그램을 특성화시켜 갔다. 이것은 '서커스 콤비네이션(Circus Combination)'이라는 개념에서 여러 예술 장르와의 연관성 속에서 새로운 언어를 개발하고, 공연은 실내와 야외 모두를 소화해 내는 현대화된 형태를 말한다. 청소년 교육 프로그램으로 응용된 다양한 서커스는 진정으로 교육적 차원을 새롭게 열어간 놀라운 성과로 평가된다. 이외에 문학과 글쓰기, 비디오 작업과 축제 등 다른 장르의 예술 활동도 발전을 거듭해 갔음은 물론이다.

또한 리노베이션 이후 주민들은 동네의 기억을 보존해 줄 아카이브를 만들기로 결정하였고, 이에 따라 신문 자료와 개인의 편지들, 사진, 소품 등 지역의 역사를 증빙해 줄 소중한 자료를 모았다. 이렇듯 아틀리에를 이용하는 사람은 예술가만이 아니라 지역 주민과 일반인들이며, 이들은 모두 센터를 지키고 유지하며 마치 자신의 작업실처럼 아끼는 마음을 갖게 된다. 또 센터 내의 카페와 식당에서 즐거운 담소를 나누거나 가벼운 축제 분위기를 즐길 수 있다. 이러한 과정을 통해 예술가와 지역 주민들의 결속감과 공감대가 깊어지고, 궁극적으로는 지역에 대한 자긍심이 높아진다고 할 수 있다. 누구라도 이곳에 오면 친구를 만날 수 있고 그들과 예술적 재능을 나눌 수 있으며, 문화적 공감대가 커지는 것이다.

독일 베를린의 우파 파브릭

베를린 도심 한가운데 자리 잡고 있는 우파 파브릭(UFA Fabrik)
은 생태마을이자 문화 공간, 교육 공간의 성격을 모두 갖춘 문화생
태 공동체라 할 수 있다. 2차세계대전 이후 베를린이 동과 서로 나
뉘게 되면서 폐공간으로 방치되었던 영화 촬영소를 이처럼 문화생
태마을로 변모시킨 과정에는 독일 분단의 아픔과 치유의 역사가
그대로 새겨져 있다는 점에서 매우 특별한 의미를 갖는다.

우파는 우니베르줌 영화사(UFA, Universum Film Aktion
Gesellschaft)의 약어이다. 이 영화사는 1920년대 독일 영화의 거장
프리츠 랑(Fritz Lang)과 볼프강 노이스(Wolfgang Neuss)의 명성을
만들어내면서 그야말로 할리우드와 경쟁 관계를 형성했던 곳이다.
영화사는 서베를린에, 현상소는 동베를린에 있었는데 1961년 베를
린 장벽이 세워지면서 촬영소는 결국 1970년대 초반에 폐쇄된다.
하지만 총 18,566㎡의 면적을 차지하는 이곳은 1968년 급진적인
학생운동의 후예들이 집결하는 장소가 되었고, 1976년에 처음으
로 촬영소 건물의 두 개 층을 사용하면서 '문화, 스포츠, 공예를 위
한 공장'이라는 이름을 내걸게 되었다. 이어서 1978년에는 최초의
환경 페스티벌을 6주간 개최하면서 서커스 공연 및 건강 프로그램,

문화 생태 공동체인 우파 파브릭의 입구.

환경공학, 교육, 대체 의학 등의 행사를 벌이면서 이곳을 지속적인 공동체로 만들겠다는 아이디어가 형성되었다고 한다.

이들의 행동은 일종의 생태지향주의에 따른 자주관리 공동체 운동의 하나로 볼 수 있다. 결국 1979년 6월 공장 건물에 '환영합니다'라는 문구가 적힌 커다란 현수막을 드리우면서 무단점거를 통해 이곳을 '평화롭게 재가동'하려는 시도로 이어졌다. 당시 이미 크로이츠베르크(Kruezberg)에서 점거를 통해 대안 공간을 운영해 봤던 그룹이 함께 참여하여 도움을 받았다. 비단 우파 파브릭만이 아니라 독일 전역에서는 1970년대를 통해 이러한 점거 행위가 다반사로 벌어졌는데, 그만큼 새로운 삶의 공간에 대한 염원이 사회적으로 확산되었음을 알게 된다. 그 결과 아나키스트적 성격의 '자주관리와 독립적 커뮤니케이션 센터'로 불리는 '사람들의 공간(people's center)'이 여기저기서 형성되기 시작하였다.

우파 파브릭은 이러한 움직임과 병행하여 대중들의 집중된 관심을 사게 되면서 3주 만에 베를린 시의회로부터 거주를 허락받았으며, 가을에는 최초 임대계약을 성사시켰다. 당시 45명의 사람들이 이곳에 살기 위해 들어왔고, 그들은 자신의 수입을 나누며 스스로의 힘으로 지속가능한 마을을 만들기 위한 기회를 얻어냈다. 그리고 1986년 6월에는 땅 소유주인 베를린 주정부로부터 35년간 사용할 수 있는 장기 임대계약을 체결했다. 이에 따라 임대료 지불과 함께 주정부의 협조를 얻어 지속적으로 리노베이션을 했다.

이곳 사람들은 처음부터 개인적 수입을 근거로 공동체적 삶을 만들려고 했다는 점에서 자생적 기반에 대한 실천은 신념의 한 부분이었다고 할 수 있다. 수입의 근거는 대부분 그들이 기획하고 조직하는 문화예술 행사로 충당하였고, 이외에도 기부와 개별 대출, 그리고 커뮤니티 뱅크인 베를리너 네츠베르크(Berliner Netzwerk) 은행으로부터 신용대출을 받아내면서 가능했다. 바로 이런 과정 때문에 우파 파브릭은 예술가와 주민들의 자발적인 의지로 자립형 주거 공동체의 기반을 형성하며, 이웃과 사회와 함께하는 생태 및 예술공동체의 살아 있는 모델을 제시한 것이라 할 수 있다. '예술의 사회적 실험'을 자기 정체성으로 만들어가는 가운데, 지역 주민-예술가-방문객이 서로 교류하면서 생태-주거-여가-교육-예술이 공존하는 방식을 구현해 낸 것이다.

콘서트홀과 극장, 영화 녹음 스튜디오, 음악 연습실을 비롯하여 프리스쿨, 서커스 학교, 어린이 동물농장, 체육관, 그리고 유기농 빵집과 자연식품점, 카페와 게스트하우스 등으로 구성된 시설은 모두 이러한 이념을 담아내고 보급하기 위한 수단이다. 프리스쿨은 6세 이상의 어린이들이 성적과 무관하게 원하는 수업을 마음대로 선택하여 듣는 무료 학교이다. 한 교사당 다섯 명의 어린이가 배정되고, 재정 운영의 절반을 시로부터 지원받는다. 프리스쿨을 졸업하면 일반 중학교로 편입이 가능하다. 특히 NUSZ로 불리는 이웃자조센터(Neighborhood & Self-Help Center)를 통해 문화적 가치를 기반으로 개인의 성장과 사회봉사를 실천하는 프로그램을 운영함으로써 사회적으로 낙오된 사람과 이민자를 위한 지역 커뮤니티 운동을 주도하고 있다.

그럼에도 우파 파브릭을 대변하는 가장 핵심적인 요소는 '도시 생태학을 위한 이상적인 실험 장소'로 인식되는 지점이다. '지속 가능성'을 구현함에 있어 우파 파브릭이 늘 중요한 모델로 제시되는 데는 바로 이런 측면 때문이라 할 수 있다. 1976년부터 이곳의 행동주의자들은 '당신이 먹는 것이 바로 당신이다'라는 이름의 자연식품점을 운영하면서 생태운동의 면모를 키워 갔다. 1978년에는 환경 축제와 더불어 태양열 샤워와 퇴비화 화장실(composting toilet)의 실험을 단행하고, '풍차'를 사용하기 시작했다. 풍차는 특별히 1970년대 핵발전소에 반대하는 정치적 견해로도 활용되었다. 자체적으로 전기와 온방을 조달하는 시스템을 개발하였으며, 또 건물 자체가 갖는 보온과 방한에 취약한 부분을 개선하기 위해 식생 작업을 통해 그린 루프(green roof)를 설치함으로써 '생태 건축'의 실제를 구현해 냈다. 빗물을 저장하여 이를 재활용하거나, 리사이클링과 퇴비화 과정에서 많은 에너지를 생산해 내는 등 실질적인 에너지 개발 역시 계속해서 이루어졌다.

이러한 '코제너레이션 시스템(co-generation system)', 즉 전기 발전 과정에서 배출되는 배기열을 냉·난방 및 급탕에 재활용함으로써 전력과 열을 함께 공급하는 에너지 절약형 발전 방식을 위한 생태 프로젝트 대부분은 지역 개발을 위한 유럽과 베를린 주의 재원으로 충당되었는데, 그만큼 대체에너지 개발이라는 차원에서 역할과 비중이 매우 크다는 사실을 알 수 있다. 실제로 우파 파브릭은 생태주의와 환경운동과 관련한 다양한 워크숍과 토론회, 학술대회를 개최함에 따라 생태 담론의 장으로서의 위상을 갖고 있기도 하다. 결국 이러한 면모들은 생태적 신념이 기술 영역에서의 혁신으로 이어지고, 이것이 다시 문화 혁신과 연결되면서 발명과 창조, 실험을 활성화한 것으로 볼 수 있겠다.

노동 공동체로서의 우파 파브릭에는 현재 30여 명의 거주자가 있고, 150-200명에 이르는 사람들이 직업 활동으로 함께하고 있으며, 작품 제작과 훈련을 위한 예술가들과 다양한 기획자들 역시 머물고 있다. 연간 20만 명의 방문객이 찾는 명소가 된 우파 파브릭은, 사소한 내용까지도 토론하고 민주적으로 의사결정을 하면서 40여 년이 지난 지금까지 그 모양새를 유지하고 있다. 또 여기서의 직업 활동은 각자의 분야에서 노동력을 제공하며, 고용계약서에 따라 일을 한다. 이곳의 경제 활동에서 중요한 성과를 내는 곳은 카페와 레스토랑, 베를린 시내 전역으로 매일 팔려나가는 유기농 빵의 수익금과 다양한 생태 개발 상품의 수익금이다. 그리고 프로젝트와 프로그램 개발에 따른 시의 보조금, 자립센터 운영 지원금이 주요 재원이다.

오스트리아 비엔나의 WUK

오스트리아의 수도 비엔나의 역사를 보면 '아틀리에와 문화의 집'이라는 의미의 단어를 축약한 'WUK(Werkstätten und Kulturhaus)'의 탄생 배경을 이해할 수 있다. 비엔나는 20세기 초반에 들어서면서 프로이트와 클림트, 에곤 쉴레, 코코슈카, 쇤베르크 등 당대 최고의 예술가와 학자들이 보여주었던 치열한 반역의 정신과 창조의 열정이 꽃피던 곳이었다. 이렇게 유럽 문화와 지성의 중심이었던 비엔나는 사회민주주의가 발달했고, 1930년대에는 보수 반동화의 길을 가면서 히틀러와 파시즘에 협력한 역사적 상처를 안게 된다. 이후, 파리에 비해 다소 완화된 모습이지만 68혁명의 정신들을 받아들인 환경주의자와 중산계급화된 사회민주주의

위: WUK에서 진행하고 있는 지역 사회 프로그램. © Florian Weisser
아래: WUK 건물 전경. © Wolfgang Thaler

자들이 부각되었고, 1980년대에는 다시 사회민주주의와 극우 포퓰리즘이 대립한다. 어떻게 보면 이런 대립의 양상이 비엔나의 본래 모습인지도 모른다. 이렇게 엘리트 예술과 정치적 보수화를 그 특징으로 하는 비엔나에서, 파시즘과의 투쟁을 문화적으로 감행한다는 의지를 기본 철학으로 내세운 곳이 바로 WUK다.

1970년대 점거를 통해 문을 연 많은 폐산업 시설 활용 문화예술 공간, 혹은 독립문화센터들이 그런 것처럼, WUK 역시 68년 혁명의 정신과 공간의 정치적 당위성을 분리하여 생각할 수 없는 곳이다. 그러한 시대정신에 따라 실제로 1979년에 예술가와 교육자, 건축가, 노동자, 페미니스트 그룹, 학생, 은퇴자들이 모여 폐쇄된 기관차 공장 건물인 이곳을 점거한 것이다. 이 건물은 1855년에 지어졌으며, 1884년부터 1970년대 말까지 기술무역박물관(TGM)과 기술학교로 활용되었는데, 1979년부터 점차로 폐쇄되자 이들이 나선 것이다. 새로운 정치 및 반문화 운동을 배경으로 활동가들은 'TGM을 구하자(Save the TGM)'라는 모토 아래 자율적 문화기업을 위해 건물을 개방할 것을 촉구하였다. 이들은 1979년 협회를 만들고, 사용 허가를 위해 시청과 협상하면서 1981년 10월 3일 공식적으로 문을 열었다. 그리고 운영 체계를 세우기 위해 12명의 선출자들이 근무할 수 있는 최초의 사무실을 1982년 2월 18일에 갖게 되었다.

초창기 이곳의 정신적 지주였던 은퇴한 비평가 발터 흐나(Walter Hnat)는 WUK가 차용하는 문화 개념을 '예술적 충만함'에 국한하지 않고 '사회적 관심'을 실천하는 곳으로 제시한 바 있다. "모든 문화적 프로세스는 능동적이고 자발적인 노동의 과정과 같다. (……) 그런 점에서 이 문화 공간은 무언가를 제작하고 생산하는 작업장(아틀리에)이다. 문화 활동은 여타의 사회적 활동과 유기적으로 연관되어 있기 때문"이라고 설명하였다. 그러면서 1996년에는 문화의 확장된 개념을 표현하는 공간, 즉 '열린 문화 공간, 예술과 정치, 사회를 가로지르며 교차하는 공간'으로 그 성격을 재규정하게 된다. WUK는 비엔나의 고급 문화라는 대홍수 속에서 일종의 노아의 방주와 같다고 말하면서 문화 운동의 전위적 성격을 강조한 것이다.

총 면적 12,000㎡에 달하는 공간에 150개의 그룹과 개인들이 이 공간을 문화적으로 전유하면서 사회적 프로젝트와 생태주의 문화 활동, 예술 프로젝트를 수행해 갔다. 특별히 장애인과 은퇴자, 비유럽인, 이민자 등을 우선 대상으로 설정하는 가운데 상호문화주의 철학을 기반으로 다양한 프로그램을 운영하고 있다. 매주 월요일 아프리카 댄스 강습을 열어 문화적 이종성과 다양성의 의미를 공유하거나 '쿠크르(KuKeLe)'라는 이종문화 이해하기 프로그램을 운영하고, 이란 문화의 집(Iranian Culture House)을 통해서는 이슬람 근본주의에 대한 올바른 이해를 돕는 문화적 접근을 시도한다. 그리고 정치적으로 박해받는 외국인이나 이민자들을 실질적으로 돕는 컨설팅 작업도 이어진다.

그런 점에서 WUK에서는 예술 활동과 더불어 사회문화센터를 통한 대사회적 문화 교육이 큰 비중을 차지한다. 특별히 제도 교육으로부터 소외되거나 적응에 어려움을 겪는 청소년을 대상으로 문화 교육 프로그램을 진행하고, 카운슬링 및 일자리 알선 등을 실행하는 것은 WUK가 자랑하는 프로젝트다. 또 문화기획자 양성 프로그램인 'VOT 프로젝트'는 문화와 경제를 연결하여 문화 프로그램을 기획하고 조직을 만들며, 이를 프로모션하고 확장하며 네트워킹하는 일련의 교육 과정이다. 또한 '어린이 정원'이나 초등 및 중등 과정의 대안학교를 운영하고 있으며, 모든 어린이와 청소년 프로그램은 문화예술 체험 속에서, 프로젝트를 스스로 개발하여 사회 의식을 고양하고, 정치적 비평 의식을 겸비하도록 한다.

마무리

내가 유럽의 폐산업 시설 활용 문화 공간을 연구하기 시작한 것은 2005년 즈음이다. 앞서 말했지만 당시 우리 사회에서 관련 정책 사업이 도시 재생과 창조 도시 담론으로 전개되던 시절이다. 또한 예술가들의 작업실 확보를 위한 스콰 논의가 있었고, 동시에 소규모 폐공장과 같은 시설 활용에 대한 논의도 활발했다. 그러다가 프랑스에서 발간된 예술가들이 점거한 폐산업 시설 활용 문화 공간에 관한 정책보고서를 접하게 되면서 본격적인 연구를 시작하게 되었다. 실제로 한국 사회에서는 이처럼 예술가들이 불법 점거를 행하는 일도 없고, 또한 민간 단위에서 자립 기반의 자치 운영

을 하는 지역문화센터 사례도 찾아볼 수 없는 상황에서 유럽의 사
례는 연구 대상이었던 것이다.

유럽의 사례는 단적으로 68혁명 정신과 공동체 운동의 축적된
역량이 합쳐진 결과라고 할 수 있다. 그런 모습은 언제나 부럽고,
우리도 언젠가는 그런 무모한(?) 시도를 할 수 있으리라는 희망을
품고 있다. 하지만 더욱 부럽고 신기한 지점은 그 오랜 세월 동안
자치경영을 이어왔다는 사실이다. 물론 40, 50년이 지나면서 세대
가 바뀌고 사회문화 환경도 많이 달라져 약간의 변화와 수정이 있
지만, 흔히 발생할 수 있는 젠트리피케이션의 폐해도 받지 않고 온
전히 지켜온 것이 그렇다. 그리고 이들이 자기 방식대로 살 수 있
도록 시민들이 도와줬다는 사실은 또 다른 놀라움이다.

대체로 한국 사회에서 회자되는 폐산업 시설 활용 문화 공간 유
형은 정부 주도의 대형 공간에 한정된 편이다. 그러니 여기서 소개
된 사례는 잘 알려지지 않았다. 그러다가 2010년대 중반에 들어 조
금씩 이런 사례들이 알려졌고, 최근에는 크리스티아니아와 우파
파브릭 정도는 웬만한 블로그에서도 찾아볼 수 있게 되었다. 다만
본래 정신과 역사보다는 방문할 만한 명소로 소개된다는 점에서
아쉬움은 남는다. 하지만 2012년《시사IN》에 기고한 김종철 선생
의 짧은 에세이 「'자유도시' 크리스티아니아」는 보석 같은 글이다.
선생 역시 나처럼 크리스티아니아를 신기하게 바라보셨다. 선생은
원거리 항공 여행을 단념했기 때문에 죽을 때까지 가볼 수 없을 것
이라고 했다. 그래서 한번은 뵙고 탐방기를 전해 드리고 싶다는 생

각을 해보았지만 결국 그러지 못했다.

한국 사회에서 이런 사례가 갖는 의미는 무엇일까. 버려진 산업 시설을 단순한 시설로만 바라볼 것이 아니라는 데 있지 않을까. 김종철 선생은 크리스티아니아가 살아남을 수 있었던 데는 "자신은 그렇게 살지 못하지만 그러한 '해방된' 삶에 공감하는 다수 시민이 덴마크에 존재하고 있기 때문"이라고 단언하셨다. 그래서 "근대국가의 일반적 상식으로는 이해하기 어려운 매우 독특한 '인간적' 논리와 상식에 의해 움직이는 사회"를 누구나 꿈꾸는 것은 아닐까. 어느 뮤지컬의 노래 가사에서 그랬던가. 진실을 말하는 자는 광인과 어린아이, 그리고 예술가라고. 그렇다면 진실은 적어도 지금의 삶이 인간다운 삶과는 거리가 멀다고 말할 수 있는 용기가 아닐까. 자유도시 크리스티아니아의 정신이 '스쾃'과 'Do-it-Yourself'에 있었던 것처럼 말이다.

참고문헌

머리말 '도래할 유토피아적 공동체'란 무엇인가

사무엘 베케트, 『고도를 기다리며』, 민음사, 2000(1952).

Adam Smith, *The Theory of Moral Sentiments*, New York, Penguin, 2010
    (Orginally published in 1759).

Ernst Bloch, *Principle of Hope: Volume One*, Cambridge MA, The MIT Press,
    1986(Orginally published in 1954).

Jacques Derrida, "Force of law: the metaphysical foundation of authority" In
    Drucilla Cornell, Michel Rosenfeld & David Carlson(eds.), *Deconstruction
    and the Possibility of Justice*, New York, Routledge, 1992(Orginally
    published in 1989).

John Rawls, *The Law of Peoples*, New York, Columbia University Press, 1997.

Jürgen Habermas, "New Obscurity: The Crisis of Welfare State and the Exhaustion of Utopian Energy" in *The New Conservatism: Cultural Criticism and the Historians' debate*, Cambridge MA, The MIT Press, 1984.

Karl Mannheim, *Ideology and Utopia*, New York, Harvest Books, 1968 (Orginally published in 1936).

Karl Marx & Friedrich Engels, *The Communist Manifesto*, New York, International Publisher, 2014(Originally published in 1848).

Paul Ricoeur, Katheleen Blamey & John B. Thompson, *Form Text to Action: Essays in Hermeneutics II*, Evanston, Northwestern University Press, 1991.

_____, *Lectures on Ideology and Utopia*, New York, Columbia University Press, 1986.

1장 젠더링 뉴노멀

가라타니 고진, 조영일 옮김, 『세계공화국으로』, 도서출판b, 2007.

게일 루빈, 임옥희 외 옮김, 『일탈』, 현실문화, 2015.

권김현영, 「남장여자/남자/남자인간의 의미와 남성성 연구 방법」, 『남성성과 젠더』, 자음과 모음, 2011.

권김현영 · 박은하 · 손희정 · 이민경, 『대한민국 넷페미사』, 나무연필, 2016.

나영 · 수수, 「젠더와 다시 만나기: 구조를 전복하는 인권운동을 위하여」, 《인권운동》 2호, 클, 2019.

롭 윌리스, 「코로나19 위기의 구조적 원인은 무엇인가?」, 『코로나19—자본주의의 모순이 낳은 재난』, 책갈피, 2020.

리 험버, 「질병은 왜 확산되는가?: 자본주의와 농축산업」, 『코로나19——자본주의의 모순이 낳은 재난』, 책갈피, 2020.

마리아 미즈, 최재인 옮김, 『가부장제와 자본주의』, 갈무리, 2014.

마리아로사 달라 코스따, 김현지 · 이영주 옮김, 『집 안의 노동자』, 갈무리, 2017.

메릴린 스트래선, 차은정 옮김, 『부분적인 연결들』, 오월의봄, 2019.

손희정, 「섹스리스 K-시네마: 한국영화 속 젠더배치의 문제」, 『21세기 한국영화』, 앨피, 2020.

송대섭, 「코로나19의 출현과 질병X의 시대」, 《스켑틱》 21호, 바다출판사, 2020.

제이슨 무어, 오수길 외 옮김, 「세계사적 시각에서 본 생태위기와 농업문제」, 『생태논의의 최전선』, 필맥, 2009.

제임스 러브록, 홍욱희 옮김, 『가이아——살아 있는 생명체로서의 지구』, 갈라파고스, 2003.

존 그레이, 김승진 옮김, 『하찮은 인간, 호모 라피엔스』, 이후, 2010.

존 그레이, 김승진 옮김, 『동물들의 침묵』, 이후, 2014.

최재천, 「"바이러스 3-5년마다 창궐한다"——인류는 어떻게 살아남아야 하는가」, 『코로나 사피엔스』, 인플루엔셜(주), 2020.

추혜인, 『왕진 가방 속의 페미니즘』, 심플라이프, 2020.

패트리샤 힐 콜린스, 주해연 · 박미선 옮김, 『흑인 페미니즘 사상』, 여성문화이론연구소, 2009.

페르난두 페소아, 배수아 옮김, 『불안의 서』, 봄날의책, 2014.

홍양희 엮음, 『'성'스러운 국민』, 서해문집, 2017.

황두영, 『외롭지 않을 권리』, 시사IN북, 2020.

Asmae Ourkiya, "Queering Ecofeminism: Towards an Anti-Far-Right Environmentalism", Niche, 2020. https://niche-canada.org/2020/06/23/queering-ecofeminism-towards-an-anti-far-right-environmentalism(검색일: 2021. 4. 1.)

김병규, 「마지막 환자 '완치'판정——국내 메르스 사태 일지」, 《연합뉴스》, 2015. 10. 01. https://www.yna.co.kr/view/AKR20151001218300017?input=1195m(검색일: 2021. 3. 22.)

김기범, 「코로나19는 공평하지 않다'——2020년 상반기 여성 자살 사망자 1924명」, 《경향신문》, 2020.10.08. https://m.khan.co.kr/view.html?art_id=202010080921001&fbclid=IwAR2Cj03i5m07vwjtYQFsqN33zhLAVU-rl-QmPwd6XtrHA8_dnS0ZcIhqYBY(검색일: 2021. 3. 22.)

2장 아메리카 선주민의 관점주의는 인류세의 해독제가 될 수 있을까?

디페시 차크라바르티, 「역사의 기후: 네 가지 테제」, 『지구사의 도전: 어떻게 유럽중심주의를 넘어설 것인가』, 서해문집, 2010.

발터 벤야민, 「번역자의 과제」, 『발터 벤야민 선집 6』, 도서출판 길, 2008.

에두아르두 비베이루스 지 까스뜨루, 『식인의 형이상학: 탈구조적 인류학의 흐름들』, 박이대승/박수경 옮김, 후마니타스, 2018.

Baer, Gerhard, *Cosmología y shamanismo de los Matsiguenga*, Quito: Abya-Yala,

1994.

Escobar, Arturo, "Transition Discourses and the Politics of Reationality", *Constructing the Pluriverse: The Geopolitics of Knowledge*, Bernd Reiter(ed.), Durham: Duke University Press, 2018.

Veveiros de Castro, Eduardo, "Cosmological deixis and Amerindian Perspectivism," *J. R. Anthropol*, Vol. 4, No. 3, 1998.

_____, "Perspectival Anthropology and the Method of Controlled Equivocation," *Tipití,* Vol. 2, No. 1, 2004.

박세진, 「자연과 문화의 대립 바깥에는 어떤 세계가 있는가」, 《문화일보》, 2019. 10. 08. http://www.munhwa.com/news/view.html?no=2019100801031612000001

Asamblea Constituyente, "Constitución de la República del Ecuador," Asamblea Nacional República del Ecuador, *Asamblea Nacional del Ecuador,* 2008. https://www.oas.org/juridico/pdfs/mesicic4_ecu_const.pdf

Asamblea Constituyente de Bolivia, "Nueva Constitución Política del Estado", Ministerio de Justicia, *Estado Plurinacional de Bolivia*, 2009. https://www.oas.org/dil/esp/constitucion_bolivia.pdf

3장 다시 에코페미니즘

곽노필, 「인간을 격리했더니…… 가려졌던 지구 모습이 복원됐다」, 《한겨레》,

2020. 04. 13. http://www.hani.co.kr/arti/science/future/936780.html) (검색일: 2021. 02. 12.

김종철, 『근대문명에서 생태문명으로: 에콜로지와 민주주의에 관한 에세이』, 녹색평론사, 2019.

라즈 파텔 · 제이슨 W. 무어, 백우진 · 이경숙 옮김, 『저렴한 것들의 세계사: 자본주의에 숨겨진 위험한 역사, 자본세 600년』, 북돋움, 2020.

레이첼 카슨, 김은령 옮김, 『침묵의 봄』, 에코리브르, 2011.

로즈마리 퍼트넘 통 · 티나 페르난디스 보츠, 김동진 옮김, 「에코페미니즘」, 『페미니즘: 교차하는 관점들』, 학이시습, 2019.

루스 이리가레 · 마이클 마더, 이명호 · 김지은 옮김, 『식물의 사유: 식물 존재에 관한 두 철학자의 대화』, 알렙, 2020.

마리아 미즈, 최재인 옮김, 『가부장제와 자본주의』, 갈무리, 2014.

마리아 미즈 · 반다나 시바, 손덕수 · 이난아 옮김, 『에코페미니즘』, 창비, 2020.

문선영, 「세계평화통일가정연합의 통전적 여성 이해에 관한 연구: 길리건, 이리가레, 플럼우드와의 대화를 중심으로」, 선문대학교 박사학위 논문, 2006.

발 플럼우드, 「생태정치론 논쟁과 자연의 정치학」, 낸시 홈스트롬 엮음, 유강은 옮김, 『사회주의 페미니즘: 여성의 경제적이고 정치적인 완전한 자유』, 따비, 2019.

슬라보예 지젝, 강우성 옮김, 『팬데믹 패닉: 코로나19는 세계를 어떻게 뒤흔들었는가』, 북하우스, 2020.

안현진 외, 『이렇게 하루하루 살다보면 세상도 바뀌겠지: 2030 에코페미니스트 다이어리』, 이매진, 2020.

유정원, 「자아-타자 간 상호의존성과 동반자 윤리: 발 플럼우드의 생태론을 레비나스의 타자철학과 비교하여」, 《생명연구》 40, 2016.

제이슨 W. 무어, 김효진 옮김, 『생명의 그물 속 자본주의: 자본의 축적과 세계 생태론』, 갈무리, 2020.

조안나 메이시·몰리 영 브라운, 이은주 옮김, 『생명으로 돌아가기: 기후위기 시대 거대한 전환을 위한 안내서』, 모과나무, 2020.

토마스 베리, 이영숙 옮김, 『위대한 과업: 미래로 향하는 우리의 길』, 대화문화 아카데미, 2009.

토마스 베리·토마스 클락, 김준우 옮김, 『신생대를 넘어 생태대로: 인간과 지구의 화해를 위한 대화』, 에코조익, 2006.

프리초프 카프라, 김동광·김용정 옮김, 『생명의 그물』, 범양사, 1999.

Edward O. Wilson, *The Meaning of Human Existence*, New York: Liveright, 2015.

Greta Gaard, "Ecofeminist Roots", *Ecological Politics: Ecofeminists and the Greens*, Temple UP, 1998.

Greta Gaard, *Critical Ecofeminism*, Lexington Books, 2017.

Joy A. Palmer and David E. Cooper, *Fifty Key Thinkers on the Environment*, Taylor & Francis, 2002.

Kate Sopher, *What is Nature?: Culture, Politics and the Non-Human*, Blackwell, 1995.

Murray Bookchin, *Remaking Society*, Black Rose Books, 1989.

_____, *The Philosophy of Social Ecology*, Black Rose Books, 1990.

_____, "The Population Myth", *Kick It Over* 29, 1992.

United Nations Environment Programme, *Register of International Treaties and Other Agreements in the Field of the Environment*, UNEP, 2005.

United Nations Environment Programme, "Register of International Treaties and Other Agreements in the Field of the Environment", https://www. unep.org/resources/report/register-international-treaties-and-other-agreements-field-environment)(검색일: 2021. 01. 02.)

Val Plumwood, *Feminism and the Mastery of Nature*, Routledge, 1993.

Val Plumwood, "Being Prey", In James O'Reilly, Sean O'Reilly and Richard Sterling(ed.), *The Ultimate Journey: Inspiring Stories of Living and Dying*, Traveler's Tales, 2000.

Val Plumwood, *Environmental Culture: The Ecological Crisis of Reason*, Routledge, 2002.

Val Plumwood, "Gender, Eco-Feminism and the Environment", In Rover White(ed.), *Controversies in Environmental Sociology*, Cambridge University Press, 2004.

4장 탈성장, 지속가능한 미래를 위한 유일한 대안

관계부처합동, 「제2차 기후변화대응 기본계획」, 2019. https://www.me.go.kr/ home/web/policy_data/read.do?menuId=10259&seq=7394(접속: 2021. 6. 15.)

관계부처합동, 「한국판 뉴딜 종합계획」, 2020a. https://www.korea.kr/archive/ expDocView.do?docId=39081(접속: 2021. 6. 15.)

관계부처합동, 「'2050 탄소중립' 추진전략」, 2020b. https://www.korea.kr/
　　archive/expDocView.do?docId=39241(접속: 2021. 6. 15.)

기상청 보도자료, 「한국 기후변화 평가보고서」, 2020. https://www.kma.go.kr/
　　notify/press/kma_list.jsp?bid=press&mode=view&num=1193901(접속:
　　2021. 2. 22.)

김예나, 「'기후변화대응지수' 평가서 한국 최하위권……61국 중 58위」, 《연합뉴스》,
　　2019. 12. 10. https://www.yna.co.kr/view/AKR20191210124100004(접
　　속: 2021. 2. 13.)

통계청, 「2021년 1월 고용동향」, 2001. http://kostat.go.kr/portal/korea/kor_
　　nw/1/1/index.board?bmode=read&aSeq=388115(접속: 2021. 2. 13.)

Balch, Oliver, "Buen Vivir: The Social Philosophy Inspiring Movements in
　　SouthAmerica", *The Guardian*, Feb 4, 2013. https://www.theguardian.
　　com/sustainable-business/blog/buen-vivir-philosophy-south-america-
　　eduardo-gudynas(접속: 2021. 2. 21.)

Greenfield, Patrick, "Humans are Exploiting and Destroying Nature on
　　UnprecedentedScale", *The Guardian*, Sep 10, 2020. https://www.theguard
　　ian.com/environment/2020/sep/10/humans-exploiting-and-destroying-
　　nature-on-unprecedented-scale-report-aoe(접속: 2021. 2. 14.)

Hickel, Jason, *Less is More: How Degrowth Will Save the World*, William
　　Heinemann: London, 2020.

Hickel, Jason and Giorgos Kallis, "Is Green Growth Possible?", *New Political
　　Economy*, 25(4), 2020.

IEA(International Energy Agency), "World Energy Outlook 2020", 2020.

https://www.iea.org/reports/world-energy-outlook-2020(접속: 2021. 2. 20.)

ILO(International Labour Organization), "ILO Monitor: Covid-19 and the World of Work", 2021. https://www.ilo.org/wcmsp5/groups/public/@dgreports/@dcomm/documents/briefingnote/wcms_767028.pdf(접속: 2021. 2. 13.)

O'Sullivan, Feargus and Laura Bliss, 2020. "The 15-Minute City—No Cars Required—Is Urban Planning's New Utopia", *Bloomberg*, Nov. 12. 2020. https://www.bloomberg.com/news/features/2020-11-12/paris-s-15-minute-city-could-be-coming-to-an-urban-area-near-you(접속: 2021. 2. 21.)

Ocasio-Cortez, Alexandria and Ed Markey, The Green New Deal Resolution (H. Res. 109), 2019. https://www.congress.gov/116/bills/hres109/BILLS-116hres109ih.pdf(접속: 2021. 2. 19.)

Oxfam, "Carbon Emissions of Richest 1 Percent More than Double the Emissions of the Poorest Half of Humanity", 2020. https://www.oxfam.org/en/press-releases/carbon-emissions-richest-1-percent-more-double-emissions-poorest-half-humanity(접속: 2021. 2. 20.)

Quammen, David, "We Made the Coronavirus Epidemic", *The New York Times*, Jan. 28. 2020. https://www.nytimes.com/2020/01/28/opinion/coronavirus-china.html(접속: 2021. 2. 14.)

Riley, Tess, "Just 100 Companies Responsible for 71% of Global Emissions, StudySays", *The Guardian*, Jul 10. 2017. https://www.theguardian.com/sustainable-business/2017/jul/10/100-fossil-fuel-companies-investorsresponsible-71-global-emissions-cdp-study-climate-change(접속: 2021. 2. 22.)

Ripple, William J, Christopher Wolf, Thomas M. Newsome, Phoebe Barnard, William R. Moomaw, and 11,258 Scientist Signatories from 153 Countries, "World Scientists' Warning of a Climate Emergency", *Bioscience*, 70(1), 2019.

Ritchie, Hannah and Max Roser, "Environmental Impacts of Food Production", OurWorldInData.org, 2020. https://ourworldindata.org/environmental-impacts-of-food(접속: 2021. 2. 14.)

UNEP(UNEnvironmental Programme), Emissions Gap Report 2020, 2020. https://www.unep.org/emissions-gap-report-2020(접속: 2021. 2. 19.)

UNEP(UNEnvironmental Programme), "Our Global Food System is the Primary Driver of Biodiversity Loss", 2021. https://www.unep.org/news-and-stories/press-release/our-global-food-system-primary-driver-biodiversity-loss?fbclid=IwAR09bo7VR2_3iIq71MZZod_2bR_FdQywPkTdUrHBlIzlRNtnoHZx3e70hZQ(접속: 2021. 2. 14.)

William J.Ripple et al, "World Scientists' Warning of a Climate Emergency", *BioScience*, 70(1), 2020.

WorldBank, "The Growing Role of Minerals and Metals for a Low Carbon Future", USA: *The World Bank Publications*, 2017.

Zuker, Fabio, "Next Pandemic? Amazon Deforestation May Spark New Disease", *Reuters*, Oct. 19. 2020. https://www.reuters.com/article/us-brazil-disease-amazon-deforestation-t-idUSKBN2741IF(접속: 2021. 2. 14.)

김경학·신지원·이기연·신난딩·박경환, 「이주국가의 부상」, 《한국사진지리학회》 30(1), 2020.

김주희, 『레이디 크레딧: 성매매, 금융의 얼굴을 하다』, 현실문화, 2020.

라디아 카림, 박소연 옮김, 『가난을 팝니다』, 오월의봄, 2015.

무하마드 유누스, 정재곤 옮김, 『가난한 사람들을 위한 은행가──그라민 은행 설립자 무하마드 유누스 총재 자서전』, 세상사람들의책, 2008.

박정석, 「네팔 귀환 이주자들의 이주경험과 귀환 이후 적응과정」, 《디아스포라 연구》 9(2), 2015.

스티븐 카슬·마크 J. 밀러, 한국이민학회 옮김. 『이주의 시대』, 일조각, 2013.

안토니오 네그리·마이클 하트, 조정환·정남현·서창현 옮김, 『다중』, 세종 서적, 2008.

앵거스 디턴, 최윤희, 이현정 옮김, 『위대한 탈출』, 한국경제신문, 2015.

이용일, 「'트랜스내셔널 전환'과 새로운 역사적 이민연구」, 《서양사론》 103, 2009.

윤은경, 「베트남 이주노동자 귀환 지원 프로그램에 대한 소고」, 《현대사회와 다문화》 5(1), 2015.

한건수, 「국내 아프리카 이주노동자의 유입과정과 실태」, 《아프리카학회지》 21, 2004.

Bhubanesh Pant, "Remittance Inflows to Nepal: Economic Impact and Policy Options", *NRB Economic Review* vol 18, 2006.

Binita Bhattaral, "Booming Remittance and Stagnated Economy: Case

Analysis of Nepal", *Prashsan The Nepalese Journal of Public Administration*, 2012.

Devendra Raj Panday, Jude Comfort, "NGOs, Foreign Aid, and Development in Nepal", *Edward Broughton University Research*, 2016.

Glick Schiller, Nina, Basch, Linda, Blanc, Cristina Szanton. "From Immigrant to Transmigrant : Theorizing Transnational Migration", *Anthropological Quaterly* 68(1), 1995.

Nav Raj Simkhada, "Innovations in Nepal's Microfinance Sector and Benefits for Asia − A Case study of four savings and credit cooperative societies operating in the hills of Nepal", Paper Presented to the Workshop on "Sharing Microfinance Resources and Knowledge in South Asia" organized by the Centre for Microfinance(CMF) and the Foundation for Development Cooperation(FDC), 2004.

Takaki, Ronald, *Strangers from a different shore: A history of Asian American*, New York: Penguin Books, 1989.

Xanthine Basnet, "Microcredit programs and their challenges in Nepal", NC: Salem college Winston − Salem, 2016.

https://www.icimod.org/building-social-capital-through-the-migrant-returnee-network/(검색일 2020. 10. 25.)

네팔 노동조합 총연맹 GEFONT, https://www.gefont.org/GG2303390. html(검색일: 2020. 10. 24.)

네팔 신용협동조합 연합회, http://nefscun.org.np/about-us/about-nefscun/ (검색일: 2020. 10. 26.)

Nepal Migrantion Report 2020, https://moless.gov.np/wp-content/uploads/2020/03/Migration-Report-2020-English.pdf(검색일: 2020. 9. 25.)

IOM, https://migrationdataportal.org/?i=stock_abs_&t=2019(검색일: 2020. 9. 28.)

에커타(Ekata) 협동조합, https://ekatacoop.org/(검색일: 2020. 9. 15.)

Kul Kapri, "Returnee migrants and their management", THE KATHMANDU POST, https://tkpo.st/35to3kn(검색일: 2020. 11. 12.)

최현준, 「카타르, 월드컵 개최 결정 이후 이주노동자 6700명 숨졌다」, 《한겨레》, 2021. 02. 24. https://www.hani.co.kr/arti/international/international_general/984322.html(검색일 2020.11.12.)

6장 인류 화합을 위한 실험 도시

토마스 모어, 나종일 옮김, 『유토피아』, 서해문집, 2005.

오로빌 홈페이지, https://auroville.org/contents/197(접속: 2021. 2. 10.)

이기범, 「오로빌 공동체: 새벽의 도시——이상을 말이 아닌 삶으로 살아낸 내부자들의 솔직한 고백」, 2020. https://www.youtube.com/watch?v=Z6udJiNF28o(접속: 2021. 2. 10.)

크리스 버먼(Chris Buhrman), 「새벽의 도시(City of the Dawn)」, 2010. https://www.youtube.com/watch?v=hU40Ba4GXjE&t=4s(접속: 2021. 2. 10.)

8장 쉼과 성찰의 퀘이커 공동체 학교

김성수, 『함석헌 평전』, 도서출판 삼인, 2001.

정지석, 「한국 기독교 평화윤리의 연구: 기독교 평화주의와 함석헌의 평화사상」, 《기독교 사회윤리》 11, 2006.

함석헌, 『퀘이커 300년』, 한길사, 1993.

John Punshon, *Portrait in Grey: A Short history of the Quakers*, London: Quaker Home Service, 1984.

Howard Brinton, *Friends for 300 Years*, New York: Haper & Brothers, 1953.

9장 폐산업 시설 위에 세워진 해방된 삶

김종철, 「'자유도시' 크리스티아니아」, 《시사IN》, 2012. 8. 16.

박신의, 「폐공간(Friche)에서 예술공장으로 : 프랑스 예술공간 프로젝트와 새로운 문화행동」, 《프랑스 문화 연구》 1(15), 2007.

_____, 「프랑스 국립거리예술센터를 통해 본 '폐공간 활용 예술공간'의 새로운 접근」, 《한국프랑스학논집》 68, 2009.

_____, 「유럽의 폐산업 시설 활용 문화예술공간 연구──문화예술경영의 개념적 확장과 연관하여」, 인하대학교 문화경영학과 박사학위 논문, 2011.

_____, 「문화예술공간, 지역사회, 이웃──벨기에 브뤼셀의 '레 알 드 샤에벡 (Les Halles de Schaerbeek)」, 《문화예술경영학연구》 4(1), 2011.

_____, 「폐산업시설 활용 문화예술공간정책의 구도와 방향」, 《문화정책논

총》 26(1), 2012.

_____, 「젠트리피케이션 극복을 위한 지속가능한 작업실 정책—몬트리올 협
동조합 및 사회적 기업 사례연구」, 《문화정책논총》 30-1, 2016.

Fabrice Lextrait, *Friche, laboratoire, fabriques, squats, projets pluridisciplinaires...
Une nouvelle époque de l'action culturelle*, rapport à Michel Duffour, Paris: La
documentation Française, 2001.

Fabrice Raffin, *Friches Industrielles: Un monde culturel européen en mutation*,
Paris: L'Harmattan, 2007.

Philippe Henry, *Quel devenir pour les friches culturelles en France? - D'une
conception culturelle des pratiques à des centres artistiques territorialisés : volume
1 - Rapport de sythèse et volume 2 -* Etudes de cas, Recherche menée dans le
cadre du projet CPER 2008-2009 Haute-Normandie "La friche, cadre d'
une aventure culturelle et espace urbain polyvalent et durable", Paris: l'
Université Paris 8, 2010.

필자 소개(글 게재순)

김만권

미국 뉴스쿨에서 정치학 박사학위를 받았으며 현재 경희대학교 비교문화연구소 학술연구교수다. 관심분야는 정치철학 및 이론, 헌정이론, 정치철학사 등이다.『새로운 가난이 온다』(2021),『열심히 일하지 않아도 괜찮아』(2018) 외 다수의 책을 썼고『민주주의는 거리에 있다』(2010),『인민』(2015) 등을 번역했다.

손희정

경희대학교 비교문화연구소 학술연구교수. 논문「21세기 한국영화와 네이션」으로 2014년 중앙대학교 첨단영상대학원에서 박사학위를 받았다.『페미니즘 리부트』(2017)와『성평등』(2018),『다시, 쓰는, 세계』(2020),『당신이 그린 우주를 보았다』(2021)를 썼고,『을들의 당나귀 귀』(2019)와『그런 남자는 없다』(2017)를 책임 편집했다. 함께 쓴 책으로는『대한민국 넷페미史』(2017),『페미니스트 모먼트』(2017),『원본 없는 판타지』(2020),『코로나 시대의 페미니즘』(2020) 등이 있다.『여성괴물, 억압과 위반 사이』(2017),『사춘기 소년』(2011),『호러 영화』(2011),『다크룸』(2020)을 번역했다.

박정원

경희대학교 비교문화연구소 소장으로 서울대학교 서어서문학과를 졸업하고 미국 피츠버그 대학에서 라틴아메리카 문화 연구로 박사학위를 받았다. 노던콜로라도 대학에서 교수를 역임하였으며, 현재 경희대학교 스페인어학과에 재직하고 있다. 주요 연구는 미국-멕시코 국경, 인류세 시대의 라틴아메리카, 라틴아메리카 영화를 포함한다. 대표 논문으로는 「서발턴, '인민'의 재구성, 그리고 라틴아메리카 포스트신자유주의」(2017)가 있으며, 저서로는 『공동체 없는 공동체』(2020, 공저) 등이 있다.

김지은

경희대학교 글로벌커뮤니케이션학부 영미문화전공을 졸업하고 같은 대학원에서 아일랜드 현대문학으로 석사학위 취득 후 박사과정을 수료했다. 관심 연구 분야는 젠더/페미니즘, 현대문학, 문화비평이다. 루스 이리가레 · 마이클 마더의 『식물의 사유』(2020)를 공역했고, 『우리는 어떻게 사랑에 빠졌는가』(2021) 등의 공동 집필 작업에 참여했다. 논문으로는 「SF 공포영화 속 여성괴물의 모성 이데올로기; 인간-외계인 혼종의 계보에서 분석한 〈기생수〉」(2020) 등이 있다.

김선철

20여 년간의 미국 생활을 마친 후 2019년 말, 한국으로 돌아와 기후위기비상행동 집행위원이자 비폭력 시민불복종 행동 전략을 추구하는 멸종반란한국 등에서 활동하고 있는 기후정의 활동가이며 한국의 사회운동에 관한 연구를 하는 독립연구자이다. 저서로는 *Democratization and Social Movements in South Korea, 1984-2002*(2016)가 있으며 최근 논문으로는 "The Construction of Martyrdom and Self-immolation in South Korea"(2019), "The Trajectory of Protest Suicide in South Korea, 1970-2015"(2021), 「정의로운 전환: 스토리텔링 접근을 위하여」

(2021), "Co-governance and the Environmental Movement in Korea" (forthcoming, 2021 Winter) 등이 있다.

양혜우

1994년부터 이주노동자 인권운동을 시작했다. '권리를 가질 권리'를 위한 이주노동자의 투쟁에 연대하며 아스팔트 위에서 많은 시간을 보냈다. 뒤늦게 사회학을 공부하여 현재 경희대 비교문화연구소에 소속되어 활동가 겸 연구자로 지낸다. 네팔, 방글라데시, 미얀마 등 귀환 이주노동자들의 사회 운동과 국내 이주민 공동체에 관한 연구를 진행하고 있다.

이기범

2007년 가족과 함께 서울을 떠나 대구 한결공동체, 호주 브루더호프 공동체, 영국 브루더호프 공동체, 단양 산위의마을 공동체, 태백 예수원 공동체 등에 살았다. 2019년부터 현재까지 인도 오로빌 공동체에서 오로빌리언으로 머무르고 있다.

류진희

대학에서 패션을 전공하고 한국 최초 공정무역 패션브랜드 '그루(g;ru)'의 패션 디자이너로 활동하며 아시아 여성들의 삶과 노동에 관심이 생겼다. 우연한 기회에 떠난 캄보디아 여행 중 장애인기술학교 반티에이 쁘리업(Banteay Prieb)을 방문하고 그들과 함께 살아야겠다고 결심, 여행에서 돌아온 후 4개월 만에 짐을 꾸려 반티에이 쁘리업으로 돌아가 7년이라는 시간을 그들과 함께 살며 일하며 지냈다. 2020년 11월, 반티에이 쁘리업에서의 시간을 기억하는 전시 「기억의 형태(The shape of memory)」를 기획했다.

정지석

현재 국경선평화학교 대표. 충남대학교에서 사회학을 공부하고(BA), 한신신학대학원에서 신학을 공부한 후(M.Div), 아일랜드 더블린 Trinity College 에큐메니칼 평화대학원에서 철학석사(M. Phil), 영국 선더랜드 대학에서 박사학위(Ph.D)를 받았다. 주요 연구 분야는 퀘이커 평화사상, 함석헌의 평화사상, 남북한 평화학, 기독교 평화사상사, 남북한 평화통일운동이다. 주요 저서로는 『퀘이커리즘으로의 초대』(2014), 『기독교 평화사상사: 종교, 전쟁, 정치 그리고 평화』(2015), 영문 저서로는 *Ham Sokhon's Pacifism and the Reunification of Korea, A Quaker Theology of Peace*(2006)가 있다.

박신의

이화여자대학교에서 시청각교육과 철학을 공부하고, 프랑스 파리4(소르본느)대학교에서 미술사학 석사 및 DEA를 마치고, 인하대학교에서 문화경영학 박사학위를 취득하였다. 2000년부터 경희대학교 경영대학원 문화예술경영학과 교수로 재직하고 있으며, 2018년부터 2021년 7월까지 한국문화예술교육진흥원 이사장을 역임했다. 연구 분야는 예술의 사회적 영향, 폐산업 시설 문화예술 공간 연구, 문화예술정책, 미디어아트, 예술기업가정신, 박물관 경영 등이며, 저서로 『문화예술경영, 이론과 실제』(2002), 『문화예술경영, 복합학문으로서의 전망』(2013) 등이 있다.

도래할 유토피아들

1판 1쇄 발행 2021년 6월 28일

기획/엮음 | 경희대학교 비교문화연구소
지음 | 손희정, 김만권, 박정원, 김지은, 김선철, 양혜우, 이기범, 류진희, 정지석, 박신의
표지 그림 | 류진희
표지 디자인 | 김서이

펴낸이 | 조영남
펴낸곳 | 알렙

출판등록 | 2009년 11월 19일 제313-2010-132호
주소 | 경기도 고양시 일산서구 중앙로 1455 대우시티프라자715호

전자우편 | alephbook@naver.com
전화 | 031-913-2018, 팩스 | 02-913-2019

ISBN 979-11-89333-48-5 03300

* 이 저서는 2018년 대한민국 교육부와 한국연구재단의 지원을 받아 수행된 연구임(NRF-2018S1A5B8068919).

* 책값은 뒤표지에 있습니다. 잘못된 책은 바꾸어 드립니다.